사랑하는 이형래 장사님께
　　　　　드립니다

2009 11. 3
신옥아 선교사

예배와 삶의 일치

내 딸아, 울지마라

신숙자 지음

비전북출판사

예배와 삶의 일치

복음에는 하나님의 의가 나타나서
믿음으로 믿음에 이르게 하나니; 기록된바,
"오직 의인은 믿음으로 말미암아 살리라" 함과 같으니라.

로마서 1 : 17

내 딸아, 울지마라

1판 1쇄 발행 : 1998년 6월 30일
1판 5쇄 발행 : 2006년 5월 10일

저 자 : 신숙자
발행인 : 이원우 / 발행처 : 비전북출판사
주 소 : (413-832) 경기도 파주시 교하읍 문발리 535-13호
전 화 : (031)955-4421 / 팩 스 : (031)955-4432
E-mail : vsbook@hanmail.net
등록번호 : 제10-1452호

공급처 : 미스바출판유통
전 화 : (031)955-4433 / 팩 스 : (080)300-9191

Copyright ⓒ 1998 비전북출판사 Printed in Korea
값 9,000원

❖ 잘못 만들어진 책은 바꾸어 드립니다.
❖ 본 도서의 내용을 일부 또는 전부를 허락없이 전재, 복사 또는 광전자 매체 수록 등을 할 수 없습니다.

차례

추천의 글 / 5

글머리에 / 12

1부 정든 고국을 떠나며 / 15

누나는 엄마야 / 16
팔자좋은 여자 / 23
너는 내꺼야! / 29
현대판 요나 / 36
감 도둑 누명 / 42
아기도둑 / 47
하룻밤 사이에 / 53
꼭꼭 접어둔 아픔 / 59
기쁨의 날에 눈물을 주다니 / 65

2부 눈물로 보낸 나날들 / 73

재이민병앓이 / 74
먼저! / 80
울보 / 86
불이야! / 91
밟아라 삼천리 / 97
무에 그리 감사하우 / 103
나 하나쯤이야! / 109

3부 고난 가운데 만난 하나님 / 115

고난의 강 / 116
잘 될거야! / 122
병원 화장실 기도 사건 / 128
산산이 찢어진 이름 "교만" / 133

꼭꼭 손에 쥐어준 사랑의 통장 / 140
회개의 값은 예수라구요! / 145
주머니 회개의 날 / 150
얼음동상 / 155
예수님의 냄새만 났으면 좋겠구나! / 159
즐거운 성탄 주님도 웃으시고… / 165
철저히 죽어라! / 170
설익은 전병 / 176

4부 제 곁엔 하나님이 계세요 / 183

기찻간에서 예수파는 처녀 / 184
폐업감사예배 / 189
물이 변하여 포도주 됐네! / 195
돼지 저금통 / 202
바보들의 행진 / 208
하늘의 별을 딴 동양인 장학생 / 214
주님! 하늘 계좌 열어주세요! / 220
물질이 어디 내 것입니까? / 226
영준이의 갈비뼈는 현지야! / 233

5부 고난의 길을 향하여 / 241

우리 떨어질지라도 정직합시다! / 242
밤이 지나고 / 248
진작 하나님만 의지하고 살 걸! / 254
주님이 빼라시면 또 빼세요! / 261
사랑엔 국경이 없다더니… / 269
남미를 향해… / 276

김우선·신숙자 선교사 선교 근황 / 283

추천의글

『 끊임없는 눈물의 기도 』

방지각 목사

이 책에 담겨져 있는 글은 현재 남미 브라질땅에서 브라질 인디언과 브라질 원주민, 그리고 한인교포들을 위해 사역하고 있는 신숙자 선교사가 현재의 사역지인 브라질에 선교사가 되어 도착하기 전까지 겪었던 생생한 그녀의 삶을 글로 표현한 산 간증의 글이다.

신숙자 선교사가 본인이 담임하고 있는 미국 뉴욕 효신 장로교회에서 만 십년을 지나는 동안 도저히 감당할 수 없는 극심한 고난과 역경 속에서도 하나님께 감사찬양을 드리면서 눈물의 기도로 끊임없이 매달린 결과로 얻어진 수많은 기적의 열매를 본 목사로서 하나님께 감사를 드리고 신숙자 선교사에게 격려의 박수를 보내지 않을 수 없다.

저자가 힘들고 지쳐서 좌절하여 쓰러질 수밖에 없었던 일을 당할때 마다 자신이 회개할 것를 찾고 주의 도우심을 구하고자 교회와 기도원을 찾아 다니면서 철야와 금식으로 눈물의 양식을 먹으며 울부짖다가 더 좋은 결과로 해결받고 기뻐하며 하나님께 영광돌리는 모습을 본 간증의 글에서 볼 수 있다.

이와같이 수없는 기적을 만들어낸 신숙자 선교사의 간증의 글은 예수를 믿고 신앙생활을 하고 있는 성도가 당하는 고난을 어떻게 이겨낼 수 있는가의 귀한 교훈이 아닐 수 없다.

그 결과 지금은 브라질 상파울루에서 남편 김우선 선교사와 함께 한인교회를 개척하고 그 교회를 통하여 원주민 신학교를 도우며 인디언 신학교를 세워 돕고있다. 그리고 어려운 일을 당하여 심령이 상해 울고있는 주위 한인들에게 작은 불꽃이라도 그 앞을 비쳐 주는 일을 하고 있는 것이다.
 이 간증의 글을 통하여 고난 가운데서 눈물 흘리고 한숨 쉬면서 울고있는 심령들에게 용기와 힘을 줄 것을 분명히 믿으면서 이것으로 추천의 글을 대신한다.

전 대뉴욕지구 교회 협의회 회장
전 대뉴욕지구 교역자회 회장
현 미국 성경장로회 동부노회장
현 미국 뉴욕 효신장로교회 담임목사

🍎 추천의글

『 애통(哀痛)하는 자의 복(福) 』

이문희 목사

　태어나서 자라고 정들었던 가족과 고향을 떠나 언어와 문화가 다른 이국 땅에서 살아간다는 것은 참으로 힘든 일이라고 생각합니다.
　고국에서 남부럽지 않은 생활을 하던중에 한반도의 반대편인 브라질로 이민을 가서 사반세기 가까운 삶을 살다가 하나님의 깊으신 부르심으로 이순을 바라보는 나이에 선교의 사명을 깨닫고 미국에서 신학 공부와 선교사 과정을 마친 후 다시 브라질로 파송되어 원주민과 인디언 선교 그리고 쌍파울로 베데스다 장로교회를 통해 이민온 한인들을 섬기시는 신숙자 선교사님의 삶은 한편의 드라마라고 해도 과언이 아닐 것 입니다.
　그 역경의 인생 드라마 속에서도 신 선교사님이 하나님 앞에 우뚝 설 수 있었던 원인은 모든 삶 속에 늘 함께 하시는 하나님께 대한 견고한 믿음과 끊임없는 눈물의 기도를 통하여 산상수훈에서 말씀하신 애통(哀痛)하는 자의 복(福)처럼 주님의 위로가 늘 신 선교사님의 심령 속에 넘쳤기 때문입니다.
　우리 교회가 후원하는 해외 선교사로 브라질 쌍파울로 베데스다 장로교회 담임목사이신 김우선 선교사님의 사모이시기도한 신 선교사님의 진솔한 삶을 생생하게 기록한 간증의 글이 출간된 것을 진심으로 감사드리며 주님 오시는 날까지 문서선교사역에 애쓰고자 하는

「도서출판 줄과추」를 통하여 발행됨을 다시한번 감사드립니다.
 이 간증의 글을 통하여 지금도 울고있는 모든 심령들에게 주님의 위로가 넘치고, 하나님의 깊으신 뜻과 섭리를 깨닫지 못하여 지금도 방황하고 있는 모든 분들에게 주님이 원하시는 분명한 시온의 대로가 보여지기를 간절히 바라는 마음으로 추천합니다.

광천 교회 담임 목사

추천의 글

『 진솔한 삶을 그려내는 용기 』

문석호 목사

　그리스도 안에서의 진솔한 삶을 그려낸다는 것은 용기가 필요할 뿐만 아니라 세심한 관찰력과 영적인 민감성을 요구하게 됩니다. 그리고 그러한 진솔한 모습은 사색과 기도없이 그저 바쁘다는 이유로 자신을 돌아보지 않은 채 살아가는 현대인들에게 무언가를 교훈하게 됩니다.

　꿈 많던 여인으로서의 삶을 살아가면서, 한 남자의 아내요, 세 자녀의 어머니로서, 그리고 이제는 그렇게도 소중하게 생각하던 목회자의 사모이면서 또한 남편과 함께 브라질에서 사역을 하고 있는 선교사로서의 신숙자님은 주님에 대한 남 다른 열정과 세심한 생각으로 가득 찬 분이십니다. 그분과 함께 마주 앉아 있을 때, 그 환한 얼굴에 때로는 찬송과 기도의 "아멘, 할렐루야"가, 때로는 배꼽잡는 웃음소리가 그치지 않았던 기억이 납니다.

　그런데 그 찬송과 기도의 저 깊은 이면에는 남이 알지 못하는 삶의 슬픔과 감격의 사연들이 절절히 배여있기에 참으로 의미가 있고, 배꼽잡는 웃음의 소리 뒤에는 그야말로 모든 것을 하나님께 맡기며 살아가는 초로인생의 달관한 모습이 있기에, 신숙자 선교사님의 기도와 찬송, 그리고 그 환한 웃음과 미소는 참으로 귀할 뿐입니다.

　"아멘, 할렐루야!"를 일상의 언어로 고백하는 사람이라 할지라도 왜 그속에 인간적인 갈등이 없겠으며, 환한 웃음 속에라도 어찌 눈물 섞인 회환이 없을 수 있겠습니까마는, 신숙자 선교사님의 삶의 모습은 삶의 구구절절 속에 하나님을 향한 자세가 진하게 배어있음은 그의 말에서가 아니라 그녀의 삶을 지켜보았을 때 나온 것입니다.

그분이 토해내는 삶의 간증은 우리에게 때로는 가슴 뭉클한 모습으로, 때로는 잔잔한 감동으로 남아있습니다. 다시 생각하기조차 민망하고 찌들어 고통 당했던 삶의 현장에서도 신숙자 선교사님은 하나님을 찾았고, 거칠고 사납기 십상인 오랜 이민자의 삶 속에서도 자녀들을 향해 그토록 세심한 생각과 눈물을 흘린 어머니로서의 모습은 남다른 감동을 주게 됩니다.

순간적으로 파고 들었던 세상적인 생각과 삶의 모습에 대한 너무나도 솔직한 눈물의 회개가 신숙자 선교사님의 지난 날들의 삶 속에 있었고, 이를 통하여 깨닫고 날마다 새로워지고픈 그 신선한 자세는 인생의 60을 바라보는 그 나이에도 불구하고 브라질을 향한 선교적인 자세로 나타나, 이제는 그곳에서 성도들을 섬기며 현지 원주민과 인디언들에 대한 선교적 자세를 향하게 한 것은 아무리 생각해도 하나님의 은혜 아니고는 설명할 수가 없을 뿐입니다.

미국의 뉴욕에 있는 효신장로교회(방지각 목사님 시무)를 중심으로 저는 이책의 저자이신 신숙자 선교사님(당시 집사로 봉사하심)과 신앙을 나누면서 여러해를 보냈는데 남편 되시는 김우선 선교사님(당시는 장로로서 교회를 성실하게 섬기셨고, 현재는 브라질의 베데스다 교회 담임목사이며 선교사로 일하고 계심)과 함께 그 가정은 정말로 모범적인 가정이었습니다.

　간증의 글 속에도 나옵니다만, 큰딸 현지와 두 아들 현중이와 대중이는 어쩌면 그렇게 엄마 아빠를 빼닮은 자녀들이었는지… 특별히 감사가 많고 정이 많은 아이들의 모습(물론 지금은 청년의 모습)은 제게도 역시 소중한 아이들로 기억에 남아 있습니다.

　그냥 지나가면서 묻혀져 버릴 수도 있는 한 여인으로서의 삶이 이러한 글로 나타나 여러 사람들에게 나눔을 주게 되었다는 것은 여간 반가운 일이 아닙니다. 그리고 이것이 「크리스챤 신문」을 통하여 연재되었고 이제는 문서운동을 통하여 하나님의 사랑의 복음을 전하고자 애쓰시는 「도서출판 줄과추」의 대표이신 이원우 집사님을 통하여 책으로 출간되었으니 또한 감사할 따름입니다. 독자 여러분들의 마음에 잔잔한 감동의 바람을 일으키리라 확신하며 기쁨으로 추천합니다.

총신 대학교 교수
총신 대학교 교목실장
"신앙과 지성" 발행인

글머리에

『 생생한 삶의 현장에
현현하신 좋으신 주님 』

　굳이 매를 맞고서야만 손을 들겠다는 어리석은 무리 중에 빠질세라 우리 부부도 지체없이 손을 들었던 세월이 있었습니다. 믿음을 키워주시려고, 낮추시려고, 하나님만 의지하게 하시려고, 주님께서 얼마나 많은 것들을 투자해 주셨는지 모릅니다.
　가난한 자로 찾아 오셔서 손을 내밀기도 하시고 주는 자로 오셔서 주는 법을 배우게도 하시며 때때로 고난의 몽둥이와 환난의 막대기로 찾아 오시기도 하셨습니다. 때로는 몽둥이와 막대기를 드신 손을 숨기셨기에 몽둥이, 막대기와 싸우는 시행착오를 겪으면서 몽둥이를 드신 주님 발 앞에 엎드리면 될 것을 아무것도 아닌 몽둥이와 싸우는 자신이 영적 환자였음을 알았습니다.
　드디어,
　"망할 바에는 하나님 뜻대로나 해보고 망하자!"
　"하나님께서 부숴뜨리실 땐 철저히 부숴지자!"
　"하나님께서 포기하시지 않는 한 절대로 포기하지 말자!"는 결심을 다짐하면서 입술을 깨물고 마음을 다스려 말씀의 노예가 되려고 주님 발앞에 한없이 울며 매달렸을 때, 찢으셨으나 낫게하셨고, 치셨으나 싸매어 주셨습니다.
　보혈로 치료된 영혼과 몸이 복음을 위한 고난을 딛고 일어서서 각색모양의 질병과 가난과 좌절 속에 외로이 울고있는 주님의 자녀들에게 "울지마라!"는 주님의 음성을 선물하고 싶어서 저의 생생한 삶의 현장에 현현하신 좋으신 주님을 자랑합니다.

주는 훈련, 받는 훈련, 바치는 훈련, 인내 훈련, 도저히 사랑할 수 없는 이들을 사랑하는 훈련, 이와같은 수많은 훈련이야 말로 저절로 얻어지는 것이 아니기에 나름대로의 고난을 경험한 사람들이 비로소 고난을 투자하신 하나님의 참사랑에 진정한 눈물을 흘리게 되는가 봅니다.

"주님 힘드셨지요?" 우리가 당한 고난은 자신과 같은 처지에 놓여있는 사람들의 영혼을 치료하고 구하는 소리가 될 것을 믿으면서 오랫동안 소중히 담아 두었던 마음의 소리가 주님의 은혜로 글이 되어 여러분을 만나게 되니 기쁜 마음으로 인사를 드립니다. 또한 이 간증의 글이 나오기까지 기도하여 주시고 특히 물질로 후원해 주셔서 이 책을 출판하는 데 초석이 되게하여 주신 믿음의 동역자들께 진심으로 감사를 드리며 본인들의 요청으로 이름을 밝히지 못함을 아울러 말씀드립니다.

모든 영광은 하나님께 돌려 드리며 여러분과 가정들의 참 평강을 위해 기도합니다.

한반도의 반대편 상파울루에서
신숙자 선교사

 1부

정든 고국을 떠나며

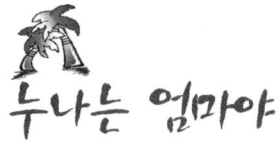
누나는 엄마야

동네 꼬맹이 아이들이 우루루 몰려 들더니 쌓아놓은 모래산 아래 주지 않는다. 고흘리개 세살짜리와 제법 큰 아이들도 마냥 좋기만 하다. 신바람에 콧노래 부르면서 마당도 꽃밭도 집도 만들고 울긋불긋 작은 꽃들도 꺽어다 꽂은 후 저마다 신나게 작품들을 만들어 놓고는 그 중 큰아이가 명령을 내린다.

"너는 엄마해! 나는 아빠할께! 꼬마야 너는 딸이다. 알았어?" 의사도 선생도 가정부도 할머니, 할아버지도 태어났다.

사금파리(주 : 사기그릇의 깨진조각)에 모래밥을 올려놓고 잎사귀를 잘라 반찬을 만들어 해지는줄 모른다. 아빠 엄마처럼 싸워도 보고 때려도 보고 뽀뽀도 하면서… 저녁밥 먹으라고 찾아나온 진짜 엄마가 부르는 소리가 안들렸으면 좋겠고 넘어가는 석양은 중천에 붙잡아 맸으면 좋으련만 빠이빠이하면서 작은손을 흔들며 끌려가던 어린시절이 생각난다.

"한번 죽는 것은 사람에게 정하신 것이요 그 후에는 심판이 있으리니."(히 9 : 27) 라는 성경말씀처럼 모래성 쌓던 꼬맹이들의 소꿉장난이 끝나는 순간이 있었듯이 한치 앞을 모르는 인생이 영원하다고 아무도 말할 수 없다. 세상에 올 때는 순서를 따라 왔지만 갈 때는 순서가 없는데 일순간에 가버리는 인생을 무엇을 하며 누구를 위해 어떻게 살 것인가?

부부가 주 안에서 한 목표를 향해 함께 뛰는 이 기쁨이야말로 주님께서 투자해 주신 고난의 산물이라는 사실에 누가 반대표를 던지겠는가?

"여보 행복해요!"

"감사하자구요."

무슨 뜻인지를 아는듯이 느긋하게 던지는 남편의 대답은 그 얼굴 표정에 행복이 가득 서려 있음을 본다. 행복하다는 표현이 무척 쉬운줄 알았는데 생각해보니 세상에서 그토록 부요하게 잘살 때는 한번도 입으로 표현하지 않았던 낱말이었음을 새삼스럽게 깨닫고는 깜짝 놀랐다.

지나온 33년의 결혼생활 동안에 어두움만 있었던 것도 아니었건만 세상의 부귀영화와 희락이 행복이란 두 글자를 보장하지 못했다니 오직 행복의 주관자는 나의 왕 나의 주님이신 것을 깊이 깨닫는 마음엔 가벼운 흥분마저 일었다.

우리 부부는 칠레 산티아고에서 열리는 I.C.C.C(국제기독교협의회 : The International Council of Christian Churches)대회 참석차 가는 길이다. 비행기 이륙시간 전에 좌석이 찼으므로 시간이 단축되었고 기내에는 각양각색의 사람들의 모습들이 자리잡고 있었다. 자리에 앉자마자 세상살이에 지쳐서 피곤하여 눈을 감고 있는 모습들, 공연히 가방을 열었다 닫았다 올렸다 내렸다하면서 무엇엔가에 쫓기는 듯한 몹시도 불안한 모습의 사람이 있는가 하면 비스듬히 보이는 옆자리의 50대 여인은 번쩍이는 다이아 반지를 낀 손에 다른 한 손을 얹고 계속 만지는 폼이 꿈에도 소원이던 다이아 반지를 최근에야 끼게 되었나보다.

세상에 지치고 속고 그러면서도 또 세상을 사랑하는 저들의 마음속에 세상이 떠나가고 천국이 올 수는 없는 것일까 하는 생각에 잠겨 있는데 아기 우는 소리가 들린다. 조금있으면 그치려니 했으나 계속 울어대는데 첫돌이 지난 정도의 아기가 아빠 품에 안긴 채로 그냥 울고 또 운다. 계속 우는 아기를 안은 채 빙빙 돌기도 하고 아래위로 흔들어 보기도 하지만 아기는 울음을 좀처럼 그칠줄을 모른다.

지치고 쉰목소리로 끊임없이 우는데 아기울음의 여운을 타고 26년 전으로 거슬러 올라가는 나의 가슴에 찢어지는 아픔이 고개를 든다.

빚보증을 하였다가 집을 차압당하고 이리저리 되는 일은 없고 주위가 부끄러워 어린 것들을 떼어놓고 이민길에 올라 훌쩍 떠나버린 우리 부부와 세 아이들을 돌보시며 어린 것들의 애처로움에 뼈만 남으셨던 친정 어머니를 생각하니 옛 생각에 잠긴 나는 어느새 울고 있었다.

어린것들끼리 흔히 있을 수 있는 일이었으나 엄마 아빠없이 외롭게 당한 아픔이기에 기죽어 살던 일곱살짜리 딸아이의 가슴에 묻어둔 아픔은 너무나 컸던 것이다. 아이들이 모두 브라질에 온 후 어느날 갑자기 밤 자정이 훨씬 넘은 시간에 일곱살난 딸 현지가 허약해서 부시시 넘어질 듯 일어나더니 허공을 헤치듯 울면서 문을 열고 나선다.

"현지야! 왜 그래 응? 왜 그러는거야!"

딸을 붙들며 흔들었더니 초점을 잃은 눈과 두손을 휘저으면서

"우리 엄마에게 보내주세요! 엄마가 보고 싶어요! 우리 엄마 어디있

어요?"
　엄마를 앞에 놓고서 엄마를 못알아 보고 흥건한 식은땀을 흘리며 우는 딸을 안으며
　"현지야! 엄마야! 내가 엄마야! 내가 엄마란 말이야!"
　그러나 현지는 계속해서 울며 엄마를 찾는다.
　이럴수가!… 눈물이 앞을 가렸다. 그때부터 이미 주님은 내게 준비하신 눈물 주머니를 터트리신 것이었다. 현지는 엄마를 만나고 싶어서 뼈가 녹는 고통에 이미 엄마에게 와 있음에도 불구하고 밤만되면 엄마를 찾아 달라며 몽유병 환자처럼 집 밖으로 뛰쳐나간다.
　이민생활 초기에 조기 한마리를 물에 삶아 한 살짜리만 먹이면 네 살, 일곱 살짜리 아이들이 먹고싶어 입을 오므리던 시절과 밤만되면 엄마를 앞에 놓고 엄마를 찾으며 우는 딸을 안고 울어야하는 어미에게 만일 얍복강 나루터 야곱의 기도가 내 것이었고 무릎 속에 얼굴을 묻은 엘리야의 기도가 내 것이었다면 얼마나 좋았을까마는 그때 당시 믿음이 적었던 나는 그냥 울기만 했다. 나인성에 사는 과부가 아들의 시체 앞에서 그냥 울었던 것처럼 나는 사랑하는 딸을 품에 안고 마냥 울었다. 자식은 태의 열매요 하나님의 기업이고 하나님의 것이라는 차원높은 신앙이 당시에 나의 고백은 아니었어도 좋으신 하나님은 나의 눈물을 받으시고 눈물을 씻어주셨다.
　나인성에 사는 과부의 해결사 되신 주님은 나에게도 역사하셨다. "현지야 무슨 말이든 해봐! 엄마한테는 괜찮아!" 하며 달래고 또 달랬더니 두려운 눈으로 나를 응시한 후 품에 꼭 안겨 한참 울다가 말을 꺼냈다.
　"엄마!" 가슴을 뚫고 들어올듯이 파고 들면서 부르르 떤다. 훌쩍 떠나버린 부모가 보고파 몸부림치는 어린것이 알뜰이도 챙기던 한 살 세

살짜리 동생들을 떠나 혼자만 얹혀살던 때 동갑내기 사촌동생 허락없이는 아무것도 할 수 없는 것은 물론 사촌동생이 눈만 크게 뜨고 "우리 엄마한테 말하면 가만 안둘거야!"라는 으름장에 소스라쳐 짓눌린 공포가 밤만되면 어린시절 그리워 찾던 엄마를 부르며 허공을 휘저으며 헛발을 디디고 초점을 잃은 채 현실과 지난날을 오가는 착란증세가 일어날때마다 내 가슴의 살점이 점점히 떨어져 나가는 듯 쓰리고 아팠다. 그러나 좋으신 하나님께서는 마음 속에 맺혔던 아픔을 쏟아놓은 현지를 치료해 주셨고 그 기쁨이 너무나 컸기에 장성한 후에도 오히려 외사촌 동생을 덮어주며 사랑하는 것을 보면서 주님께 빚진 나는 딸에게도 늘 빚진 자로 사는 마음이다.

"주님 은총을 내려 주세요! 물샘같은 축복을요…." 지금도 비행기 속에서는 계속해서 아기가 울고 있는데 현지가 일곱 살이던 그해에 한 살, 네 살짜리 동생을 데리고 이모가 부탁한 처음보는 아주머니와 함께 비행기를 탔던 날이 생각난다.

꿈에도 그리던 엄마 아빠가 브라질에 있다니까 그냥 탄 것인데 어리고 가냘픈 어린딸의 어깨위에 무거운 돌을 메어준 것 같은 엄마의 아픔을 누가 알 수 있으랴!

매아리처럼 남아있는 이 아픔을… 한국에서 브라질 비행시간이 오죽이나 긴가 말이다. 그때 한 살이던 막내 대중이가 지금 기내에서 우는 아기처럼 울어댔단다.

짐짝처럼 꼬리표를 단 현지, 현중, 대중이가 탄 기내에서 우는 대중이를 아주머니가 달래고 안아도 끊임없이 울어대는 울음에 처음엔 승객들도 불쌍히 여겼지만 시간이 갈수록 짜증을 내는데 주위의 눈치를 보며 네 살짜리 동생을 틈틈이 살피면서 막내를 등에 엎고 이틀이나 왔다니 등인들 얼마나 아팠으며 팔다리 허리인들 얼마나 아팠을까마는 오직 엄마 아빠를 만나기까지 끝없이 우는 동생과 승객들의 짜증을 받는 것도 감수하고 그리운 부모에게 가야한다는 집념에 지칠 수도 울 수도 없었던 현지는 누나가 아닌 꼬마엄마였다.

 등에 업힌 한 살짜리 동생이 "누나는 엄마야" 하는 것 같아 글을 쓰는 이 순간에도 가슴의 뼈를 바늘로 찌름같이 아파온다.

 "현지야! 정말 미안해! 이 엄마를 용서해 줄 수 있겠니?" 라고 엄마가 져야할 짐을 대신 지어준 어린 딸을 향해 중얼거려본다 이젠 이미 그 당시의 내 나이가 되어 두 아이의 엄마요 어엿한 흰 가운의 여의사로 미국 콜롬비아 대학병원에서 자기 남편과 함께 바쁘게 활동하고 있는데 언젠가 장성한 딸에게 이렇게 말한 것이 기억난다.

 "현지야 네가 엄마하고 내가 딸하자!" 며 우리 모녀는 마주보고 크게 웃었다.

 현지는 어린 시절부터 오늘까지도 동생들에게 언제나 멋진 엄마였다. 부모의 마음도 읽어주고 엄마 아빠 불쌍하다고 늘 울어주면서 동생들을 기도의 품에 안고 온 식구의 필요를 채워주려고 밤새워 공부하며 틈틈이 아르바이트를 해서 번 돈으로 동생들의 옷과 신발을 사느라고 자신은 단돈 2달러짜리 블라우스에 낡은 청바지와 구두창이 닳아버린 구두로 감내하던 현지도 처녀 시절에 얼마나 멋도 내고 싶었으랴만⋯ 하나님은 현지에게 오늘의 행복을 꽃다발처럼 안겨 주셨다.

 현지야! 한없이 불러 보는데 어느덧 칠레의 산티아고 공항에 덜컹거리며 비행기는 착륙했다. 포장되지 않은 들판처럼 펼쳐진 창밖에는 30년전의 김포공항을 연상케 하는듯이 손질되지 않아 어설퍼 보이며 20세기 문명의 혜택이 조금은 늦어진 듯 비행기에서 사다리를 타고 내려서 셔틀버스를 갈아타고 한참이나 가야 공항건물에 들어설 수 있는 낙후된 시설이었다.

사다리를 앞서 내려가던 부부가 땅으로 내려서지 않고 그냥 사다리 끝에 서 있으므로 진행되던 행렬이 멈추어 섰는데 우리 바로 앞에 있는 성질급한 여인이 손짓을 하며 소리를 친다

"여봐요! 내려서란 말이예요! 왜 사다리에 그냥 서 있어요?"

사다리끝에 서 있는 부부도 질세라 응수를 하며

"아직 버스도 안왔는데 왜 내려요!" 라며 안내리겠단다. 내리라고 소리치는 사람도 자신의 생각이 정당하다는 것일진 모르겠지만 내리면 어떻고 안 내리면 어떤가 서로가 자신의 생각을 안 따른다고 분개하는 모습을 보면서 결국 인간은 서로가 서로에게 너는 틀리고 내 생각이 맞으니 내생각을 따르라고 하며 자기에게 대한 복종을 요구하는 것이며 결국 인간은 나! 나만 맞는다고 고집을 하다가 이것이 깨지는데 많은 시간과 고난의 등록금을 바치고 있는 것이다.

고난의 몽둥이와 환난의 막대기를 드신 하나님의 마음이 얼마나 더 아파야 한단 말인가? 드디어 셔틀버스가 왔다.

우리에게 우리 날 계수함을 가르치사 지혜의 마음을 얻게 하소서.
시 90 : 12

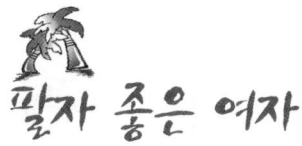
팔자 좋은 여자

고국에서 브라질 이민 수속을 하고 있을 때쯤이라 생각된다. 모 무역회사 상무이사로 있으면서 장안 라이온스클럽 라이온테마로 활동하던 남편이 하루는 출근하려던 발걸음을 멈추고 지난번에 하던 말을 또 꺼낸다.

"여보, 그 사장 빚보증 한 번만 섭시다!"

하면서 여차하면 얼른 문 밖으로 나서려는 몸짓이다. 그도 그럴것이 몇번이나 오고간 이야기요 가벼운 다툼까지 있었던 일이었다.

"안돼요, 무슨 말을 또 해요, 글쎄 안된다니까요! 빚보증 서면 누운 침상도 빼앗긴단 말씀도 몰라요?"

나는 날카롭게 쏘아 붙였고 한마디만 더 나오면 싸울 판이다. 귀가 커서 그런지 아니면 키가 커서 그런지 하여간 남의 말도 잘 듣고 넘어가기도 잘 하는 것 같아서 이런 일에는 늘 불안을 안겨주곤 했다.

"알았어, 알았다니까!"

뒷모습을 쏘아보는 눈길이 따가운 양 남편이 쏜살같이 나가 버린 후에 왠일인지 불안했으나 당시 믿음이 약했던 나는 전적으로 하나님께 기도하지도 않은 채 한달 가까운 시간이 흘렀고 빚보증을 서면 누운 침상도 빼앗긴다는 하나님의 말씀이 이루어졌다.

어느날 느닷없이 차압이란 은행 통고와 함께 그야말로 하루 아침에 길거리로 나앉게 되어 울고 불고 난리를 쳤지만 소용없는 일이었다. 은행의 배려로 3번 형식적 공매를 거쳐 빚보증에 넘어간 우리집을 우리가 다시 샀던 일이 있었다.

이뿐이랴 말씀대로 살지 않자 여러 가지 어려움을 겪었다. 사업상 미국에서 온 바이어를 만나고 손님을 대접한다는 명목으로 주일 예배가 끝나기 무섭게 서둘러 다니던 시절을 시간의 주인이신 하나님께서 기뻐히실 리기 없었다.

그냥 그런대로 잘 지내던 우리가 점점 되는 것이라고는 없더니 급기야는 단돈 400달러을 들고 브라질 땅을 밟게 되었다. 그것도 한 살, 네 살, 일곱 살 어린 것들을 떼어놓고는….

나중에 성숙된 믿음을 갖고서야 비로소 떨어져 있던 자녀들 때문에 가슴이 저미도록 그리워하는 아픔에서도 하나님을 멀리하고 떨어져 제 힘대로 살겠다고 허우적거리던 우리를 위해 독생자 예수를 십자가에 내어 주시면서 안타깝게 그리워하며 기다리시는 하나님 아버지의 마음을 읽게 될 줄이야….

하나님께서는 브라질 이민의 새출발을 허락하셨다. 지금으로부터 26년 전 이민 1세들의 주업은 벤데돌(주 : 보따리 장사. 가가호호 방문하며 옷을 파는 장사)이었다. 한국에서의 지위를 불문하고 나이에도 상관없이 남.여가 옷보따리를 들고 생계의 전쟁을 치러야 했다. 주로 여자들이 옷공장을 찾아 옷을 외상으로 받는데 사람이 보따리를 끄는 것인지 보따리가 사람을 끄는 것인지 분간할 수 없을 정도로 힘겨웠다. 초기에는 재력이 있는 분들이 간혹 자동차로 행상하는 분도 있었다.

　여자들이 경제권을 잡다보니 집집마다 여자와 남자의 역할이 뒤바뀌어 우스꽝스러운 에피소드가 한 두 가지가 아니었다. 아내들의 눈치를 보는 여자아닌 여자 남편들이 애기보고 빨래하고 밥 짓는 일은 물론이요 아내들에게 쩔쩔매는 모습은 고국에서 지위높고 돈을 잘 벌 때 신앙 밖에서 가장의 노릇을 잘못하며 술과 여자로 찌든 행위의 열매를 먹는 모습인지…. 하여튼 이민 초창기 가정의 모습들은 주객이 뒤바뀐 모습이었다.

　말도 통하지 않으면서 무거운 보따리를 양 어깨에 메고 양 손으로 들다보니 걸어가다가 곧 주저앉을 것같은 모습이 차라리 서른 한 살의 날씬했던 몸매가 지금처럼 뚱뚱하기라도 했더라면 조금은 덜 처량했을 것 같았다. 살기 위해 먹는지 먹기 위해 사는지 삶의 목적마저 주님께 두지 못한 채 휘청거리는 삶의 여정을 지나고 있었으며 불평과 불만으로 온 세상의 짜증스러운 일은 다 내 것만 같았다. 밤이면 고향과 아이들이 그리워 울고 새벽부터 미친 듯 뛰기만 했으니 분명히 나는 생각없는 기계 같았다.

　"여보, 오늘은 당신도 같이 보따리 들고 나가요 체면은 태평양 바다에 던지고 오지 않았어요?"

　할 수 없이 따라나서던 남편의 처량한 모습을 애써 모른 척 하며 아무 버스나 타고 종점에 내렸다. 한국촌 아파트를 나서면서

　"여보 한국 사람 없는데까지만 혼자 들고 가 응?"

남편의 애절한 부탁이 측은하고 불쌍하다는 생각이 들었지만 한편 현실 생활에 부딪혀야 한다는 마음에 못들은 척 하였다. 어느 집 앞에 이르러서

"여보, 당신은 이 집 벨을 눌러요 저는 건너편 집을 누를께요."

볼멘소리를 뱉어 버리고 길을 건너갔다. 벨을 눌러도 아무도 나오지 않기에 남편이 누르고 있는 집을 바라보니 왠 브라질 여인이 나와 두리번거리고 있었다. 무슨 일일까? 하고 둘러보니 남편이 보이지 않아서 찾아보았더니 원 세상에 골목 모퉁이에 보따리를 든 채로 숨어있었다. 얼마나 고통스러웠을까? 익숙지 않은 생활에 옛날의 자신을 벗어버리기가 그리 쉽지 않았던 것이다.

그때부터 행상은 나만의 일이 되었고 남편은 열심히 기도하며 주님의 은총을 입어 한국촌에 약국을 열었다. 리어카를 빌려 목재를 사서 니르고 톱을 빌려 목재를 자르다 보니 밤이면 부르드고 다친 성처로 신음소리를 내곤했다.

문명의 기계 혜택도 돈이 없어 받지 못한 채 손수 꾸민 약국에 기도로 짜여진 약장 하나하나에 엉성하게 물건이 채워지기 시작했다. 여자들의 생리대와 휴지로 그것도 드문드문 채워진 모습이 자본이 없음을 철저히 보여주고 있었다. 찾아온 손님들에게 찾는약이 없으니까 내일 오시라는 말이 녹음기에 입력되듯이 반복되었다.

약을 하나 둘 사다 파는 것이 처량하기 그지 없었다. 지난날을 회개하며 감사하는 마음으로 보아야 할 내가 오히려 비웃었다.

"흥! 기도한다고 다 되면 기도 안할 사람 없겠네…."

"자기 아내 보따리 신세나 면하게 해 주지."

지금 생각해 보면 철부지였던 나, 어쩌면 그토록 철저하게 범사에 하

나님을 인정하지 않을 수 있었는지 그것도 참 힘든 일이다.
"너는 범사에 하나님을 인정하라 그리하면 네 길을 지도하시리라."
(잠 3 : 6) 그러나 하나님은 악을 버리고 주께 돌아와 간절히 찾는 자의 편이셨다. 비록 나는 기도도 잘 못하였고 주일 성수도 제대로 지키지 못했지만 갓난아이같이 빗나간 내 신앙 없음을 긍휼히 보시고 남편의 기도를 들어주셨다.

은혜 가운데 벤데돌 4년을 끝마칠 무렵 약국은 놀랍게 성장했고 옆에 있던 약국은 파리를 날리다시피하여 스스로 폐업해 버렸다. 헤어져 있던 아이들도 데리고 왔으며 나의 신앙은 점점 자라기 시작했다. 성령께서 열어주신 나의 눈은 죄악에 민감해지고 철저한 회개의 눈물은 3년이란 세월도 짧은 듯 주님을 향한 구원의 감격의 눈물은 나의 전생을 동행하는 친구이기도 했다. 당시 한국인으로 집을 소유한 분이 거의 없을 때 우리에겐 육신의 장막을 주셨고 마음대로 주님을 섬길 수 있는 영육의 부를 주셨다.

주님의 사랑을 알고나자 자연히 교회에서는 사랑으로 섬기고 싶었고 이웃 사랑과 구제에도 힘쓰게 하셨으니 기억하기는 약 200여 명의 교포에게 집보증을 할 수 있었던 것 같다. 브라질은 그 당시 셋집을 얻으려면 소정의 자격(근저당 설정)을 갖춘 보증인이 필요했었다. 보증인을 세우는 것은 교포들의 가장 큰 어려움 중에 하나였는데 그 어려움을 함께 나눌 수 있었던 그 일들이 후에 선교사로 온 우리들에게 얼마나 큰 도움이 되었는지….

"물위에 떡을 던지라 그리하면 여러날 후에 도로 찾으리라." 하는 말씀대로 약국에 얼마나 많은 손님이 오시는지 약국 밖에서 줄을 지어 서 있을 정도였다. 한번은 고국에서 큰 오빠가 다니러 오셨다가 하시던 말이 생각난다.

"이거 약국이냐 배급소냐?"

이 즐거운 비명은 주님이 증거되는 소리가 아니고 무엇이란 말인가? 누군가 말했던 기억이 난다.

"정말 제일 팔자 좋은 여자예요." 과연 누가 나를 이렇게 이끌어 주셨는가?

> 너는 사람으로 더불어 손을 잡지 말며
> 남의 빚에 보증이 되지말라 만일 갚을 것이 없으면
> 네 누운 침상도 빼앗길 것이라.
>
> 잠 22 : 26-27

너는 내꺼야!

양손에 보따리를 든 채 부부가, 혹은 홀로 누군가에게 쫓기듯 다급하고 분주한 움직임들이 하루를 시작하는 시계 종처럼 71년도 시절의 하루를 연다.

옷 공장마다 물건을 얻으려는 아우성 속에 더러는 신제품을 서로 가져가겠다며 뺏고 빼앗는 것이 흡사 전쟁터이다. 앙칼진 소프라노의 여인이 피곤에 지쳐 쉰듯한 목소리의 엘토 여인과 다투는 소리가 음악감상을 잊어버린지 오랜 나의 청각을 때리는데 살았다는 소리다. 아니 살아야겠다는 몸부림이다. 벤데돌 학위를 주는 것도 아닌데 내딴에는 억척스럽게 뛰어다닌 4년의 세월이었다.

퍽이나 인상도 마음씨도 좋은 분이라 생각되는 '세기집'이라는 상호의 옷 공장 아주머니와 그 외 많은 옷 공장들은 당시에 이민 초년생들의 생계의 기초가 된 공로자들이다. 예수 믿으시라면 그냥 웃어 넘기시던

'세기집' 여주인이 이제는 '권사님'이 되었으니 하나님은 위대하셔라.

　조국에서의 지위나 지식, 빈부를 무론하고 거의 90%가 벤데돌이라는 보따리 장사를 거쳤던 시절이다. 천신 만고 끝에 하나님과 주위의 도우심으로 김약국이란 간판이 한국촌 메르까도(주 : 브라질의 슈퍼마켓) 건너편에 붙었다.

　드문드문 비어있는 진열장이 초라한 모습이었으나 열심히 살아보겠다고 하루 16시간을 지키며 손님을 기다리는 30대의 약국주인인 지금의 김목사를 성실하게 보았던 모 옷 공장 K사장의 아버지께서 당신이 후에 꼭 쓸 일이 있어 모아 두었다는 3,000달러라며

　"살려고 애쓰는 젊은이 소망이 있네." 하시면서 조심스럽게 그것도 오히려 빌려주는 편에서 더 상대의 마음을 상할까봐 움츠리던 인정어린 사랑을 받은 기억이 있다.

　약국 운영난의 위기로 친족들에게 S.O.S를 치던 바로 그때 하나님이 예비하신 분은 친족이 아닌 전혀 다른 분이었다. 지금은 고인(故人)이 되었으나 그 따스한 인정은 우리 마음에 살아있어 삶에 교훈을 주고 있으니 사람은 떠나도 선한 행위는 사라질 수 없다.

　산토안드레, 안쉐타, 마우아 등등 오라는 곳은 없어도 갈 곳은 많아 집집마다 문을 두드리면 문전박대하는 집도 있었지만 거의 모두가 훈훈한 사랑을 베풀던 보따리장사 시절. 가냘픈 양손에 10kg이나 되는 보따리를 끌고 다니면서 조금이라도 더 가지고 다니려고 양 어깨에까지 5kg씩 메었으니….

　버스에서 내려 마우아 고개를 오르내릴 때면 너무 무거워서 양 손바닥엔 붉은 피멍이 들고 텅빈 머리엔 아무 생각조차 할 수 없었다. 오직 그냥 한발 한발 내딛다보면 "과연 나는 지난날에 호강한 적이 있나?" 하

는 생각에 그냥 아득한 옛날부터 이렇게만 살아온 것처럼 착각에 빠지게 되는가보다.
 가는 곳마다 주는 독한 커피로 목을 축이면서 위가 깍이는 것도 몰랐다. 뒤늦게 애타게 기다리는 한 살, 네 살, 일곱 살의 어린 것들과 남편 생각이 들면 벌써 햇빛은 사라지고 어두움은 여지없이 다가와 달빛마저 뿌옇게 뜸물같은 색채로 보여졌다. 심신이 너무 지쳐 나무밑에서 팔다남은 보따리 위에 앉아 그래도 한 줄기 소망을 찾아 동요를 지어 불렀던 기억이난다.
 '내 이름은 벤데(주 : 보따리 옷장사) 힘도 들지만
 내이름은 벤데 꿈도 많아요.
 보따리에 앉아서 달 쳐다보며 내일이면 조금 더 팔릴까봐서
 내 이름은 벤데 힘도 들지만
 내이름은 벤데 꿈에 살아요…'.
 환난을 이기고 나갈 한 줄기 마음의 소리다. "나의 영혼이 잠잠히 하나님만 바람이여 나의 구원이 그에게서 나는도다."(시 62 : 1)
 200달러의 집세를 아끼려고 약국 다락에서 살던 우리 다섯 식구에게는 다락 바닥 구석에 약국으로 내려가는 사다리와 연결된 70cm 가량의 정사각형 구멍이 있었다. 그 유일한 통로는 몸을 움츠리고 균형을 잘 잡아야만 했다. 식수나 목욕물, 음식을 만들기 위한 모든 물의 공급은 좁은 화장실에서 받아야 했고 부엌은 물론 없어서 불 두개짜리 호공(주 : 가정주방용의 낡은 가스 조리대)을 써야 했다.
 어느날 저녁을 짓고 있던 나의 귀에 '쿵' 하는 소리가 들려 왠지 마음이 덜컹하는데 형과 함께 놀던 한 살배기 대중이가 그 구멍으로 떨어진 것이다. 높이가 3m나 되는 그 밑에는 가스통이 있었다. 아이의 울음소

리가 없어 급히 내려가보니 한 살배기가 철제 가스통과 가스통 사이에 끼어 있는게 아닌가?

"어머나, 대중아!"

외마디 비명을 지르며 아기를 안고보니 머리털 하나도 상한 곳이 없었다. 세상에 이런 기적이… 어떻게 가스통에 부딪히지도 않을 수 있으며 머리를 위로 향한 채 사뿐히 내려 가스통 사이에 끼어 울지도 않고 있다니… 천사를 보내 살포시 받아 앉혀주신 하나님의 손, 의심하려해도 의심할 수 없는 사건이다. 하나님은 나를 울리시기로 작정하셨나 보다. 후에 200달러짜리 약국건너 메르까도 옆 아파트로 이사를 했다.

어느날 일어났던 또 하나의 놀라운 사건으로 엄마는 옷장사를 나가고 일곱 살의 누나가 아기의 우유를 탔다. 젖병에 데운 물을 넣고 분유를 넣어 힘껏 흔들었지만 제대로 퍼지지 않은 분유 때문에 젖병 구멍에서는 우유가 시원스레 나오지 않아 아기는 계속 울어댄다. 기저귀를 갈아 주었으나 익숙지 않은 솜씨에 콩같은 아기 똥이 굴러다니고 우는 아기 달래는 누나엄마, 얼마나 지쳤을까? 어린 꼬마엄마 마음도 몸도 뭉그러져 함께 울고 '디아만치' 옷 공장 아주머니께서 오셨다가 아이들을 보고 함께 울어버렸다는데….

고교시절 옆집에 살던 그녀는 자기 집 앞을 지나다니는 학생복 차림의 나를 몰래 숨어보았다며

"너무나 예뻤었어!" 하면서 고국의 그 옛날을 추억해 내곤 했었다.

아장아장 누나의 시선을 피해 베란다로 기어나간 아기가 그만 3층 베란다 난간에 매달려 떨어지기 일보직전의 아슬아슬한 찰나에 펼쳐진 이 서커스 같은 한 장면을 목격한 사람이 있었다.

건너편 마주 보이는 아파트에 사시던 H영수님 부인이었는데 너무

놀라 엘리베이터를 타고 내려와 길을 건너 아이가 매달려있는 아파트 엘리베이터를 타고 올라와 베란다에 매달린 아기를 가만히 다가가 잡아 내리기까지 숨조차 쉴 수 없었다고 한다. 다리가 떨리고 두근대는 가슴으로 난간에 매달린 아기를 본 순간부터 아기를 품에 안기까지 살얼음판의 숨막히는 시간이었다.

한 생명을 살리기 위한 하나님의 시간에 그녀는 고맙게도 우리의 삶에 뛰어든 고마운 은인이다. 이 아기 살리는 곡예와도 같은 숨막히는 순간순간처럼 영혼을 살리는 뜀박질이 우리에게 있어야 하지 않겠는가? 두 번씩이나 생명이 주님의 손에 있음을 보여 주신 구원의 사건이었다. "할렐루야!"

엄마는 현지에게 요구한 것이 너무 많았다. 어느날
"현지야 오늘은 중요한 수금이 있으니 학교에 가지 말고 동생들 좀 봐줘, 응?"

우리 가족이민사의 공로자요 희생자로 쓰인바 된 현지이지만 그토록 사랑하는 동생들이라도 공부할 마음만은 뺏지 못했나보다. 혹 현지가 어린 나이에도 가난이 지긋지긋하여 어렴풋이나마 성공의 비결이 공부라 생각했을까? 보따리를 들고 나가려고 보니 현지가 없다. "어쩌나 아기를 누가 보아야 하나?" 함께 보호를 받아야 할 네 살짜리에게 맡길 수도 없는 일이고 해서 창을 열고 약국을 바라보니 현지가 어느새 교복을 입고 가방을 든 채 엄마가 부를까봐 얼굴만 철문 뒤에 감추고 있다. 동그란 엉덩이가 나와있는 것도 모르고…

향학열에 불타는 일곱 살 고집쟁이의 줄행랑(?)을 막을 수가 없어서 그때부터 브라질 여인에게 아기를 맡기고 돈을 지불하게 되었다.

조물주가 버튼을 눌러주기만 하면 움직이는 로봇처럼 의식없이 기계처럼 뛰어다니던 극심한 고생길이었다. 아침이면 남편은 네 살짜리와 약국으로, 딸은 학교에, 한 살배기는 엄마의 젖내음에서 떨어져 생소한 브라질 여인에게로 가야하는 하루는 이산가족 이별의 순간이다. 아기가 안 가겠다고 필사적으로 울어대는 것을 달래다 못해 그 보드라운 아기 뺨을 힘껏 때리며 엄마도 함께 운다. 살살 때리면 엄마의 사랑 알고 더 우니까… 이를 보는 네 살배기는 코가 묻어 빤질빤질한 옷소매에 눈물을 닦으며 겁에 질려 동생을 때리는 엄마와 우는 아기를 번갈아 보면서 큰소리도 못낸 채 울음을 빨아들인다.

  모든 것을 다 버리고 사랑하는 어린 것들을 품에 안고 아름다운 동요라도 부르고 싶지만 하나님의 허락이 없기에 돌아서며 하루를 눈물로 시작한다. 아기를 돌보지 못하는 아픔에 가슴 조이며 가방이 걷는지 빼빼한 다리가 걷는지 착각이 들 정도로 달려가는 딸은 미래를 향해 달리는 마음으로 현재의 아픔을 달래며 생각했을 것이다. '나는 이겨야 해 이겨야…' 라고.

  고국에서 그런대로 살던 행복은 어디로 가고 아이들에게 아름다운 추억을 남겨주고 싶었던 지난날의 꿈을 누가 밟았나? 아주 후에 깨달은 것은 그것이 바로 나 자신이라는 것이었다.

  날만 밝으면 하루를 여는 아기의 울음, 뺨을 타고 내리는 눈물. 이 고통과 아픔을 누가 주었나? 죄의 값이다. 죄의 값은 하나님을 떠났던 마음의 열매인 것이다. 비틀거리는 마음도, 걸음도 주님의 것이기에 '젊어서 고생은 사서도 한다' 는 그 속담의 말조차 위로를 찾지 못했던 시절! 이민의 아픔과 진통은 훗날의 행복과 기쁨을 낳은 모체였다. 오직 믿음의 주요 온전케 하시는 하나님만 의지하는 믿음의 온전한 사람이었더라면 얼마나 가벼웠을까?

아기를 돌보는 브라질 여인들이 약을 먹여 아기를 재운다는 말에 놀란 나는 허둥지둥 할부 차를 구입하여 아기를 데리고 함께 다녔다. 돈이 없어 8시간의 운전교습만 하고 나간 터라 비탈길에 정지해 버린 차의 사이드 브레이크를 잡고 얼마나 울었는지… 차가 거꾸로 박히는 것 같아 식은땀을 흘리며 지나는 택시 운전사를 붙들고 손짓발짓 해가며 비탈길에서 올려달라고 애원하던 일. 보디랭귀지(주 : 몸짓등에 의한 비언어적 표현)로 언어장벽을 뚫던 날이다. 후진도 안 배운채 운전을 나가다니….

대중이와 함께 벤데돌을 나가지만 한 살짜리가 벤데돌 동역자가 될 수는 없는 일이다. 쌩쌩 달리는 고속도로에서 집더미같은 트럭 사이를 달릴때 배도 고프고 졸리기도 하니까 보채며 운전석으로 아기가 달려들면 아찔한 마음에 매정하게 발로 찬다. 두손으로 핸들을 꼭 잡아야 하는 실력없는 엄마인지를 알길이 없는 아기는 옆좌석 밑바닥에서 채인 채로 울다 지쳐 잠들어 버리고 실신한듯 잠든 아기를 보면서 울며 달리던 고속도로 그 어느 곳엔가 지금도 우리 모자의 울음은 남아 있으리라….

하나님의 컴퓨터에 어떻게 입력되었을까?

> 네가 물 가운데로 지날 때에 내가 함께할 것이라
> 강을 건널 때에 물이 너를 침몰치 못할 것이며
> 네가 불 가운데로 행할 때에 타지도 아니할 것이요….
>
> 사 43 : 2

현대판 요나

"**엄**마, 눈이 안보여!"

'탁' 하고 쇠를 부딪히는 듯한 둔탁한 소리와 함께 무슨 물체인지 땅에 떨어지는 소리가 창밖에서 들린다. 설거지를 하고 있던 나는 순간적으로 교통사고인 것을 직감했다. 그리고는 바로 조금 전에 학교 간다고 가방을 들고 나간 현지라는 생각이 스쳤다. 부모 자식간에는 보이지 않는 주파수로 연결되어 있다는 사실을 부인할 수가 없는 체험이었다. 누가 시키거나 가르쳐 주지도 않았건만

"현지야!"

소리치며 창문을 열어보니 삼층에서 내려다 보이는 차도로 사람들이 몰려들기 시작했고 남편이 약국에서 달려오는 모습이 눈에 띈다. 그토록 공부가 하고 싶어서 학교를 갈 때마다 공연히 미안해하며 뺑소니 치듯 나가던 현지가 차에 받혀 3m쯤 떨어진 차도 바닥에 내팽개쳐져 있

었다. 신발과 가방도 제멋대로 나동그라진 채….
 단숨에 뛰어 내려간 나는 웅성거리는 사람들을 비집고 미친듯이 울면서 늘어진 현지를 안고 들어올리는 남편에게 매달려 약국으로 들어갔다.
 동생들 돌보랴, 공부하랴, 집에 돌아오면 약국 수납대까지 보면서 때로는 없는 약을 사다가 파느라고 뒷골목 브라질 약국을 뛰어다녀야 했던 어린 것이 이민의 고통 속에 뛰어든 부모들의 삶의 희생타인양 인생 생존경쟁을 묵묵히 참고 견뎌내던 때 하늘이 무심하게도 교통사고를 당한 것이다. 사랑하는 사람들이 함께 울어주고 흔들어 대는데 놀랍게도 외상이 없었던 현지가 깨어나면서
 "엄마, 눈이 안보여!" 한다. 3m를 날아 공중에 던져졌다가 떨어진 아이가 다친 곳이 없다니….
 당시에 한인들의 구호의 손길이었던 이영만 박사에게로 달려 갔다. 뇌를 촬영한 결과 아무 이상이 없으며 48시간 동안 토하지 않는다면 눈도 보이고 괜찮을 것이라고 한다. 하루가 지나자 눈이 보이기 시작했으니 이 또한 웬 은혜며 웬 기적이란 말인가! 하나님께서 천사를 보내 공중에 뜬 몸을 받아 땅에 살포시 놓았음인지, 아니면 눈에 보이지 않는 스폰지를 아주 두껍게 깔아 놓으셨단 말인가?
 잠시나마 아이가 죽은 줄 알고 하나님을 원망하며 몸부림치던 순간이 얼마나 부끄러운지 생각하면 생활의 기적 가운데 믿음을 심어주시려는 하나님의 사랑에 굴복하는 나를 보며 쓴웃음을 짓는다. 구원의 사건들 속에 숨어서 "내가 너를 낳았다."는 말씀을 통해 하나님께서는 해산하는 고통으로 나를 다시 태어나게 하시곤 했다.
 큰 아들 현중이가 한국촌에 짓고 있던 '서울교회' 건축 당시에 어설

프게 얹어 놓은 슬레이트 지붕 위로 무엇을 찾아 먹겠다고 기어 올라갔다가 각목과 위험한 건축자재들이 너저분하게 깔려 있는 바닥으로 떨어진 것이다. 죽음이라는 문턱 앞에서 서로 들어가려고 경쟁이나 하듯이 사망의 그림자가 세 아이를 따라 다니던 때, 왼쪽팔의 팔꿈치와 손목 사이 중간지점이 뚝 부러져 뼈가 살을 뚫고 나오지만 않았을 뿐이지 뼈가 부러진 채 서로 어긋나 마치 장작이 가운데가 잘린 채 나무 껍질만 붙어있는 듯 끔찍했다. 소리없이 눈물을 흘리며 친구와 서있는 현중이는 무던히도 참을성이 많았다.

몇 달을 지나는 동안 무더위에 깁스붕대를 한 팔이 가려운지 무척이나 고통스러운 모양인데 석회로 만든 깁스붕대 안을 긁을 수도 없는 일인지라 안타깝기만 하다. 당시에 외손주 셋을 브라질로 보내시고 눈물로 사시던 친정 부모님이 뒤따라 오셨는데 유난히도 사랑이 많으시던 아버지께서 현중이 대신 우시곤 하셨다. 손자의 고통을 보시다 못해 송곳과 칼로 깁스붕대의 석회를 뚫어 시원한 공기를 통하게 해 주시던 그 사랑의 동작 하나하나가 고인(故人)이 되신 아버지를 그립게 한다.

생존에 하시던 말씀과 행동, 사랑의 눈 이 모두가 지금도 이 못난딸을 교훈하며 속삭이신다. 4년 후에 브라질을 떠나 고국으로 가시면서 남미교회 성도들에게

"내가 이곳 브라질에 와서 가지고 가는 것, 모시고 가는 분이 한 분 계신데 바로 이 성경, 이 예수님이 올시다."

지금도 생생한 그때 그 음성과 성경을 품에 안으신 그 모습. 너무나 그리운 분이다. 결국은 깁스붕대를 뚫고 손자의 웃는 얼굴과 함께 웃으시던 아버지… 나는 육신의 아버지로 인해서 하나님 아버지를 더 가까이 느끼며 사는지도 모른다.

몇 번씩이나 아이들과 함께 죽었다가 다시 살아난 기분이다. 아파트 3층 난간에 매달렸던 대중이, 건축현장 지붕에서 떨어진 현중이, 차에 치여 죽을뻔한 현지, 누가 생명의 주인인가?

"사람이 한번 죽는 것은 하나님께서 정하신 일이요."라는 말씀은 이 모든 사건들이 하나님을 의지하고 그분을 더 잘 섬기며 가정 제단을 쌓으면서 찬송을 부르게 했다.

"어디든지 예수 나를 이끌면 어디든지 예수 함께 가려네." 가족송이 되어버린 이 찬송가 가사가 우리의 삶이 되어 캐나다에, 미국에, 그리고 브라질에서 흩어진 우리 가족들을 하나님이 이끄시는 대로 사역하게 된 것이다. 믿는 자에게 우연은 절대로 없음을 증명하는 것은 찬송가 가사 하나까지도 그냥 부른 것이 아니었다는 사실이다.

밤이면 남편의 부르짖는 기도 소리를 들으며 피곤에 지쳐 잠이 들지만 잠시후에 "야, 아무개야 일어나." 굵은 남자의 목소리가 들리는가 하면 "옷 공장 안가? 아무개 엄마, 새 모델 나왔는데…" "어제 씨아자 (주 : 브라질의 야시장) 같다 오느라고 잠 못잤어. 혼자가." 몇 층 아파트에 대고 고함을 치는 소리인지 어느새 날이 밝았음을 알리는 어수선함으로 아무리 늦게 누워도 늦잠조차 잘 수가 없다. 부지런을 떨어야 하는 이민자들의 삶의 아우성은 한국의 여느 상가를 방불케 한다.

시간은 우리 가족을 태우고 돛을 날리며 끝없는 항해를 계속하고 고통은 신앙의 성숙과 복을 가져다 주며 그분은 십자가의 사랑으로 나를 주님의 자녀로 삼으신다. 그분의 자녀가 된 것이 너무 기뻐서 그분의 말씀에 길들여 가는 세월 속에 하루는 남편이 약국 앞을 지나는 많은 사람들을 보다가

"여보, 저 건너편에 걸어가는 청년 좀 봐요."

남편의 손가락이 메르까도(주 : 브라질의 슈퍼마켓) 앞을 막 지나는 청년을 가르킨다. 모 교회 P목사님의 아들이 지나가는데 마음도 몸도 지쳐 버린 듯 고개를 푹 숙이고 힘없이 걸어가는 모습이다.

"왜요?"

"이봐요, 당신 날 보고 목사되라고 조르는데 아예 그런말 말아요 저기 걸어가는 목사님 아들의 풀 죽은 모습을 좀 봐요 내가 목사가 되면 우리 애들도 저렇게 된단 말이요."

무슨 큰 이유라도 발견한 듯 의기양양하다. 가만히 대답이 없자

"이거봐, 아이들 공부도 시켜야 하고 목사는 아무나 하는줄 알아요?"

애써 변명하고 설득 시키려하더니 은근히 화가 난 듯이 휙 주사실로 들어가 버린다.

하나님이 쓰시고자 하더라도 피할 길만 있다면야 얼마나 좋으련만 강단에 엎드리기만 하면 "하나님 아버지 십의일, 이, 삼, 사, 오조의 시간을 바쳐 주의 일하게 해 주세요." 눈물을 흘리며 성경안에 능력받은 선진들의 이름을 부르면서 "그이도, 그이도" 하며 기도했다.

그렇게도 피하려던 현대판 요나인 남편이 10년 후에야 두손들고 회개하면서

"여보, 내가 진작 이 길을 갔더라면 당신을 그렇게 고생시키지는 않았을꺼요."

하나님께서는 반드시 계획대로 하시고야 만다는 사실이다.

무시로 "글쎄, 당신은 주의 종이 되어야 해요" 말을 건네기만 하면 어떻게든 화제를 바꾸어 버리는 남편을 괴롭히던 나의 마음. 그 마음이 진심이 아니었음을 알았을 땐 이미 눈물양식으로 배를 채웠던 수많은 날들이 우리를 비웃고 있었으니까… 죽어도 고생만은 하고야 돌아 오

겠다는 인생이나 어떤 고난을 당하게 해서라도 쓰시고야 말겠다는 하나님 사이에 승자는 누가 되겠는가? 누가 감히 하나님과 다투랴… 어리석은 자여 그 이름은 무지한 인생이 아닌가?

  하나님의 은총으로 약국이 호황을 누리게 되었다. 십일조, 주일성수, 가정제단, 영혼이 살아나는 소리가 힘차게 울린다. 십일조는 아예 하나님 앞에 인색할까봐 30%에서 떼며 센타보(주 : 브라질 화폐로 백동전)까지도 계산한다. "저 장로님은 정확한 십일조를 하셔…" 하는 소리를 은연중에 음미하면서… 그러나, 하나님의 조명이 나의 마음을 꾀뚫어 보시니 "나는 이렇게 십일조를 정확히 하고 있어."라는 교만이 마음 깊은 곳에서 소리치고 있었다. 할 수 없는 인생! 사도 바울이 왜 날마다 죽는 연습을 했는지를 알 것 같다. "만일 누가 말하려면 하나님의 말씀을 하는 것같이 하고 누가 봉사하려면 하나님의 공급하시는 힘으로 하는 것 같이 하라. 이는 범사에 예수 그리스도로 말미암아 하나님이 영광을 받으시게 하려 함이니 그에게 영광과 권능이 세세에 무궁토록 있느니라."(벧전 4 : 11) 믿음이 커지면 커질수록 자신이 형편없음을 보게 된다. 오 주여 불쌍히 여기소서!.

나의 힘이 되신 여호와여 내가 주를 사랑하나이다.

시 18 : 1

감 도둑 누명

상 파울루에 있는 마뻥 백화점 앞을 가려면 폭이 넓은 다리를 건너야 한다. 인위적으로 깎아 세운다 해도 그토록 똑바로 높이 세울 수 없는 수많은 세월을 자랑하는 종려나무 꼭대기에 아름답게 드리워진 손바닥 모양의 잎을 보면서 하나님의 위대하신 솜씨에 반 넋이 나간 듯 다리위를 걷고 있던 내게 동냥을 구하는 걸인이 다가왔다. 몇 푼의 돈을 쥐어주고 내 할 일 다했다고 생각하기에는 주님께 너무나 송구스러운 마음에 별안간 눈에 눈물이 핑그르 돌더니 가슴이 뭉클해진다.

"주님, 저 걸인이 혹 나보다도 영적으로는 더 깨끗할지도 몰라요."

걸인보다 더 좋은 옷을 입고 걷는 나의 모습이 초라하게 느껴졌다.

"주님! 저는 주님을 배반한 베드로보다도 더 많이 주님을 배반했으며 십자가에 주님을 못박던 저 유대병정이 나란 말이예요. 아주 작은 물질에도 나의 탐심이 주님을 팔았으며 쉽게 거짓말하고 쉽게 미워하고 쉽게 두 마음을 품어 죄의 종노릇을 했었어요."
　흐르는 눈물을 주체할 수 없어서 그냥 울면서 다리를 건너 갔다. 사람들이 이상하게 여겨도 할 수 없었다. 걸인의 때묻은 옷이 겹겹이 쌓인 내 죄의 옷보다 어찌 더 더러우랴. 돈 몇 푼을 구걸하는 걸인의 손은 간절히 아주 간절히 예수님을 구걸하는 내 마음의 손이었고 주님의 보혈을 구걸하는 나의 마음이 너무나 가난해서 견딜 수가 없었으며 심장의 고동이 주님의 핏소리를 듣는다. 죄악으로 떨어진 마음 속에 문짝이 다시 달리고 훼파된 마음의 성벽이 수리를 받는다. '우르르 쾅쾅' 옛 사람이 부서져 내리는 소리가 들리고 보혈로 새 사람을 입으며 그분의 십자가가 나를 다시 잉태하고 해산하는 소리를 듣는다. 걸인을 통해 나를 보게 하시는 주님. "오! 주여 당신은 나의 왕 나의 주가 되시나이다."
　"그런즉 누구든지 그리스도 안에 있으면 새로운 피조물이라 이전 것은 지나갔으니 보라 새것이 되었도다."(고후 5 : 17) 내가 주안에서 다시 태어났는데 주님은 내게 요구하신 것이 없다니… 오직 믿음! 그 믿음마저도 선물로 주셨으니 오직 은혜임을 숙연히 감사할 뿐이다.
　주님을 사랑한다는 말조차 부끄럽지만 그분의 사랑을 입으면 입을수록 성화의 길을 걷고 싶다. 자연히 자녀들에게도 믿음을 심어 주고 싶은 것은 신앙인들에게 따라오는 소망이다. 예수님을 구걸하던 간절한 나의 마음처럼 아이들에게도 동일한 마음을 주고 싶어서 세 살, 여섯 살, 아홉 살 세 아이를 데리고 가정에서 예배를 드리기 시작했다. 고사리 같은 손으로 손뼉을 치면서 찬송을 부르는 입술이 내가 보기에도 얼마나 예쁜지… 두 손 모으고 기도도 돌아가면서 하고 말씀을 듣는다.
　당시에 부흥회, 사경회 등 말씀이 있는 곳은 다 따라 다니면서 맨 앞 좌석이나 혹은 강단까지 올라앉던 시절에 꿀송이 보다 더 단 말씀을 실감하고 나면 부푼 가슴을 억제할 수가 없었다. 받은 은혜를 나누고 싶어도 누구 하나 나 같은 무명의 사람을 불러주는 곳이 없었다.

부득이 세 아이를 앉혀 놓고는 가정목회를 시작한 것이다. 알아듣건 못 알아듣건 두 시간씩이나 전심을 다해 외치다 보면 막내는 꾸벅꾸벅 졸고 큰 놈 둘은 온몸을 뒤틀고 있다. 얼마나 재미 없었을까? 엄마 혼자 성령 충만한 모습을 보고 만일 자기 엄마가 아니었다면 아마 그들은 한마디씩 했을 것이다. "왜 혼자 흥분하세요", "참 웃겨요"라고… 하여튼 두손을 내밀게 하여 때리면서까지 예배의 중요성을 가르친답시고 무척이나 많이 울리곤 했다.

때로는 금식이 무엇인지도 모르는 아이들에게 금식도 해야 한다면서 뚜렷한 목적도 없이 금식을 시켜 놓으면 세 살배기가 배고프다고 아이들이 약국으로 빗발치듯 전화를 걸어와도 매정하게 안된다고 딱 잘라 버린다. 그래도 정직하게 먹지 않고 참아주던 그들이 지금 생각하면 너무나 고맙고 하나님께 감사하다. 돈을 주며 찬송가를 외우도록 종용도 하고 이런 저런 신앙도서를 구해서 반강제로 읽히며 부흥강사님들에게 악착같이 기도를 받으면서 무척이나 내딴은 애쓰면서 신앙을 키워주고 싶었다.

예배를 드리면서 빈 의자를 하나 갖다 놓고는

"여긴 예수님이 계셔. 알았지?"

고개를 끄덕끄덕하는 자식들이 귀여워서 큰소리치며 행복해 했다. 후에 장성해서 의사가 된 딸애가 웃으면서

"엄마, 우리 어릴 때 의자에 예수님 계시다고 해서 난 얼마나 의자를 쳐다보았는지 몰라. 왜 안보이나 하구. 엄마에게만 보이는 줄 알았지."

딸애의 말에 나도 웃고 그 애도 웃으면서 옛날을 회상한다. 세 살배

기를 차에 태우고 주기도문을 외우도록 시키면 양다리를 올렸다 내렸다 하면서 숨이 목에 차도록 외워 대던 일. 부활신앙을 심어 주려고 천국과 혼인잔치에 대해 얼마나 귀에 못박히게 했는지… 막내는 사탕 한 개를 들고도 부활 기도를 빼고 먹는 법이 없다. '엄마랑, 아빠랑, 누나랑, 형이랑, 할아버지, 할머니, 나, 대중이 다 모두 하늘나라에 올라가라구' 하면서 마지막 부분에 악센트를 주고는 '예수님 이름으로 기도합니다.' 하던 그 몸짓, 꼭 감은 눈, 작은 표정들을 잊을 수가 없다. 꾸벅꾸벅 졸면서 듣던 말씀이 그들의 삶을 인도해 주셨다. "주의 말씀은 내 발에 등이요 내 길에 빛이니이다."(시 119 : 105)

한번은 큰아들이 일곱 살 때 주일학교가 끝난 후에 친구와 함께 집에 와 놀다가 담장 위로 높이 늘어진 가지에 달린 감이 먹고 싶었던 모양이다. 감나무는 옆집 소유이지만 우리집 뜰 안으로 늘어진 가지에 먹음직스런 감을 보니 그냥 어린 마음에 욕심이 생겼을 것이다.

"원, 하와 할머니를 닮았는지 피는 못속여…" 하여간 높디높은 담에 용케도 사닥다리를 연결해 놓고는 감을 몰래 따먹다가 뒤늦게 들어온 내게 들키고 말았다. 현장검증도 필요없이 떨어진 감과 사닥다리만으로 쉽게 판단을 내리고는 차마 친구 아이는 못 때리고 아들만 얼마나 때렸는지 종아리에 피가 맺혔다. "그를 채찍으로 때리면 그 영혼을 음부에서 구원하리라."(잠 23 : 14)

20여 년이 지난 다음 시카고에 이주해서 살고있는 모 집사님 집에 갔다가 어엿한 은행원이 된 우리 아들 친구인 그 집사님의 아들을 만나게 되었다. 계면쩍어 하면서 하는 말이 그 옛날 실제로 감을 따먹자고 한 것도, 또 실제로 감을 딴 것도 자신이었다고 고백하면서 현중이는 사닥다리만 붙들고 있었는데 자기 대신 맞았다는 것이다. 이젠 내가 나의 사실심의 오판으로 매를 죽도록 맞은 현중이(다니엘)에게 20년이 지난 지금에 용서를 구해야 할 판이다. 하기야 사닥다리를 붙들어준 녀석이나 실제 감을 딴 녀석이나 모두 잘못한 것이지만 어린 나이에 그토록 아픈 매를 맞으면서도 친구를 위해 입을 다문 채 20여 년 동안이나 엄마에게 감도둑의 장본인으로 오해를 받고 있었다니….

아들은 어려서부터 과묵한 편이긴 했지만 모든것이 내 탓이라고 생각할 수 있었던 것이 하나님의 은혜가 아니면 무엇이란 말인가? 보잘것 없는 가정목회였지만 그 가정제단에서 하나씩 떨어진 말씀의 열매임을 감사하며 집으로 돌아와서 스물 일곱 살의 청년이요, 결혼한 가장이요, 의사로 훌륭하게 성장한 아들을 만나서 말을 건넸다.

"다니엘, 옛날에 옆집 감도둑 노릇한 것이 네가 아니라며?"

"누가 그래요?"

"시카고의 ○○○가 말하던데? 왜 그때 말하지 않았니?"

아들은 픽 웃고 만다. 그 웃음의 의미가 무엇일까? '친구의 허물을 덮어 주고 대신 좀 맞은 게 뭐 그리 대단하다고?' 하는 듯 했다.

'너 때문에…' 라는 때문은 세상이기에. 어린 시절 아들의 아주 작은 희생의 침묵이 위대하고 크게 보이는가 보다. 20여 년간의 침묵이 깨어지는 순간에 그 허물을 덮어주는 또 다른 침묵이 얼마나 아름다운 것인가를 생각하며 예수님께서 지신 십자가 희생의 침묵을 배우게 하신 위대하신 하나님을 찬양하는 마음 속에 "허물을 덮어주는 자는 사랑을 구하는 자요."라는 고요한 찬양이 흘러나온다.

아이를 훈계하지 아니치 말라
채찍으로 그를 때릴지라도 죽지 아니하리라.
잠 23 : 13

아기 도둑

"그게 바로 나야" 아클리마썽 공원을 지나고 세미떼리우(공동 묘지)를 지나 비탈길을 올라가면 현대식 감각의 네모반듯한 모던 의상실이 눈에 띈다. 검은색 아크릴로 단장한 이층은 베일에 가리운 듯 사람들의 호기심을 사로 잡기에 충분했고 예술적인 감각으로 진열된 1층 쇼윈도에는 값진 옷들이 마네킹에 입혀진 채 누군가가 가져가기를 기다리는 듯 했다. 세련된 건물 안 마네킹 사이로 오가는 여인들은 고객 같기도 하고 종업원 같기도 하다.

이 건물은 83년까지 바로 내가 살던 집이다. 방이 9개, 화장실이 6개, 150명이 동시에 들어갈 수 있는 응접실, 버튼만 누르면 벽이 열리고 오색빛 파티용 홀이 나온다. 차고에서 엘리베이터를 타고 이층 침실에 오르면 흰 대리석을 밟고 각방을 드나들 수 있으며 뒷문을 열고 나가면 별채로 가는 구름다리가 이채롭고 구름다리를 건널 때마다 밑으로 보이는 아이들의 작은 수영장이 앙증스럽다.
 후아 싸피라에 있던 작은 집을 팔고 이 큰 집을 사게 된 동기가 있다. 브라질 이민생활 12년 만에 언니가 살고 있는 캐나다로 이주하고 싶어서 굳이 안 가겠다는 남편을 졸라대다가 뜻을 이루지 못하자 오기로 이 큰 집을 사달라고 했다. 한번 겪은 이민병은 두번째가 더 심한 것 같았는데 언니와 엄마의 손짓과 입김에 마음을 빼앗긴 것이다. 인간은 때때로 자기의 뜻을 하나님의 뜻처럼 억지춘향이 격으로 맞추기도 한다. 결국 남편은 캐나다로 이주하지 않겠다는 조건으로 집을 사 주었다. 그런 대로 마음을 가다듬고 재물과 은사로 몸바쳐 교회일에 충성하게 되고 하나님께서는 날마다 기쁨을 더해 주셨다.
 큰 아들 현중이가 초등학교 2학년 학기말 고사를 마치고 종업식에 부모님을 모시고 오라고 하기에 아버지 어머니를 모시고 우리 일곱식구가 차에 끼어타고 학교로 가는 길에 앞자리에 앉았던 나는 무심코 한 마디 던졌다. "오늘 종업식에 1등한 아이 엄마는 얼마나 좋을까? 도대체 누가 1등을 했을까?" 이 한마디에 잠시 차 안이 조용해지고 할아버지 무릎에 앉았던 현중이가

"그게 바로 나야"

그 말에 깜짝놀란 우리 모두는 귀를 의심하면서

"뭐라고?"

반문하자 이번에는 대답대신 가방을 열고 부스럭거리면서 한 장의 종이를 찾아 건네준다. 받아보니 현중이가 1등을 했다는 통지서였다.

 현중이가 1등을 했으나 왜 부모에게 숨기고 있었는지 아직도 아리송하다. 놀래주고 싶었는지 아니면 자랑하지 않으려 했는지….

"와! 여보 현중이 아빠, 현중이, 현중이가 1등이에요."

별안간 차속에는 기쁨의 함성이 울렸다. 막내는 무엇인지도 모르면서 손뼉을 치고 현지는 동생을 때리며 웃고 할머니 할아버지는 뽀뽀세례를 퍼붓는데 장본인인 현중이는 느긋이 웃고 있었다. 녀석! 지금 생각해 보면 후에도 늘 이런 식이던 현중이가 얼마나 대견했는지….

어느날은 막내가 네 살 때 이층 층계를 내려오는 폼이 이상해서 할머니가 가만히 살펴보니 손을 뒤로 감추고 있더란다. 50달러 정도의 돈을 작은 손에 쥐었는데 손가락 사이로 붉은 지폐가 보이는 것이 할머니가 장농 속에 두었던 돈이다. 노련한 할머니가 아기 도둑을 못 잡을 리가 없건만 앙큼을 떨더란다.

"대중아! 그것 내놔 봐 어디서 났어 응?"

껴안고 묻는데도 손을 뒤로 숨기고 머리를 강하게 흔들었다. 도대체 누가 어린 것에게 탐심을 넣어 주었는가? 그 큰 돈으로 사탕사려고 했단다. 바늘 도둑이 소 도둑 된다고 할머니는 그때부터 텔레비전 앞에 아기를 데리고 앉아서 "저것 봐 저 사람은 좋은 사람 저 사람은 나쁜사람"하며 불의가 무엇인지 가르치느라 혼신의 힘을 다하신다. 어린 것이 호기심이 많았는지 알콜 병뚜껑을 열고는 성냥을 열심히 켜서 그조 그만 구멍을 향해 넣으려는 것을 일하는 브라질 아이가 잡고 기겁을 한 적도 있었다.

그러나 말썽꾸러기 꼬마 대중이가 가정예배를 드리면서 하나님을 알고 눈물로 회개하고 예수님을 영접했다. 나이가 들면서 신앙이 자라가는데 갑자기 내가 몸져 눕게 된 적이 있었다. 고되고 힘든 5, 6년의 세월이 병을 가져온 것이다.

가가호호 다니며 매일같이 마신 커피가 원인인지, 제때 밥을 먹지 못하고 굶기가 일쑤였던 이유인지는 몰라도 배꼽 왼쪽 1.5cm 옆으로 몹시 헐었다는 십이지장 궤양 진단을 받았다. 변은 검고 통증은 심하여 음식이나 물도 제대로 못먹어 혀는 백지같이 하얘지고 몸은 초췌해져 갔다. 나중에 들은 남편의 고백이지만 아무도 모르게 홀로 앉아 "하나님 홀아비 장로 만드시렵니까" 하며 아내의 치유를 위해 몹시 매달렸단다.

나는 죽기위해 금식을 시작했다. 살기 위함이 아니요 죽기 위함이었다. 침상을 적시는 다윗의 눈물을 생각하며 모태에서 나온 날부터 지은 모든 죄가 생각나게 해달라고 매달렸다. 생각해보니 한국촌에서 비참하게 살 때 불평에 쌓여 한국에서 남편이 빚 보증 때문에 망했다고 아프지도 않은 배를 움켜쥐고 주일을 범했던 죄가 생각났다. 모두가 남편 탓이라며… 그것도 번번히… 베개에 흐르는 눈물을 씹으며 깨끗하게 죽고 싶었다.

이틀째 되는 날! 넓디넓은 응접실에서 놀고 있던 대중이가 눈에 들어오는 순간 말씀이 와 닿는데 당나귀를 통해서도 역사하신다는 믿음이다.

"대중아"

힘을 다해 불렀다.

"응?"

"대중아 전에 네가 꿈꾸고 엄마방에 와서 울던 일 생각나지?"

"응"

"꿈에 엄마가 동그랗게 뚫린 천장구멍으로 흰옷을 입고 날아갔다고 했지?"

"응"

고개를 떨구고 시무룩해진다.

"그때 네가 울면서 나도 간다고 하니까 하나님이 뭐라고 하셨지?"

"Você tem que viver em terra!" (너는 땅에서 더 살아야 해!)라고 했다는 며칠전에 대중이가 꾼 꿈의 내용이다.

"대중아, 엄마 배에 손을 얹고 기도해 줄래?"

대중이는 손을 포개서 엄마의 배 위에 얹고는 눈을 꼭 감은 채 기도를 한다.

"하나님 나 대중이 말 안들은거 용서해주구 형하고 싸운 거 용서해주구 우리 엄마 죄두 용서해주구 제발 엄마 살려 주세요. 예수님 이름으로 고쳐주세요."

땀을 흘리며 울면서 얼마나 열심히 힘을 주는지 포개진 두손이 엄마 배를 꼭꼭 누른다. 죽겠다던 금식이 살겠다는 마음으로 바뀌면서 나는 눈물이 터진다.

"하나님 이 고사리 같은 손을 모으고 우는 어린 것의 기도를 들어주실 줄 믿어요." 얼마를 같이 울었는지… 아들이 별안간 눈물을 닦으며

"엄마 이제 다 낳았어! 하나님이가 고쳐 주었어!" 한다.

"아멘"

눈물이 뒤범벅이 된 채 아들을 끌어 안았다. 아니나 다를까 믿음대로 하나님은 확실하게 고쳐 주셨다. "그가 채찍에 맞음으로 우리가 나음을 입었도다."(사 53 : 5) 믿는 자에게 나타난 치유의 증거이다.

세월이 흘러 대중이도 형과 같은 앙글로 초등학교에 입학했다. 할아버지는 손자의 손을 잡고 학교에 데려가시고 데려오시는 재미에 늘 기뻐하시며 노후를 즐기신다. 가끔 갈봉 부에노 일본촌에 다니시며 달콤한 과자를 사서는 주머니에 넣고 잡숫기도 하고 손녀 손자들에게 주시는 재미로 용돈을 쓰시면서 친구분들과 시간을 가지시곤 하셨다.

초등학교 1학년짜리 대중이가 학교에서 연필을 사다가 동네 친구에

게 팔고 그 돈으로 동네 구멍가게에서 무언가를 사다가 학교가서 팔아 수익을 얻었다는 말에 깜짝 놀랐다. 말하기 시작할 때부터 딱 벌어진 어깨에 통통한 엉덩이, 예쁜 곱슬머리에 쌍꺼풀 진 눈을 보면서 약국에 온 손님 누군가가 "그 녀석 김일 같구먼" 하는 바람에 김일이란 별명이 붙어버린 대중이가 밤마다 "오늘 약국 얼마 팔았어? 얼마 나갔어? 지금 얼마 있어?" 묻는 통에 온 식구가 웃곤 했는데 예삿일이 아닌 것 같다.

어느덧 1학기가 지나 오후반에서 오전반으로 옮기고 형처럼 학기말 고사를 치르고 종업식이 왔는데 학기말 고사에서 형처럼 대중이도 1등을 차지했다. 항상 막내라서 아기로만 생각했지 커가고 있음을 인식하지 못해 1등 한 것이 실감나지 않는다. 기쁜 마음이 채 가시기도 전에 언니처럼 지내던 K권사님이 툭 치며 하는 말이 "아들을 오전반으로 옮기서 우리 아들이 1등을 빼앗겼잖아" 알고보니 1학기에는 그녀의 아들이 1등을 하였기에 속이 상했을 터이나 너무나 친하게 지내는 사이라 함께 기뻐해 주었다. 공연히 미안했지만 싫지는 않았.

이민 초기에 자녀들로 인한 큰 기쁨을 얻게 하시니 지난날의 빙산같던 아픔들이 녹아 천연수를 이루어 남을 위한 삶을 살겠다는 새힘이 솟았다. "주 안에 있는 나에게 딴 근심 있으랴…" 찬송과 함께 엎드리면 "주님 오늘은 누가 나를 필요로 하나요?" 주님께 묻고 성령님의 인도를 받아 하루하루를 수놓아 가노라면 지난날 나와같은 이들을 만나게 하시니 주님께 입을 열어 고백하는 오직 한 말은 "주님의 복음을 위한 고난이었군요!"

자식은 여호와의 주신 기업이요 태의 열매는 그의 상급이로다.

시 127 : 3

하룻밤 사이에

믿음을 키우시려고 하나님의 손이 다가온다. 브라질에는 약국에서 약은 물론 주사도 놓을 뿐 아니라 치료와 웬만한 봉합 수술도 할 수 있어서 가벼운 교통사고나 큰병이 아니면 약국을 찾는다. 게다가 언어소통이 어려운 시절인지라 한국인들은 자연히 한국 약국이나 병원을 찾아 서로의 어려움과 마음을 나누기도 하면서 고국을 떠난 외로움을 달래곤 했다.

고국에서의 유명인들이 무명인으로 바뀌는 연습이라고나 할까? 각자가 겪고 있는 이민살이의 고통이 가장 힘들단다. 자신 앞에 우뚝 서있는 골리앗이 너무 커서 다른 사람의 여리고는 전혀 보이지 않는 모습들이다. 서로의 마음을 읽는 연습에 익숙하기를 바라는 아쉬움이 있었다.

하나님의 은혜로 줄을 서서 자기 차례를 기다리는 사람들로 붐비고, 하루에 많을 땐 오십 번 가량이나 주사를 놓아야 하므로 시켜놓은 점심을 먹을 수가 없게 될 지경이었다. 고되고 바쁜 하루에 먹는 것이 무엇인지 인간에게는 먹는 것이 복도 되고 저주도 된다는 생각이 든다. 하와는 먹는 유혹을 물리치지 못해서 남편 아담을 범죄케 했고 탕자는 먹는 것 때문에 결국은 아버지를 찾아가는 행운아가 되었던 것이다. 먹는 것을 잘먹어야 된다는 말이다.

하와는 모든 것을 가진 자였으나 잃은 자가 되었고 탕자는 모든 것을 잃었으나 다시금 얻은 자가 된 것은 눈이 밝아 하나님과 같이 되겠다던 아담과 하와의 결과와 아들로서가 아니라 품꾼으로 만족하겠다던 탕자의 결과에서 교만과 겸손을 배운다. 하나님과 원수됨이 곧 인간의 생각이다.

배부를 때와 배고플 때를 생각하는 지혜를, 빛이 있을 때와 어두움을 생각하는 지혜를 먹는 것을 참는 인간의 소리에서 찾게 되는 것이다. 은 30냥을 먹으려다 먹지도 못한 채 예수님을 팔아버린 유다와 먹으려던 물고기 두 마리와 보리떡 다섯 덩이를 주님께 바친 소년에게서 나누는 삶을 배우고 싶다. 육의 양식에도 진리가 숨어 있거든 하물며 하늘의 만나랴.

철인이라고 불리던 남편이 병이 났던 적이 있는데 믿음을 키우시려는 하나님의 손이 다가온 것이다. 원인도 모르고 병명도 알 수 없는 한쪽 눈썹이 엄지 손가락으로 지문이라도 찍어 놓은 것같이 탈모 현상이 일어나는 증상이다. 탈모병이라고 하기에는 눈썹 빠진 부분이 다리미로 다린 듯이 반들반들하다. 혹 문둥병은 아닌가? 눈에 확실하게 나타나 보이자 당시 영락교회 식당에서 봉사하시던 K권사님이

"아니 장로님 눈썹이 왜 그렇게 빠졌어요?" 의아해 하며 묻는다. 눈썹 그리는 연필로 그려보았지만 소용이 없이 반지르하게 확실히 다르게

보인다. 기도하며 매달리던 중에

"여보 만일 문둥병이면 우리 문둥촌에 들어가요 그곳에서 그들에게 복음을 전하라는 뜻이라면 저도 같이 갈께요."

이 말을 할수 있었던 것은 분명 성령님의 도우심이었으나 별안간 화를 버럭 낸 남편이 무어라고 하면서 홱 뿌리치던 기억이 난다.

6개월 동안 아이들을 데리고 남편의 치유를 위해 예배 드리며 필사적인 마귀와의 싸움이 시작되었다.

"예수 이름으로 예수 이름으로 승리를 얻었네 예수 이름으로 나아갈 때 병마는 쫓긴다." 손뼉을 치며 찬송을 부르고 울부짖으며 부르짖었다. "너는 내게 부르짖으라 내가 네게 응답하겠고 네가 알지 못하는 크고 비밀한 일을 네게 보이리라."(예레미야 33 : 3)

아이들을 학교에 보내 놓고는 물 한병과 담요를 안고 교회로 찾아가곤 했다. 텅빈 교회당에 홀로 앉아 야곱의 환도뼈가 부러진 것처럼 모든 위선, 시기, 질투, 미움, 자기비하 등등 나의 환도뼈가 부러지는 순간 통곡의 눈물 속에 주님의 보혈로 다시 태어났다.

"사랑의 주님 불쌍히 여기소서 주의 능력을 한번만 더 보여 주시면 주를 찬양하며 기뻐하며 주를 위하여 힘있게 살겠나이다. 주님! 주님은 하루 아침에라도 고슴도치같이 눈썹이 솟아나게 하실 수 있나이다." 6개월을 눈물로 매달리며 보내던 어느날 아침, 세면을 하던 남편이 떨리는 음성으로 다급하게 부른다.

"여보! 여보!" 전에도 후에도 들어보지 못한 창조주 하나님께 굴복하는 음성이다. 순간 '눈썹 났구나!' 하는 마음에 반사적으로 용수철처럼 튕겨 일어나 달려갔다. "할렐루야!" 외마디를 지르고 말았다. 남편이 손가락으로 가리키는 탈모 부분이 하룻밤 사이에 고슴도치같이 눈썹이 나와 있는 것이 아닌가?

　사람이 못한다고 하나님도 못하시는 일이 있는가? 어제까지 반질거리던 그 부분에 가위로 자른 듯한 검고 짧은 모발이 나와 있는 것이다. 눈을 비비고 손으로 만져 보아도 하나님의 창조의 능력은 놀랍고 위대하셨다. 누군가 시키지도 않았건만 우리는 서로 부등켜 안았고 입으로는 할렐루야를, 눈에는 감사의 눈물이 흘렀다.

　사역이 힘들 때면 그 놀라우신 하나님의 능력이 우리를 채찍질하시며 "믿음이 없는 자여" 하시는 듯하다. 하나님의 기적은 거짓말 같은 사실이다. "믿음은 바라는 것들의 실상이요 보지 못하는 것들의 증거니." (히 11 : 1) 그분은 누구시기에 이토록 나를 울리시는 것인가? 제한된 입술의 찬양으로 어찌 다 감사할 수 있으랴… 환난을 이기고 주의 피에 옷을 빨고 나오라는 사랑의 음성인 것이다. 그러나 인간의 나약함은 그때 뿐이어서 다시 넘어지기도 한다. 하나님께서는 하나님만 의지하게 하시려고 끝없이 고난을 투자하시나 보다.

　이번에는 내목의 후두쪽에 이상이 왔다. 처음에는 목이 쉬는 듯 하더니만 말하기가 점점 힘들어지고 말을 하려면 장기가 딸려 올라오는 듯 힘이 들어 말대신 글을 써서 의사를 전달하는 것이 훨씬 쉬웠다. 친정 큰 오빠도 후두암을 수술하셨었는데 나도 목에서 피가 나와 일본인 의사 이마무라 박사에게 검진해 보니 후두에 혹이 3개가 있단다. 나는 수술차 캐나다에 갔으나 거절한 채 성령님께 호소하며 하나님께 바로서기 운동, 회개와 눈물로 밤을 지새며 무릎을 꿇었다.

　어느 날엔가 깊은 기도중에 감사가 터져 나오는데 "목에 암 덩어리가 주렁 주렁 달렸다고 해도 감사한걸 어쩌겠는가" 죄를 뿜어내던 목과 입술의 죄가 너무나 커서 질병의 벌이 너무나 마땅하게 여겨지는 것이다.

울고 또 울고 나는 세상에 울기 위해 왔나 보다. 수술을 받지 않고 뉴욕을 들러 브라질에 오려고 캐나다를 떠났다. 브라질에서 재이민 가신 K 장로님 댁에 묵으면서 우드 사이드 장로교회 부흥회에 가게 되었는데 자리를 잡고 앉자마자 강사 목사님의 말씀이 시작됐다. 강사 목사님의 처남이 후두암 말기였는데 종합검진 결과 그날 오후 4시에 수술을 받아야 한다기에 준비물을 가지러 집에 왔다가 담담한 마음으로 창가에 엎드려 기도를 드리는데 그날 처음으로 하나님이 친아버지로 느껴지면서 40년 동안 자신이 한 기도가 가증한 가짜 기도였음을 깨닫게 되었단다. 눈물이 앞을 가려 실컷 울다가 병고쳐 달라는 소리조차 잊어 버렸으나 어느덧 그 마음에 평화가 왔다.

날아갈 듯한 기분으로 수술을 받으러 가서 최종검진 해 본 결과 온 병동이 들썩거리는 사건이 벌어졌다. "암 덩어리가 없어졌어! 암 덩어리가! 이 의사 저 의사가 뛰어다니고 몇 번에 걸친 사진판독에도 감쪽같이 없어진 혹! 현대의학으로는 도저히 설명할 수 없는 기적속에 그분은 목사가 되었고 매부가 되는 바로 이 부흥강사에게 복음을 전했다는 이야기였다. 나를 그곳에 보내신 하나님은 나로부터 "아버지! 그분을 고치신 하나님의 손이 나를 고쳐 주실 줄 믿습니다."라는 믿음의 고백을 받아내셨던 것이다.

그날밤 그 장로님 댁에서 잠을 자는데 새벽 4시경에 갑자기 남편이 "여보 당신 다 나았어"하는 소리에 깜짝 놀라 잠에서 깨어 "아멘 할렐루야"가 자신도 모르게 튀어 나오며 "꿈 꾸었어요?"라고 물었다.

생생하게 털어 놓은 꿈의 내용인즉 많은 사람들이 누워 앓고 있는데 마귀가 다니며 성한 사람도 손가락으로 꼭 찍기만 하면 검은 점이 생기며 그냥 앓아 누워 버리는데 나는 이미 죽은 자와 같이 누워 있고 남편

은 기도하는 모습처럼 끓고 치유를 비는데 별안간에 나의 입에서 검은 점 3개가 툭 튀어 나오면서
"아휴 지겨워 못 살겠어!"
짜증을 부리고는 뒤를 힐끔 힐끔 보면서 달아나길래 남편이
"너 다시 들어 올꺼야?"
소리를 지르니까
"지겨워서 다시는 안 들어 올거야!"라면서 사라지는 꿈이었단다.
 그 때부터 놀랍게도 감쪽같이 나았고 다시 찬양을 부르게 되었다. 하나님은 반드시 입술과 마음의 고백을 받으시고 역사하신다는 사실이며 나는 또다시 살았다. 썩은 죄의 냄새를 뿜어내던 연통보다 더 더러운 입술이 복음을 외치는 나팔로 또다시 태어난 보혈의 권세! 믿는 자에게 나타난 기적! 이는 오직 믿음으로 순종하면 기적이 일어난다는 사실 앞에 두 손을 높이 들고 하나님을 찬양한다.
 모든 영광을 하나님께! ….

> 형통한 날에는 기뻐하고 곤고한 날에는 생각하라
> 하나님이 이 두 가지를 병행하게 하사
> 사람으로 그 장래 일을 능히 헤아려
> 알지 못하게 하셨느니라.
>
> 전 7 : 14

꼭꼭 접어둔 아픔

어두움을 뚫고 나온 따스한 햇살이 온세상을 비추듯이 하나님께서는 우리 가족에게 풍요한 삶을 주셨다. 부요하고 윤택한 생활과 건강도 알고보니 "예수님이라면 어떻게 하실까?"라는 마음으로 생활했기 때문이다. 기거할 집을 얻을려면 보증이 필요한 때라 극소수의 보증설 자격자를 찾기란 쉬운 일이 아니다. "아마도 예수님이라면 집없는 사람들에게 보증을 서 주셨을거야"라며 생각하고 시작한 보증이 여기 저기 소문이 났는지 보증을 부탁하려고 심심찮게 약국을 찾는 분들이 생겼다.

이런 저런 이유로 연결되어 퍽 많은 사람들이 집을 얻게 되고 전도를 받고 교회에 나오게 되었다. 몇달 출석을 잘하다가는 점점 발길이 뜸해져 웬 일인가 궁금하여 그들을 찾아간 우리 부부가 묻는다.

"왜 교회 안 나오세요?"

"그만큼 나가 드렸으면 됐잖습니까?"
"네?"
그러니까 집보증 서 준 보답으로 몇 주 동안 교회에 나온 것이다. 그러나 놀라운 것은 오랜 세월이 지난 지금 그들 중에는 장로 혹은 권사, 집사가 되어 충성하는 것을 보며 하나님께 모든 영광을 드린다.
어느날 초췌한 모습의 여인이 수줍어 하며 약국에 들어서는데 약을 사러온 것 같지는 않고 어딘가 서툰 말솜씨가 한국인 같지 않았다.
"저… 저는 한국에서 살다온 화교예요."
"네 말씀하세요."
"죄송하지만 식당을 하고 싶은데 아는 분이 없어 보증을 좀…"
말끝을 흐린다. 순진하기 그지없고 지푸라기라도 잡으려는 안타까운 마음! 동족도 아닌, 알지도 못하는 우리를 찾아올 때 얼마나 망설였으며 용기를 내느라 얼마나 애썼을까? 우리 부부는 서로 쳐다 본후 서로의 눈길로 합의를 보고 보증을 섰다.
그녀는 교회를 나오기 시작했다. 틈틈이 오후 시간이면 3시부터 6시까지 가게문을 닫고 쉬는 시간에 그녀의 업소를 찾아가서 성경도 가르치고 당시 국제 성서신학에 강사로 오신 H목사님을 모시고 가서 예배를 드리며 믿음을 심어주었다. 명절이나 이름이 있는 날이면 반드시 찾아와서 감사하는 그에게서 10명중 1명의 문둥이를 만난 듯 참으로 아름다운 여운이 지금도 남아 나의 생애에 만난 사람들 가운데 지금까지 기억에 남는 사람이다. 성경공부가 끝나면 얼마나 성심껏 대접을 하는지, 지금도 잊을 수 없는 것이 쌀로 만든 약식같은 단밥이다. 우리가 캐나다로 떠난 후 한인 S교회에서 권사 취임을 하고 지금은 모 중국인 교회에서 수고를 하고 있다.

집보증이 너무 많아지서 같은 교회의 K집사님이 짐을 나누어 지기로 했다. 하필이면 모 여집사의 묘지 보증을 섰다는데 어떤 분이 남편을 묻은 묘지값을 안냈는지 못냈는지 하여간 아침이면 일어나자마자 전화벨이 울리고 수화기를 들자마자 "여기는 공동묘지입니다"로 시작하면서 밀린 돈을 독촉한단다. 아침부터 묘지 관리소로부터 전화를 받고 기분이 나쁘다며 독특한 함경도 사투리로 투덜거리는 말이 "이거 시체 꺼내놓고 내가 대신 들어가야겠소. 묘지값 안내니 할 수 없는 일 엥이요?" 반은 성이 나고 반은 농담으로 하는 말! 웃지못할 일이다.

한번은 약국에 정복차림의 연방경찰이 무언가 썩 좋은 기분은 아닌 듯 남편을 찾는다. 용건인즉 영주권 미소지자로 체포된 한인들이 20명에서 30명이 채워지기까지 감방에서 추방될 날짜를 기다리고 있단다. 그 당시는 파라과이를 통해서 브라질로 밀입국하여 불법으로 체류하던 한인들이 6,000여 명이나 되었던 때이다.

브라질 연방경찰에서 불법체류자들을 단속하면 유난히도 한인 불법체류자들이 많이 체포되어 파라과이로 추방을 당하던 때가 있었는데 영주권이 없다는 죄 때문에 문밖 출입도 멈추고 철창없는 감옥에 갇혀 떨며 살던 이들이 잡혔다는 말을 들으면 모두가 마음 아파하던 때였다. 누군가가 고발했다는 말에 분개하기도 하면서….

감옥에서 한 여인이 하혈이 심해 중환자로 눕게 되자 그녀가 찾는 김약국의 'Droga Kim' 을 찾아온 것이다. 달려가 보니 출혈이 심해 창백한 얼굴로 두려움에 떨고 있는데 주사도 놓고 약도 주었지만 그보다 더 그들에겐 하나님의 위로가 필요했기에 복음도 전하고 기도도 하던 일이 더러 심심찮게 있었다. 그후 수차례에 걸쳐 연방 국경 수비대 감방을 드나들며 치료를 했는데 왜냐하면 환자만 생기면 연방경찰은 우리 약국을 찾아오곤 했기 때문이었다.
 또 푸줏간에 고기를 사러갔던 나는 웃지 못할 광경을 보았다. 한 나이 든 여인이 돼지고기를 사려고 돼지코를 만들어 보인 포즈가 너무나 우스웠다. 푸줏간 주인은 익숙한 일인지 너털웃음을 웃으며 돼지고기를 흔들다가 싹뚝 잘라준다. 그녀가 이번에는 두손을 등뒤로 대고 허리를 굽히더니 '꼬끼오, 꼬끼오' 하니 영락없는 닭이다 그것도 노인닭! 우리 한민족의 용감성! 위대한 우리 민족은 말좀 모르는 것쯤은 문제가 아니다. 하기야 무식하면 용감해지는 법이니까… 코가 있고 손이 있는 한은 말이다. 푸줏간을 찾은 목적을 달성하는 노력은 곧 이민의 승리를 가져올 것이 분명하다. 이중언어를 써야하는 자녀들의 고충!
 한번은 모 옷 공장 K사장을 만나러 갔던 남편이 채 웃음이 가시지 않은 터질 듯한 웃음을 참고 들어선다.
 "왜 그래요?"
 K선생 가게에 갔는데 어떤 청년이 있기에 "김선생 계세요?" 했더니 "그애 없다요" 하더란다. 어른, 아이의 존칭어에 구별이 없는데다 "요"자만 붙이면 되는 줄 안 청년의 대답이다. 그래도 존칭어를 쓰려는 마음이 귀하지 않은가?
 뽕깡(귤)이 썩은걸 보면 곪았다하고 전신주를 보고 전댓보라 하며 인절미를 진절미라던 모 집사의 장성한 딸이 생각도 난다. '대야 좀 가져오라니까 하는 말이 '대야'가 무엇이냐고 묻는다. 현지는 오랜 세월에 걸쳐 광대뼈를 당뇨뼈라며 그렇게 고치기 힘들어 했었고 화가 난 아빠를 보고 와서 일러준다는 말이 "아버지 신경줄 건드렸어요"라고 하던 대중이하며 한번은 아빠가 집사님들과 이야기 하면서 스페인 계통이란 말을 했더니 달려와 하는 말이 "엄마! 아빠가 욕을 해. 스페인 개

똥이래" 하여서 얼마나 웃었는지 모른다.

　어느 집에 한국에서 오신 할머니, 할아버지와 스물 두 살 된 이민 2세 아들을 태우고 달리던 차 속에서 오징어를 맛있게 먹던 손자가 그만 혀를 깨물었다. 그가 "이빨이가 혀를 밟았어" 하니까 모두 허리를 잡고 웃는데 뒤를 돌아보던 청년 손자가 할아버지, 할머니를 향해 하는 말이 "너희들 웃어서" 하는 소리에 웃어야 할지 울어야 할지….

　세 아이를 데리고 서툰 한국어 선생 노릇하며 성경을 더듬더듬 읽히던 일. 성경을 읽다가 엉뚱한 소리를 하는 바람에 문맥이 전혀 틀려도 그냥 읽어 내려가던 일. 이제는 모두 추억이 되어버렸지만 한국의 얼을 잃어가는 2세들을 보면서 너희를 위해서 이민 왔다느니, 너희를 위해 고생을 한다느니 하는 말로 자녀들을 울리며 책임을 전가하는 이민 부모들이 되어서는 안되겠다는 생각이다.

　와중에도 한인 자녀들의 독특한 두뇌는 모든 민족 중에 뛰어나 유대인, 중국인, 한인학생들의 I.Q가 인정을 받고 있어서 기쁘다.

　어느덧 현지의 중학교 졸업식장! 강단 위에 10명의 우등생들이 차례로 불려 올라간다. 마치 미스코리아나 미스터 코리아 혹은 세계 미인대회장처럼 온 회중의 축하를 받으며 모든 이들의 부러움을 사는 날이기도 하다. 함께 불려 올라간 부모들이 박수 갈채를 받으며 교장, 교사들과 일일이 인사를 나누고 자녀와 사진도 찍으며 기쁨을 나누는 날에 한국 학생이 1, 2등을 차지했다. 현지가 불려 올라가고 부모를 찾는 그 중요한 날에 나는 어딜 갔었는지 도무지 기억에 없고 그때 거기에 내가 없었음이 분명했다. 애태우며 엄마를 찾던 현지는 다른 모든 이들이 쳐주는 박수를 받으며 단상을 내려왔지만 천만인이 박수 갈채를 보낸다 해도 엄마 한 사람과 나눌 기쁨과는 비교할 수가 없었던 마음을 후에 이렇게 털어 놓았다.
"엄마, 나 마음 아픈 일 두가지 말해두 돼?"
결혼을 앞둔 어느날 다 큰 애가 엄마품에 안겨서 하던 말이다.
"그래 말해봐."
"어릴 때 꼭 갖고 싶은 인형이 있었는데 아무리 졸라도 안 사주었어."
"그리고 중학교 졸업식 때 엄마 안왔어."
현지는 울고 엄마는 말을 잃었다. 현지는 아픔까지 쏟아 놓고 마음에 꼭꼭 접어둔 아픔을 치유받고 싶어 고백한 말이리라. 결혼을 앞두고 긴 세월을 숨겨 두었던 아픔을… 엄마가 딸에게 미안하다는 말조차 사치스럽게 느껴졌다.
"거기 너 있었는가 그때에 주가 그 십자가에 달릴때 오! 때로 그 일로 나는 떨려 떨려…." 이 찬송가 가사가 머리를 맴돈다. 인간은 아니, 믿는 자는 꼭 있어야 할 곳에 있어야 하고 가야 할 곳에 가야 하며 앉아야 할 곳에 앉아야 한다. 주님이 십자가에 달릴 때 십자가 밑에 있을 수 있었던 사람들을 오늘날 우리들이 기억하며 부러워하듯이 내가 설 곳, 내가 앉을 곳, 어디엔가 나를 필요로 하는 곳에 있어야 하지 않겠는가? "나를 보내신 이의 뜻은 내게 주신 자 중에 내가 하나도 잃어 버리지 아니하고 마지막 날에 다시 살리는 이것이니라." (요 6 : 39) 상처입은 현지가 그때 그 강단에서 안타깝게 엄마를 찾듯이 오늘도 상처입은 양들이 믿음의 엄마를 찾는 소리가 들리는가 말이다.

하나님이 능히 모든 은혜를 너희에게 넘치게 하시나니
이는 너희로 모든 일에 항상 모든 것이 넉넉하여
모든 착한 일을 넘치게 하게 하려 하심이라.
고후 9 : 8

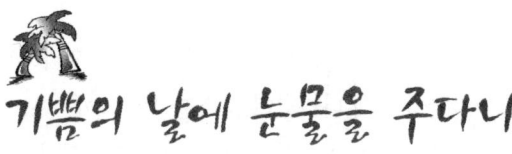
기쁨의 날에 눈물을 주다니

"허물을 덮어주는 네 눈에 주님이 계셔…. 퍽이나 큰 거실 한쪽으로 예수님 방이라 이름 붙인 직사각형의 방이 있다. 아름다운 커튼이 드리워져 있고 벽 중앙에는 천으로 만든 최후의 만찬 그림이 걸려 있고 열 두 사도가 앉아 있는 느낌을 주는 고풍스런 테이블 보가 있다.

수놓은 테이블 보에 송이송이 뚫린 구멍 사이로 보일듯 말듯 감추어진 나무상. 나무 그대로 있을 때에는 생명이 있지만 깍기고 다듬어진 채로 사람들의 필요에 의해 희생된 지금은 테이블 보 사이로 희생이 무엇인가를 말하고 있는 것 같아 내 마음이 부끄럽기 그지 없다.

　상 위에 높이 달린 샹들리에 불빛 아래서 자녀들의 신앙훈련이 이루어졌다. 기도하며 성경 읽고 쓰는 것은 물론 잘못에 대한 체벌이 행해지는 방이기도 하다. 나에게는 눈물의 산실이기도 한 예수님 방에서 장난은 물론 예배행위 외에는 그 어떤 것도 금지된 곳이다. 생각해보면 하나님의 사랑보다 공의만이 크게 나타났던 장소같아 마음이 아프다.

딸아이가 열 여섯 살되던 해 우리 부부는 몽자 자동차를 하나 더 구입하기로 했다. 밤색 바란치(차의 명칭)는 아예 교회 주방봉사용 차로 내놓았던터라 토요일부터 끓여 나르던 국물에 수없이 목욕을 하고 김치 깍두기 국물에 절어 세차(洗車)가 소용이 없었으며 모두가 하나님의 은총을 부러워했다는 노란색 닷지 차는 너무 커서 딸애가 운전할 수 있는 몽자 자동차를 부모가 함께 타주는 조건으로 샀다.

진곤색의 새차가 새색시처럼 단장한 채 차고에 들어오자 아이들이 함성을 지른다.

"히야! 너무 좋아 하나님 고마워요. 아빠 정말 감사해요! 엄마 오브리가두!"

아직 딸애가 운전을 배우지 못한터라 몽자 자동차는 자신이 움직일 날을 기다리고 있는데…. 두어 번 남편이 운전을 가르치겠다고 딸애와 함께 나가더니 둘다 얼굴이 상기되어 돌아와서 물어보니 하라는대로 못한다고 주먹 세례와 함께 심한 소리를 들은 딸애나, 야단을 쳐 놓고도 화가 풀리지 않은 남편은 마치 심한 패잔병 같았다.

"아니 그 애가 언제 운전을 해봤어요?"

"도무지 운전 감각이 없으니 차가 제 마음대로 가잖아! 그래 가지고 무슨 운전을 해? 그만 두라고 해…."

그러고 보니 부정적인 남편의 이 말 한마디에 서른 두 살인 딸애가 지금껏 운전을 안 하는 이유가 되었는지도 모른다.

'너는 하나님 앞에서 함부로 입을 열지 말며 급한 마음으로 말을 내지 말라 하나님은 하늘에 계시고 너는 땅에 있음이니라 그런즉 마땅히

말을 적게 할 것이라."(전 5 : 2)

그로부터 며칠 후 새벽 3시가 넘은 한밤중에 차고에 있던 자동차와 함께 딸애가 없어졌다. 심장이 멈추는 것 같았다.

"아니 얘가?"

온 식구가 일어났고 무릎을 꿇었으나 다리가 후들거리며 "아버지 살려 주세요" 소리만 나오고 금방이라도 나쁜 소식이 날아 들어올 것만 같아 허둥대는 나의 모습은 너무 쉽게 믿음을 팔아 먹은 망동자(妄動者)였다. 남편은 있는대로 화가 치미는 듯 노기를 띈 얼굴이 현지만 나타나면 터질 것 같은 시한 폭탄이다.

살아 오기만 기도하면서 온 집안을 서성거리는데 고요한 정적을 깨고 헤드라이트가 비치며 자동차 소리가 들려 내다보니 딸애가 집 건너에 차를 세우고 내려선다. 살려달라고 매달리던 하나님께 막상 감사는 커녕 있는데로 노를 발하고 말았다.

"너 죽을려고 작정했니? 왜 말도 없이 그 따위 짓을 해 응?"

아니! 말했다면 순순히 차를 운전하도록 허락했을 거란 말인가?

한마디 변명할 겨를도 없이 엄마, 아빠의 공동 구타 사건의 피해자가 된 딸! 참 웃지 못할 넌센스가 아닌가! 함께 때리다니….

경건의 모양은 있으나 경건의 능력이 없었던 형편없는 나의 모습이었다. 예수님 방을 만들어 놓은 것조차 부끄럽다.

"그래 가지고 무슨 운전을 해?"

이말에 아빠에게 상처입은 어린 마음이 할 수 있다는 인정을 받고 싶었던 행동이었는데….

집념이 무섭도록 강했기에 주님의 은혜로 지난날 도저히 불가능했던 학업의 10년을 가능의 10년으로 바꿀 수 있었던 현지가 한마디 말도 못하고 맞았다. 딸을 사랑했기에 혹 그 생명이 끝나 버릴까봐 지독한 사랑의 표현이 매로 나타났지만 마음에서 지워 버리기에는 너무 아픔이 컸다.

후에 안 일이지만 현지는 엄마, 아빠에게 차 좀 운전하고 온다며 서툰 한글로 정성껏 써서 테이블 위에 놓고 갔다는 거다. 매맞고 울고 있는 딸애를 생각하며 뒤늦게야 아차! 싶었다. 마음을 읽어주지 못하고 상한 마음에 같이 있어주지 못한 아픔이다.

이 아픔이 오늘 사랑하는 양들의 마음을 읽어주며 함께 있어주고 싶어하는 작은 나를 키워준 고통이 될줄이야… "하나님을 사랑하는 자 곧 그 뜻대로 부르심을 입은 자들에게는 모든 것이 합력하여 선을 이루느니라."(롬 8 : 28)

그해 12월 18일 현지 생일날 40여 명 가량의 친구들이 초대된 거실에는 다양한 음료수와 음식들 그리고 사춘기의 숨겨진 마음들이 드러난 듯 반짝이는 샹들리에 불빛 아래서 웃음소리가 높아지고 분위기가 점점 무르익었다.

누군가가 제의를 했는지 조명을 어둡게 줄여 놓고는 마치 어른들의 흉내를 내고 있듯이 은은한 레코드 선율에 맞추어 모두가 춤을 추기 시작했다. 문을 열고 우리 부부가 들어 섰을 땐 어둡고 침침한 조명 가운데 현지가 서너 살 위의 오빠와 어른처럼 어깨에 손을 얹고 춤을 추고 있었다.

지금은 무척 예뻐졌지만 그때만해도 깡마르고 얼굴이 커서 꼭 아빠의 모습을 박아놓았다는 말을 듣고 손 발이 긴 것까지도 엉성하고 별로 매력없던 아이, 때문에 친구들 사이에 '빨리뚜'(젓가락)라고 불리기도 했던 현지.

"현지야!"

앙칼진 소리와 함께 딸애를 잡아채 아이들 앞에서 한 대 때리고 말았다. 남녀가 춤을 춘다는 것이 불결하다고 생각한 내 마음의 불결이 빚은 순간적 행동이었다.

글을 쓰고 있는 이 순간 부끄러워 차라리 펜을 멈추고 싶은 마음이다. 어쩌면 그토록 밝지 못한 마음일 수가 있을까? 세대차이라고 하기보다는 자녀의 인격이 자신의 소유인 양 나 중심적인 착각 속에 계속 저질러 버린 오류의 연타였다.

"나는 언제까지나 남을 위로하고 어루만져주는 변호사로 살지 못하고 판사로만 산단 말인가?"

"노하기를 더디 하는 자는 용사보다 낫고 자기의 마음을 다스리는 자는 성을 빼앗는 자보다 나으니라." (잠 16 : 32)

그때 딸의 마음 속에는 무엇이 심어졌을까? 기쁨의 날에 눈물을 주다니….

어린시절 엄동 설한 추운 겨울에 예쁜 여름 옷을 입으려다가 매만 실컷 얻어맞고 내마음대로 할 수 있는 어른의 때를 기다리던 앙큼한 계집애였던 나는 딸애에게 똑같은 마음을 심어준 것은 아닌지… 못난 청지기의 실패의 고백이 분명히 내 것이었음을 고백하면서 이렇게 중얼거린다. "주님 난 못난 청지기에요. 못난 청지기…."

훗날, 시련의 골짜기를 헤매던 어느 해 겨울, 딸애 생일에 이런 글을 일기장에 남겼다.

'현지야!' 이렇게 너를 부를 수 있는 이들이 더러는 있겠지? 그러나 그중에 너를 열 달 동안 태 속에 고이고이 간직했다가 응아! 울음을 터뜨리던 날. 이 엄마는 비로소 너를 보았고 '현지' 라고 불렀단다.
 강보에 쌓인 아기 예수님은 누울 자리도 없어서 남의 말구유를 빌려 지푸라기를 침대 삼아 세상에 오셨지만 호화판 대궐에서 태어난 그 누구도 비교할 수 없는 사랑이었음을 너는 너무도 잘 알지 않니?
 비천하게 오신 그분이 너와 나 우리 모두에게 새생명을 주시기 위해 모진 고통을 참으시면서 어떠한 사랑으로 어떻게 죽으셨는지 너무나 잘 알고 또 믿는 현지!
 행여나 숨을 안 쉴까봐 갓난 아기로 누워 있는 너를 뚫어져라 쳐다보며 아주 작고 예쁜 코에다 이 엄마의 큼직한 코를 대어보던 때가 어제 같은데 네가 벌써 성년이 되었구나!
 주 안에서 고난도 슬픔도 이기면서 살아가는 너의 모습도, 눈물에 젖어 이해할 수 없는 엄마를 바라보던 너의 마음도, 또 뒤늦게야 너의 모든 허물까지도 내 것인줄 알게된 엄마 마음을 알아주는 네게서 이 엄마는 주님을 본단다. 허물을 덮어주는 네 눈에 주님이 계셔…
 현지야! 참자 그리고 범사에 하나님을 인정하자 그분이 너의 길을 인도하시기에 재물과 의와 사랑과 지혜를 마음껏 누리며 영혼을 구하게 될 것을 엄마는 소망중에 손으로 잡아 본단다.
 어려운 때에 하나님께 점수를 따 놓아라. 시험을 보아야 점수가 나오듯이, 고난이라는 시험지에 부활과 승리라는 답을 멋있게 쓸 수 있는 멋쟁이가 되거라. 보통 때 아무리 잘해도 시험 때 못하면 무슨 소용이 있겠니? 부하고 좋을 때보다 가난하고 어려울 때 주님의 응원가가 더 힘찬 것이란다. '현지야 이겨라.'
 이밤! 이 깊은 밤에 엄마는 베개에 눈물이 흘러 아빠 몰래 빠져나와 사랑하는 너를 위해 무릎을 꿇는다. 너를 위한 하나님과의 비밀의 시간을 보내며 흐르는 눈물과 피가 섞인 코를 닦아내면서 눈물의 씨앗이 열매 맺는 날을 기다린단다. 우리의 자랑과 기쁨인 주님만을 위해서 또 한해를 멋있게 맞이하기를….

나의 사랑하는 딸 현지의 생일에 엄마가 -12시 55분.

**하나님이 하늘에서 인생을 굽어 살피사
지각이 있는 자와 하나님을 찾는 자가 있는가 보려 하신즉.**
시 53 : 2

2부
눈물로 보낸 나날들

재이민병앓이

가고 오는 세월 가운데 많은 사연을 보면서 재이민 병을 앓고 있던 나는 드디어 증세가 심각해졌다. 남편과의 사이에 팽팽한 대결! '가자' '안간다' 의 승부는 누가 누구를 더 사랑하는가에 달려 있어서 더 사랑하는 자가 지게 되어 있는 것이다. 주님이 우리를 더 사랑했다는 증거로 우리에게 져주신 십자가의 죽음처럼….

막바지에 이르러서는 2년만, 1년만, 아니 6개월만이라도 창립된지 2년된 J교회에 더 봉사해야 된다던 남편의 소원을 무시한 채 왜 그토록 고집을 부려야 했는지 지금도 정확한 답을 알 수는 없지만 애굽 바로의 강퍅한 마음조차도 하나님의 손에 있음을 부인하지 않는 우리에겐 아마도 물고기 뱃속이 꼭 필요했던 것이리라 믿는 마음이다.

니느웨로 토해냄을 받은 요나나 브라질로 다시 토해진 우리들이나 무엇이 다르랴만 에덴동산의 하와 때부터 문제의 요인은 여자인 것 같다. 늘 남편에게 미안한 마음이지만 이것마저도 하나님의 뜻이라며 위로를 받는다.

남편에겐 도무지 재이민을 갈 이유가 없었던 것이다. 재물은 점점 늘어가고 모든 것이 잘 되므로 이민의 때를 벗어버린 소위 세상 사람들이 말하는 성공(?)한 케이스이며 정들고 익숙해진 교계나 교포들의 끈끈한 사랑, 부러울 것이 없는 때였다. 안정된 삶을 흔들어 놓을 재이민의 두려움 때문에 그냥 편안하게 살고 싶었는지도 모른다.

창립 2주년 예배를 준비하고 일꾼들을 세우기 위해 교계의 목사님들을 모시고 잔치준비에 한창이던 때였다. 200여 명의 본교회 성도들은 물론 모여든 손님들로 붐비는데 본당으로 들어가는 중간쯤에서 서울대 출신 K선생과 마주쳤다. 허리를 구십도로 굽히더니 "김약국 교회 성공하셨습니다. 축하합니다." 하며 절을 꾸벅 하는 것이다.

나는 한 대 세게 맞은 것 같았다. 김약국 교회라니… 물론 진심으로 하는 말이요, 거짓없는 축하의 말인 줄은 알지만 이 말 한마디가 결정적인 이민길의 기폭제가 되고 만 것이었다. 아니 주님만이 영광을 받으셔야 할 날에 김약국 이름이 높여지다니 잘못되어도 한참 잘못된 것이 아닌가? 하나님보다 김약국이 더 두드러지다니 이리 뛰고 저리 뛰다보니 정작 나타나셔야 할 주님은 숨고 숨어야 할 인간이 나타난 것이다.

고심하고 회개하며 브라질을 떠나기로 결심했다. 사랑하는 교우들 앞에서 석별의 정을 나누던 어느 주일날. 서로 껴안고 울면서 마음만은 헤어지지 말자던 아픔을 잊을 수가 없는데 지금 S교회 L장로님 어머니 되시는 권사님이 만류하시다 못해 하신 말씀이다.

"이제 가보래이 있는 재산 다 없앨끼라 죽지 않으믄 다행인 줄 알래이" 경상도 특유의 사투리로 쏟아놓은 말이다. 가지 말라는 표현. 사랑한다는 표현 치고는 가혹한 듯 했지만 한번 걸린 재이민병을 누가 고치며 누가 막겠는가?

"여보 우리 이 집을 신학교 건물이나 교회 건물로 바치고 가요. 네?"

졸라댔지만 끝내 남편의 허락을 받지 못한 채 국제 성서신학 강사로 오셨던 H목사님을 집에 모시고 불평을 털어 놓았다.

"집사님의 귀한 마음은 알지만 가장의 말을 따르시는 것이 좋아요."

그 후에 캐나다 생활 1년 여 동안에 날아간 액수가 집을 판 값이었다는 사실을 어떻게 설명해야 하는 것인지 시원한 답을 들을 수 없는 사건들이 우리 크리스천들에게는 너무나 많다는 사실이다.

"여보, 그것봐요. 집값 다 날라 갔잖아요?"

이미 하나님의 손맛을 보기 시작한 우리는 원망도 짜증도 아닌 씁쓸했던 이 대화는 더 이상 서로가 답을 요구하지 않았다.

브라질을 등진 인생여정의 기수를 캐나다로 돌린 채 항해를 시작한 우리는 캘거리라는 그리 크지 않은 도시에 도착했다. 신도시였던 캘거리에는 석유파동으로 새로 지은 현대식 빌딩들이 텅텅 비어가고 1,000명 밖에 안되는 한인들 중에는 더러 그 도시를 떠나는 사람들도 있어 사람 홍수를 이룬 것 같은 브라질 마뼁 앞과는 너무도 대조적이라 하루 종일 찾아 다녀도 한인을 한 사람도 못 만날 정도로 한산하고 쓸쓸한 이 도시는 4월인데도 거의 브라질의 동절기만큼이나 추웠다.

인종 전시장과 같은 브라질의 흑인과 반흑인, 동양계, 황색인종들과는 대조적으로 하얗다 못해 보라빛 핏줄이 보이는 백인들, 조금은 수선스럽고 정돈되지 않은 듯 하지만 따뜻한 가슴의 브라질 원주민들과는 달리 깨끗하고 정돈되고 빈틈없이 예의바른 캐나다인들은 약간 찬바람이 스치듯 얼굴에 웃음이 있기는 있으나 오랜 세월동안 잘 훈련된 움직이는 인형같기도 해서 쉽게 접근할 수가 없었다.

　더럽고 쓰레기가 흩날리며 낙서로 기풍을 잃어버린 브라질 한국촌의 오래된 건물을 보던 나에게 유리판처럼 깨끗한 건물들은 오히려 거부감을 느끼게 한다. 갑자기 바뀌어 버린 언어로 브라질 말이 튀어나오는 바람에 사람들을 어리둥절하게 하는가 하면 익숙지 않은 습관 때문에 반복되는 실수를 저지르기도 했다. 내가 설 땅이 정말 여기인가? 당황스럽기도 했지만 사랑하는 언니의 초대와 성도들의 친절을 받으면서 마음을 안정시키려 했다.

　지금은 집을 살 때가 아니라는 사람들의 말을 귀넘어 들으면서 언니의 말대로 전부터 상상하고 꿈꾸던 집을 사고 가정예배를 드리기 위해 전자 오르간도 샀으며 필요에 따라 가구도 들여 놓았다. 뒷뜰과 경계를 이룬 골프장의 푸른 잔디가 끝없이 펼쳐져 있고 틈틈이 골프채를 메고 걷는 모습도 보인다.

　뒷마당에는 네모 반듯한 나무로 만든 평상이 있어 고기도 굽고 일광욕도 즐기며 이따금씩 잔디 속에 피어있는 작은 꽃을 꺾어 들고 하늘을 지붕삼아 푸른 잔디에 누우면 소녀시절 아름다운 꿈이 뭉게뭉게 피어오르는 환상의 밀실 같다. 집 앞 잔디를 가로지르는 산책로 옆으로 이름 모를 나무가 푸른잎을 드리우고 있어 천연 정자를 만들어 주고 다듬어진 큰 자연석은 하교길에 아이들을 기다리는 쉼터가 되었다.

　거실의 푹신한 연베이지색 카펫의 부드러운 촉감은 껄끄러운 마음을 달래주는 것 같았고 층계를 타고 올라가면 여러개의 방마다 드리운 아름다운 색상과 희안한 디자인의 커튼이 봄 내음을 뿜어 내며 따사로운 안방은 옷장, 벽 전체가 거울인데다가 휴게실과 옷장을 겸한 화장실도 온 벽면이 거울이라서 옷을 입고는 몸을 비틀며 손을 앞뒤로 뻗쳐 보면서 그 옛날 광주 패션무대에 섰던 때를 기억하며 추억에 잠기기도 했다. 얼마나 아기자기하고 예쁜 집인지 혹 이후에 하나님이 허락하신다면 한번 더 살고 싶은 집이다.

그러나 이제는 하늘의 집을 지으려고 나선 몸! 세상 유혹과 손잡을 수는 없음을 다짐해 본다. 허망한 꿈속에 살기를 원하면 원할수록 불안과 초조가 세상 소리를 타고 들어 오는 것이다.

본토인들은 물론 한국인들까지 주일에도 업소마다 문을 열어야 한다. 상가 전체가 주일에 문을 열기 때문에 상가 안의 모든 가게들은 행동을 달리할 수가 없다는 것이다. 호텔 안의 선물 가게도 주일이 없을 뿐 아니라 담배와 술은 필수요 에로 잡지까지 팔아야 한다기에 사모님께 사정을 물어 보았다.

"사모님 이곳에는 주일에도 문을 다 여나요?"

"어때요? 아르바이트 두고 잠깐 예배드리고 또 일하면 되잖아요?"

오히려 반문하길래 의아한 시선을 피했다. 집안에 종이나 객이라도 일하지 말라는 말씀이 언제 십계명에서 삭제 되었단 말인가? 언제부터 이렇게 변질된 현대판 신앙이 더 떳떳해졌는가? 브라질에서 약국할 때는 당번 제도 때문에 어느 주일은 문을 열어야했지만 기도하며 하나님께 맡기고 문을 닫았는데 누군가의 고발이 있었다는 소문과 함께 약국 정지 통보를 받았던 일이 있었다.

브라질에서는 지역마다 돌아가면서 한달에 한 번 돌아오는 '뿌란땡'이라는 당번 날에 문을 열어야 했다. 문을 열어야 하는 고통의 짐이 너무 무거워 괴로워하던 시절! 주일 성수 말만 나와도 눈물을 흘리며 죄책감에 울어야 했는데 주일 성수 때문에 흘린 눈물의 선물이 캐나다인가 했더니… 캐나다 이주 목적중 가장 큰 소원이었던 주일성수의 꿈이 막혀 우리가 헤치고 나가야 할 첫번째 관문이다.

 월 5~6천 달러의 순수익을 보증한다며 호텔 안에 있는 선물 가게를 인수하라는 제의가 들어 왔다. 얼마나 좋은 기회인가? 그러나 아무리 무릎을 꿇어 보아도 "예수님이라면 담배, 술을 파시겠는가? 더구나 에로잡지까지? 주일은? 우리 앞에 주일성수를 막으려고 재물이라는 골리앗이 기세도 당당하게 우뚝 서 있는 것이 아닌가? 유혹을 물리치려는 간절한 기도 소리에 차가운 캐나다의 밤은 깊어가는데 과연 우리가 설 땅은 어디에…

> 그 눈은 망령된 자를 멸시하며
> 여호와를 두려워하는 자를 존대하며
> 그 마음에 서원한 것은 해로울 지라도 변치 아니하며….
>
> 시 15 : 4

이 따금씩 바스락거리는 소리 외에는 아무도 말이 없다. 성경을 한 장씩 넘기는 소리와 각자의 노트에 기록된 말씀을 갖고 가만히 눈을 감고 묵상하면서 하나님과의 조용한 시간을 갖고 있다. 한 테이블에 다섯 식구가 모두 모여 앉았지만 성경의 각기 다른 부분을 보고, 쓰고, 묵상하면서 각자가 성령님으로부터 책망과 바르게 함과 의로 교육되는 시간이다.

언제부터인가 온 식구가 매일같이 이 귀한 시간을 갖게 된데는 그럴만한 이유가 있었다. 주님과의 조용한 교제 시간이 너무나 좋아서 온 식구를 향한 내 간절한 소원이기도 했지만 그보다 가정 예배시에 가족 모두가 돌아가며 설교를 하기로 한 것이 그 이유중에 하나가 된 것이다. 막내까지도 목회자가 설교를 하는 것처럼 준엄한 얼굴에 장난끼마저 없어져 애처럽기도 했지만 하여간 가정목회를 위한 목회자가 다섯인 셈이다.

　주일성수를 방해하는 벽을 앞에 두고 애쓰고 힘썼지만 직장도 사업도 찾지 못한 채 주택 할부금과 학비, 생활비, 기타 지출이 마치 가난한 집 쌀 가마니에서 쌀이 없어지듯 푹푹 자리가 났다. 벌기는 힘들어도 쓰기는 쉽다더니 재물 날아가는 소리가 '나는 정말 욕심없이 살았다'는 착각을 비웃고 있었다.

　아이들은 캐나다 학제와 교육법에 따라 1년씩이나 늦어지는 손해(?)를 보아야 했고 철인이라는 소리를 들으며 16시간의 노동의 대가로 소유한 재물과 시도 때도 없이 보통이에 끌려 다니던 벤데돌의 수확이 아주 쉽게 날아가기 시작한 것이다.

　이런 와중에도 손님 대접하는 일에는 지칠 줄을 몰랐으니 믿는 자라면 누구나 손대접하라는 가르침에 노예가 된 것을 기뻐했다. 이것마저도 마음대로 할 수 없는 것이 분명하다. 대접할 때마다 작은 예수를 섬긴다는 생각에 기쁘기가 그지 없을 뿐 아니라, 피곤한 몸에도 놀라운 힘이 솟구치는 것은 주의 은혜가 아닌 다른 것으로는 설명할 수가 없다.

　이왕 없어지는 재물이라면 잠언의 손대접하는 일로 날아가는 것이기 때문에 조금도 아깝지가 않았다. 이런 저런 핑계를 대며 주의 종과 교우들, 때로는 아는 이들을 불러 대접했는데 그때마다 표현할 수 없는 기쁨과 희락에 사로 잡혔다. 아는 이들, 체험한 이들은 알리라….

　벌이도 없이 빈번히 손님을 대접하느라 분주한 동생이 못마땅했는지 아니면 불쌍히 보였는지 채 코트를 벗지도 않고 서있는 언니와 마주쳤다. 캘거리나 에드먼턴 혹은 재스퍼를 거쳐간 주의 종들이라면 한경직 목사님을 비롯해서 모르는 분이 없을 정도로 주의 종들을 대접하는데는 아브라함처럼 차라리 미쳐 있는 사람이라고 해도 과언이 아닌 사람인 C권사가 나의 언니이다.

　기나긴 세월, 헤어져 있던 20년이라는 세월의 공간도 있었지만 캐나다 멋쟁이(?)의 눈에 비친 차이 또한 너무 컸나보다. 검은색이나 밤색 구식 투피스를 입고 전도 가방 같은 큰 책가방을 들고 말 한마디도 조심스럽게 죄를 떠나 살려고 애쓰는, 조금은 율법의 냄새가 나는 듯한 브라질 멋쟁이(?)의 모습이, 팔랑 팔랑 나비처럼 날개죽지가 달린 잠자리 같은 옷을 입고 멋진 수를 새긴 높은 굽의 망사구두를 신고 능숙한 사교계의 유머와 달변 그리고 단숨에 분위기를 휘어 잡는 조금은 장난끼가 서린 캐나다 멋쟁이의 눈에는 몹시 거슬리고 못마땅했는지 슬쩍 눈을 흘기면서

　"얘는 왜 전도사 냄새가 나?" 하면서 그날 눈이 마주쳤던 것이다. 무슨 말이 떨어질지 겁이 나던 터에 아니나 다를까 톡 쏘아 부치는 말이

　"야! 너는 받는 연습이 안돼 있단 말이야! 건방지게…."

　언니는 하고 싶은 말이나 하고 싶은 것은 반드시 하는 강직한 성격의 소유자다. 백화점에 따라가면 한번에 구두를 대여섯 켤레씩 쉽게 사서는 차 트렁크에 넣기도 하고 아무리 고급 옷이라도 척척 입어 보고는 잘 사기도 하는데 그때마다 브레이크를 걸었더니 이젠 아예 데려가지도 않는다. 오랫만에 만난 동생에게 사주고 싶은 것도 많았겠지만 남 모르게 쌓이고 쌓인 스트레스의 표현이었을 것이다.

　우리는 무언가 서로 다른 설익은 부분들이 있었던 것이다. 받는 연습도 해야 한다는 말이 얼마나 듣기 싫었든지 견딜 수가 없었으나 이 '말'이야말로 가장 힘들었던 시절 가난과 싸울 때 나를 지켜준 '금언'이 되었고, 높은 데 마음을 두지 않았던 이 귀중한 연습을 위해 하나님께서 미리 주신 처방이었다.

잘 살다 못사는 것, 주다가 받는 것은 결코 쉽지 않다. 주는 것 역시 결코 쉽지 않으나 받는 것은 더 어렵다는 생각이며 결코 마음이 낮아지지 않고는 비참해서 받을 수가 없는 것이다. 이것이 겸손의 연습이요 다시 주시기 위한 하나님의 훈련인 것이다.

계속되는 무료한 시간을 영적 부요로 채우려고 안간힘을 쓰며 주일 성수를 할 수 있는 사업을 달라고 매달리고 부르짖은 시간들이 뉴욕이란 광야를 준비해 놓으신 하나님의 계획을 모르는 우리들에겐 자신의 마음속 죄를 살피고 자책하며 보낸 세월이었다.

세월은 흐르고 사업은 찾지 못한 채 마음이 조급해지자 유혹의 소리가 들린다. "야! 주일을 꼭 그런 식으로 지켜야 돼? 예배드리고 일하면 되잖아? 유난떠네 사람 쓰면 되잖아?"라며 끊임없이 속삭였다.

어느날 가정예배를 드리려고 온 식구가 둘러 앉았는데
"우리 주일 예배드린 후에 장사하면 어떨까? 다른 방법이 없잖아!"
내가 넌지시 말을 내놓았다. 세상과 적당히 타협하자는 것이었다. 남편은 말이 없는데 그날 예배의 말씀 증거자인 막내가 하나님의 말씀을 거역하면 이스라엘처럼 징계를 받는다는 꾸지람에 신앙의 부끄러움을 당해야 했다. 하나님께서는 자녀를 통해 무시로 책망하시며 다시 일으켜 세우시곤 하셨다.

또 하나의 생생한 기억은 집을 매매하고 덜 받은 잔금을 받기 위해 남편이 브라질에 갔는데 일부는 목돈으로 그리고 나머지는 분할해서 받게 되었다며 전화를 걸어 왔다. 브라질을 떠나기 전 J교회 건축 작정 헌금을 목돈으로 내야할지 아니면 분할해서 내야할지 결정을 해야 한다는 남편의 말에 내가 대뜸
"지금 돈이 날아가는 판인데 무엇을 하게 되더라도 목돈이 필요하니

까 목돈을 가져와야지요!"

왜 생각이 미치지 않느냐는 듯 짜증을 부리며 혼자 똑똑한 척 했었다. 기도도 없이 대답한 말! 기도도 안하고 어찌 하나님의 생각을 담은 주의 뜻을 말할 수 있겠는가? 옆에서 전화 내용을 듣고 있던 막내가

"엄마, 어떻게 그렇게 할 수가 있어요. 하나님께 목돈 드리고 우리가 조금씩 받는 것 가져야지 안돼요! 엄마"

엄마에게 실망했다는 얼굴이다. 이율 배반적인 말과 행동, 순간적인 욕심과 인간의 생각으로 인하여 아들 앞에서 얼굴을 들 수가 없었다. 옥토로 기경된 자녀들의 마음밭에 바로 심겨진 말씀! 그러나 믿음과 행함이 각각 다른 돌짝같은 나의 마음! 하나님께는 죄송했고 자녀들에겐 계면쩍었으나 '솔직하자'고 마음을 다져 먹었다.

"그래 대중아 엄마가 기도도 안해보고 잘못했어, 미안해!"

"엄마 미안해요!"

도리어 미안하단다. 옆에 있는 현지와 현중에게 물었다.

"너희는 어떻게 생각하니?"

원래 말이 없는 현중이는 가만히 얼굴이 벌개져 있고 현지는

"엄마, 당연히 하나님께 먼저 드려야죠."

그제서야 현중이가 고개를 끄덕인다. 그때 불빛처럼 스치는 말

'먼저! 먼저!' 사르밧 여인이 받은 은총의 말이 아닌가?

"그래 엄마 기도하고 올게."

꽁지가 빠지게 지하실로 내려가 무릎꿇고 두손을 포개고 고개를 숙이니 눈물이 줄줄 흐른다. "아버지 용서 하세요 언제부터인가 나의 믿음에 욕심의 먼지가, 탐심의 찌꺼기가 묻어 있었어요" 얼마를 울면서 흐느꼈는지 아늑한 평화가 마음에 가득했다. 용서받은 자의 기쁨이 주

님의 포근한 품에 안겨 나른해진다.

나와 아이들은 브라질에 전화를 걸어서 목돈을 하나님께 드리고 오라고 한마디씩 남편에게 건네며 비로소 기뻐했다. 잘못할 수도 있지만 깨닫고 돌이킨 기쁨을 누가 알랴! 브라질에 시간을 타고 오르는 인플레로 하나님이 크게 손해 보실뻔 했다.

아이들의 마음에 좌정하신 위대하시고 섬세하신 주님을 찬양하면서 요한1서 1장 9절을 외워본다. "만일 우리가 우리 죄를 자백하면 저는 미쁘시고 의로우사 우리 죄를 사하시며 모든 불의에서 우리를 깨끗케 하실 것이요."

네가 어찌 허무한 것에 주목하겠느냐?
정녕히 재물은 날개를 내어
하늘에 나는 독수리처럼 날아가리라.

잠 23 : 5

빽빽히 들어선 기기 묘묘한 하나님의 대걸작 로키 산맥의 절경 속에 생명을 자랑하는 푸르디 푼 나무숲 사이로 철철 넘치는 만년 빙하의 청결한 물줄기가 투명하다 못해 하늘처럼 청명한 얼음산 어디를 뚫고 흘러흘러 숲 사이사이까지 왔더란 말인가? 만년빙하! 인간들의 차디찬 마음들을 모두 묶어 놓았음인지 아니면 육신에 굴복하여 육신대로 사는 인간들의 불을 냉각시키려는 하나님의 책망의 소리인지 아무튼 그 장엄한 유리바다 빙하 위에 서서 하나님을 부인하는 사람이 있다면 그는 정신 병자요 환자가 아니면 무엇이랴!

투명하게 비치는 유리마다 속이 깊을수록 더 아름다운 푸른기가 돌고 얼음을 뚫고 흐르는 물은 시원하다못해 표현할 말이 없으니 이를 두고 할말을 잊었다 하리라.

뱀프를 거쳐 재스퍼로 향하는 산길에 깔려있는 어두움의 그림자가

가파른 절벽, 어지러운 비탈구름 같기도 하고 서리 같기도 한 땅에 밀착되어 밀려가는 차가운 빙하의 입김, 하늘로부터 공간을 타고 차창에 부딪히는 눈발은 그 누구의 강심장이라도 연시같이 터뜨려 회개치 않고는 견딜 수 없게 한다.

이 길을 수없이 오르며 해발 4,000m 가 넘는 고지인 재스퍼에 사는 나의 언니인 C권사는 "나는 말이야 이 길을 오가며 얼마나 회개하는 줄 몰라."하며 하나님 앞에 한없이 작아진 자신을 표현한다. 재스퍼에 사는 이들은 그곳을 팔백당이라 한다. 이유인즉 지리적 아름다움은 물론 천당에서 가깝고 높은 곳이라며 장난스럽게 웃는다.

우리 부부는 이길을 오가며 전능하신 하나님 앞에 한점에 불과한 자신들을 보고는 이 회개의 터널같은 산 속에 길을 주신 하나님께 감사하며 마음을 숙이고 찬양을 드린다. 언젠가 이 험한 밤길에 도로 중간 지점에서 휘발유가 떨어져 기도를 잠시도 쉴 수가 없었다. 순찰을 돌던 경찰차의 안내로 위험은 면했지만 천국 가는 길에는 휘발유(성령충만)가 떨어져서는 안되겠다고 다짐하고 다짐하던 기억이 새롭다.

세상길을 가는데도 기도를 쉴 수 없는데 어찌 천국 가는 길에 기도를 쉴 수가 있겠는가? 하나님의 능력이 자연으로 우리에게 다가오며 큰 소리로 굴복시키는데 어찌 하나님의 뜻을 어기고 살 수 있단 말인가?

우리 가족은 그때 주일 성수의 갈등 속에서 하나님의 법을 어길 것인지 세상법을 어길 것인지 기로에 서 있었던 것이다. 영주권이 있는 캐나다를 버리고 법적 지위가 해결되지 않은 미국으로 간다면 세상법을 어겨야 했던 것이다.

세월은 흐르고 재산은 점점 줄어드는데 결국 가족 투표로 결정을 보기 위하여 온가족 모두가 둘러 앉아 가정예배를 드린 후에 남편이 입을 열었다.

"오늘 우리는 중요한 결정을 하려고 한다. 주일 성수를 위해 미국에 가서 살자는 사람은 투표지에 동그라미를 기입하고 주일을 어기면서 그냥 캐나다에 살고 싶은 사람은 가위표를 기입해 내야 한다"며 준비한 종이를 돌렸다.

모두가 눈을 감고 기도를 한다. 주님이 기뻐하시는 길을 택하는 것이 그리 쉬운 일은 아니어서 묵직한 돌로 마음이 눌리는 듯도 했고 세상법을 어기고 미국에서 영주권없이 산다는 것도 두려웠다. "너희 안에서 행하시는 이는 하나님이시니 자기의 기쁘신 뜻을 위하여 너희로 소원을 두고 행하게 하시나니."(빌 2 : 13)

온 식구가 투표를 마치고 잠시 침묵이 흘렀다. 개표를 하는 동안 그리 크게 기뻐하거나 그렇다고 절망하는 표정이나 실망도 없이 모두가 침착하게 결과를 기다리고 있었다. 남편이 한장한장 접어진 종이를 펼 때마다 동그라미가 하나씩 하나씩 나타난다. 어떤 고난도 동그라미 속으로 받아들이겠다는 것처럼 하나같이 모두 다 동그라미를 기입한 것이다.

"만장일치야."

내가 가만히 입을 열었다. 그제야 당연하다는 표정으로 서로 바라 보며 웃는다. 드디어 우리 가족은 브라질을 거쳐 캐나다 그리고 미국으로 방향을 돌리고 캐나다를 떠나기로 작정했다. 미국이라는 나라가 어떤 나라인가! 미지의 동그라미 속으로 자원해서 들어가는 것이다. 나중에 불법체류라는 죄목을 받게 되는 줄도 모르고 오직 주일을 지켜야 한다는 마음 밖에는 없었던 것이다.

85년 2월 우리 부부는 또다시 3남매를 캐나다에 남겨둔 채 뉴욕을 향해 떠났다. 갓난 어린 것들을 고국에 떼어놓고 브라질 이민길에 오른 것이 엊그제 같은데 사춘기의 삼남매를 떼어놓고 또다시 헤어져야 했다. 왜 그렇게 예수를 어렵게 믿느냐는 사람도 있지만 누구든지 말씀에 묶여 보라!

  브라질에서 뉴욕에 이주해 살고 있는 K장로님 댁에 임시로 의탁하여 살면서 사방으로 사업을 찾아 돌아다니며 새로운 삶에 적응하기 위한 몸부림이 시작되었다. 효신장로교회에 몸담은 우리 부부는 당시 선교관으로 빌려 쓰던 개인집 이층에서 열리는 집회마다 빠짐없이 나가 엎드렸다. 떼어놓은 아이들에게 못할 노릇을 한 것 같아 수시로 주님 앞에 엎드려야 했다. 보고싶은 아픔도, 그들을 위해 수고할 수 없는 아픔도 오직 무릎으로만 대신할 수 있었던 것이다.

  잠시라도 말씀을 먹지 않으면 도저히 살 수 없었던 세월! 하나님 뜻대로 살려고 애쓰면 앞길이 척척 열려야 하는데 하나님 뜻대로 살려고 애쓰면 애쓸수록 펼쳐지는 것은 광야 바람과 모래, 어두움과 야생동물, 우뚝 선 골리앗과 여리고라는 병풍으로 사방을 두르고 있었던 것이다. 하긴 사방이 막혀야 위를 보게 되는 것이 아닌가?

  이스라엘 백성이 하나님의 명령대로 모세를 따라 애굽을 떠났으나 기다리고 있는 것은 가나안이 아니라 40년 광야였듯이 베일을 벗고 달려드는 광야무대에 배역을 맡은 우리 부부는 연출가이신 하나님께 순종하기 위해 또 울기 시작한 것이다. 무대에 선 배우들이 배역에 따라 번쩍이는 옷을 입고 왕관을 쓴 왕 역할이 있는가 하면 떨어지고 해진 옷을 입은 가난뱅이 거지 역도 있는 것이며 병정도 있고 아낙네도, 농부도 있다.

  연극이 끝나면 무대 뒤에서 기다리던 연출가의 입에서는 무슨 말이 떨어질까? 배역에 따라 칭찬도 하고 질책을 하는 것은 아니다. 무슨 역을 맡았든 맡은 역에 최선을 다하면 칭찬과 승리는 그에게 돌아오듯이 어차피 인생은 아침 안개같은 세상 무대에 맡은 배역이 있고 그에따라 노력하면 되는 것이다.

우리 부부에게도 하나님께서 맡기신 배역이 시작된 광야 10년의 뉴욕! 일명 눈물과 축복의 산실에서 사업을 찾아 헤매며 자녀들을 만날 날을 고대하는 마음을 두고 하루가 천년이란 말을 되뇌어 본다.

어느날 밤 선교관 구석에서 밤새워 부르짖다가 방언과 함께 139장이란 말을 수없이 반복하는 기도에 깜짝 놀랐던 체험이 있었는데 날이 새고 그날 수요일밤 집회때 M목사님이 복음송 139장을 찬양하자는 말에 지난밤을 생각하며 복음송을 펼쳐든 순간 눈물이 주르륵 흘러 내렸다. "바로 이 찬송이야 이 찬송!" 속사람이 부르짖으며 가르쳐 준다. 전에 내가 몰랐던 찬송이다.

"주여 나를 평화의 도구로 써 주소서, 미움이 있는 곳에 사랑을, 상처가 있는 곳에 용서를, 분열이 있는 곳에 기쁨을 심게 하소서…."

광야무대에 세우시며 왜 고난의 배역을 맡기시는지를 입술로 고백하게 하시려고 주신 가사! 고난을 이기는 힘과 위로와 소망을 주시는 하나님! "그래요. 평화의 도구로 써 주세요!" "주의 목전에는 천년이 어제 같으며 밤의 한 경점(更點)같을 뿐임이니이다."(시 90 : 4) 얼마나 울었는지… 주님과 밀어를 나누는 내이름은 "울보"가 된 것이다.

안식일을 기억하여 거룩히 지키라.
출 20 : 8

불이야!

뉴욕 퀸스 중심가에 대동면옥이란 한국 음식점 간판은 한인들이 집결해 있는 곳 중의 하나인 것을 증명하는 듯 그 주위 사방에는 한인 간판들이 줄지어 있다. 그 건너편에는 퀸스 약국이란 큰 간판이 붙어 있고 약국 옆 쪽으로는 시장으로 통하는 길이 있어 제법 붐비는 거리다.

3년 밖에 남지 않은 계약조건에도 불구하고 우리 부부가 약국을 인수한 것은 오직 하나님만 의지하는 마음에서였지만 약국을 시작한 날부터 3년 후에 재계약을 할 수 있도록 매일 기도를 드렸으나 뜻을 이루지 못했다.

저녁마다 가정예배를 드리면서 온 가족이 합심해 기도하던 이 기도 제목이 이루어지지 않았을 때 재계약이 거절당한 황당함보다는 아이들에게 할 말을 잊어버렸던 것이 너무나 고통스러웠다. 행여나 아이들이 하나님께서도 못하시는 것이 있구나, 기도해도 안되더라 하며 불신의 마음을 품을까봐 마음 졸이던 일이 있었으나 하나님의 응답은 Yes(그래!)만이 아니라, No(안돼!), Wait(기다려!)도 응답임을 가르칠 수 있는 기회였다.

아이들이 캐나다에 있을 때 그런대로 약국 운영이 잘되던 어느날 한밤중의 정적을 깨고 울리는 요란한 벨소리에 수화기를 들었다. 잔잔하고 침착하게 천천히 들려오는 말인즉,

"괜찮으니까 놀라지 말고 아주 조그마한 일이니까 들어봐."

필요이상으로 안심시키는 언니의 말에 더욱 긴장이 되었다.

"왜? 왜그러는데? 어서 말해보라니까…."

"저기 애들 아파트에 불이 났어."

"뭐라고?"

온 몸에 힘이 쭉 빠지며

"주여!" 외마디의 비명을 질렀다.

"대중이는 괜찮고 현중이는 조금 다쳤는데…."

"그럼 현지는? 현지는 어떻게 됐어. 응? 어서 말해봐."

나는 벌써 울고 있었다.

"현지는 병원에 실려 갔는데 다리가 조금 다쳤어 다행히 빨리 신고가 되어 카펫에 붙은 불도 끌 수가 있었어. 마음 진정하고, 괜찮아 괜찮다니까…."

"언니 현지 얼굴은 괜찮아?"

"그래, 울지마." 애써 참는 언니의 목소리에도 울음이 섞이고 만다. 남편은 침대에서 침통한 표정으로 기도를 하는가 보다. 쌀라(거실)로 달려나온 나는 창문을 향해 온몸과 마음을 추스리고 단정히 무릎을 꿇

었다. 전능하신 아버지 앞에… 하염없는 눈물이 앞을 가리는 가운데 찬송을 부르기 시작했다.

"어려운 일 당할 때 나의 믿음 적으나 의지하는 내주를 더욱 의지 합니다. 세월 지나 갈수록 의지할 것 뿐일세 아무 일을 만나도 예수 의지 합니다." 눈물이 앞을 가렸다. 불투명해 보이는 저 창문 너머 높고 높은 아버지가 애타는 이 기도를 들으시겠지… 좀더 잘 믿으려고 애쓰면 애쓸수록 닥치는 환난의 막대기가 웬 말인가?

"하나님을 사랑하는 자 곧 그 뜻대로 부르심을 입은 자들에게는 모든 것이 합력하여 선을 이루느니라."(롬 8:28)라는 이 말씀에 묶이지 않았다면 꿇었던 무릎을 펴고 일어날 수 조차 없었을 것이다. 환난의 막대기와 싸우지 않으려고 하나님의 긍휼만을 찾는 울부짖음에 쏟아지는 눈물과 절규, 회개와 용서를 구하는 몸부림은 칠흑같은 밤을 더 검게 칠할 수만 있다면 차라리 아무 것도 보이지 않는 암흑 속에 한점으로 사라져 고통을 잊고 싶었고 비둘기처럼 날개라도 달렸다면 화상으로 고통받는 딸에게 날아가련만….

부랴부랴 비행기에 몸을 실었다. 그토록 빠르다는 비행기가 할 일 없이 돌아다니는 마을꾼의 걸음처럼 느껴진다. 자신의 바쁜 마음처럼 같은 속도를 낼 수 없는 비행기를 탓하면서… 드디어 병원에 도착했다. 발등과 종아리 그리고 무릎 한참 위까지 3도에 가까운 처참한 화상을 입어서 그냥 치료가 불가능하며 엉덩이 살을 이식하기 전에 갖가지 치료가 필요했다. 약이나 주사는 물론 약물에 한참씩 들어가야 하고 이식 후 다리운동은 물론 미국에서 특수 양말을 주문하여 착용해야 하며 그래도 이식된 살이 두드려져 우두자국처럼 우둘투둘하게 남는다는데….

"현지야!"

"엄마!"

우린 서로 껴안고 심장과 심장으로 울었다. 마음 속에 무수히 담겨진 '미안해' 라는 말이 나오질 않아 엄마는 계속 우는데 딸은 울음을 그치고 웃음을 찾는 것이다.

"엄마, 괜찮아. 미안해요."

위로를 받아야 할 현지가 위로하러온 엄마를 안심 시키다니….

"엄마, 난 의사가 될꺼야, 꼭 의사가 될꺼라구…." 고통 가운데 의사가 될 것을 다짐하는 의지는 그 누구도 막을 수 없어 보인다.

유난히도 감자 튀김을 좋아하는 막내가 밥을 달라기에 공부하다 나온 누나가 가스 레인지에 불을 켜놓고 다시 들어가 책을 보다가 변을 당한 것이다. 동생이 좋아하는 감자 튀김을 해 주려다 기름 냄비에 불이 붙은 것이다. 그 불이 튀어 카펫에 불이 붙었고 냄비에 불이 치솟는데 뛰어나온 현중이가 막내를 접근하지 못하도록 소리를 지르고 누나와 함께 불이 붙은 냄비를 들어서 밖으로 던졌다. 만일 냄비를 놓쳤으면 두 아이가 한꺼번에 불에 타 죽을 수도 있었는데 이 무서운 순간에 하나님께서는 아이들을 살려 주셨다.

자신들의 자유 의지와는 상관없이 부모와 떨어져 살아야 했던 삼남매! 그들을 구해 주신 하나님! 글을 쓰고 있는 이 순간도 두근거리는 심장의 고동소리를 들으며 그때를 회상한다. 현중이는 머리와 눈썹이 타고 코가 그슬렸고 현지는 발에 중화상을 입었다. 3도 화상을 입으면서도 불붙은 냄비를 밖으로 던지기까지 놓지 않은 것은 사람의 의지나 능력이 아니었음을 확신하며 주님께만 영광을 돌린다.

나는 열 아홉 살의 딸아이가 뒤를 보고나면 간호사를 대신하여 뒷처리를 해주고 물수건으로 닦아주며 큰 고무기저귀를 채우고 살갗이 벗겨져 피땀으로 얼룩진 엉덩이와 움푹 패여 죽처럼 물컹이는 상처를 보면서 "아버지, 제가 대신 아플 수는 없나요" 기도 하면서 뚝뚝 떨어지는 눈물을 주체할 수가 없었던 나는 호흡만큼이나 쉴 사이없이 주님을 찾았다.

고통스러워 쩔쩔매는 딸을 보는 어미의 찢어지는 마음에서야 비로소 주님을 십자가에 내버려 두시고 수치와 저주와 모욕과 천대 속에 고통당하시는 모습을 보셔야 했던 하나님 아버지의 마음을 깨닫게 되었다. 십자가의 그 사랑 그 구원의 사랑은 우리 모녀의 무한한 힘이었다. "주님! 사랑해요."

어느날 갑자기 아파트 화재 현장 주위에 몰려든 인파를 헤치며 구급차를 타고 병원으로 실려갔던 현지는 삼남매를 남겨두고 미국으로 떠나버린 엄마 아빠의 얼굴을 그려보면서 3도 화상을 입고 엉덩이의 살갗을 벗겨 스킨그래프팅(Skin grafting : 피부이식수술)을 받고 대소변을 받아 내면서 투병생활을 해야만 했던 것이다.

그러나, 같은 병동에 수많은 화상 환자들이 아픔을 견디다 못해 하나님이 어디 계시냐고 몸부림치며 얼굴이 일그러지고 귀가 떨어지고 눈이 멀고 팔 다리가 떨어져 나간 이들의 고통 앞에 자신은 오직 하나님께 감사할 뿐이었다고 고백한다. 내 눈 내어놓으라고, 내 귀, 내 다리 어디 있느냐고 소리치는 그들이 너무나 불쌍해서 두 눈에는 소리없이 눈물이 흘렀고 마음 속에는 얼음같이 차디찬 의지가 가늘게 소리치며 다짐하고 있었단다.

"주님! 나 위해 죽으신 주님! 저들을 고치는 손이 되게 해 주세요 하나님이 없다고 소리치는 저들에게 주님의 사랑을 전하게 해주세요."

자신의 엉덩이 살갗을 벗겨 이식수술을 받고 운신을 못하면서도 반드시 의사가 되겠다는 마음의 다짐은 꿈과 비전으로 커가고 있었던것이다. 이 고난의 브레이크가 미래의 꿈을 심어주다니….

 나의 힘이 되신 여호와여 내가 주를 사랑하나이다.(시18 : 1)

 우리 모녀는 K집사님이 갖다놓은 작은 꽃이 될 것을 다짐하면서 주님 때문에 미래를 향해 활짝 웃을 수가 있었던 꿈을 싣고 무릎을 꿇었다. "할렐루야!"

> 사람이 마음으로 자기의 길을 계획할지라도
> 그 걸음을 인도하시는 자는 여호와시니라.
> 잠 16 : 9

밟아라 삼천리

이산 가족이 되어 보지 않고서는 온 가족이 모여 산다는 것이 얼마나 큰 복인지를 사람들은 모른다. 박대통령 당시 고국의 TV 화면을 통해 본 이산가족의 상봉, 생사를 몰랐던 골육과의 만남, 몇십 년의 아픔이 한꺼번에 폭발하는 눈물의 몸부림에 비할 수는 없겠지만 우리 부부는 딸의 화상치료가 어느 정도 진행되어 퇴원을 하게 되었을때 미국 뉴욕으로 모였다. 비로소 식구가 헤어져 살았던 아픔이 치료를 받을 수가 있었다. 얼마나 감사한지… 마음에는 새싹이 돋아나고 태산같은 바위도 뚫을 것 같았다. 그러나 어려움의 고통은 숨쉴 사이라도 주어서는 큰일이라도 날 듯이 차곡 차곡 다가서는 것이었다.

거실에서 아이들이 공을 찰 정도의 공간이 있는 크나큰 집에서 살아 본 것이 언제인지…. 뉴욕 퀸스지역에서 족히 백년은 된 것 같은 5층 아파트 맨 위층 방 한 칸에 세를 들어 살게 된 우리 식구는 브라질 초기

이민 냄새를 다시 맡아보는 전락(?)의 생활이 다시 재현되는 느낌이다. 우툴두툴 한 벽은 흰 페인트가 잘 먹질 않아서 조금씩 패여져 있고 몇 십년을 묵었는지 누런 쇠붙이가 드러난 둥그런 구형의 냉장고하며 화장실 변기 위에는 공중에 매달린 스팀파이프에 머리가 받칠까 조심해야 하고 썩은 마루 바닥은 사각 무늬 나무가 더러 없어져서 먼지로 매워져 있고 가장 고통스러운 일은 페인트로 붙어버린 찬장과 창문을 여는 일이며 "여보"를 힘차게 몇 번이나 불러야 했다. 그래도 지출을 줄이는 유일한 방법 중 하나가 이 아파트를 택하는 길이라고 생각한 것이다.

브라질 초기 이민 이후 하나님의 은총 속에 부요하게 살던 아이들이 다시금 돌변한 환경에 불평없이 잘 견딜 수 있었던 것은 오직 주일을 지키겠다고 들어선 믿음의 길이었기 때문이다. 이른 아침부터 화장실 줄서기가 시작되면 빨리 나오라고 발을 동동거리다 못해 이예 둘씩 들어가 세면과 용변을 동시에 보기에 이르렀으니 어렵게 살다 잘 사는 것이야 좋지만 잘 살다 못 사는것은 고통 중에 고통이란 사실이다. 바삐 서둘다 보면 좁디좁은 통로에 서로 부딪히는 일이 허다해서 익살맞은 막내가 한마디 한다.

"엄마, 자주 만나 좋으네요."

나는 살아 보겠다고 맨해튼 셀러드 바에 취직을 했다. 왠 사람이 그렇게 많은지… 밤기운이 채 가시기도 전인 아침 일찍 붐비는 전철에 몸을 싣고 사람들 사이에 꼭꼭 끼어서 손잡이조차 잡을 필요가 없이 숨을 뿜어내기가 힘들게 하루를 시작하지만 퇴근길 전철 속에는 삶에 지친 한을 잠으로 풀어 보려는 듯 앉은 사람도 서 있는 사람도 그냥 눈을 감고 자는 모습이다. 아예 영원히 잠들고 싶겠지! 나도 그랬으니까.

튀김을 하기 위해 하루에 100마리 정도 닭의 목을 치던 끔찍한 일은 생선도 징그러워 못 잡던 내가 삶의 억척을 부리며 생긴 현상이다. 좁디좁은 공간을 쪼개서 부엌에 재봉틀을 하나 들여 놓았다. 호공(주 : 가정 주방용 낡은 가스조리대)과 냉장고를 비집고 둘이 서 있기조차 불편하다. 밟아라, 삼천리… 밤새워 재봉틀을 밟아대는 것도 시끄럽다는 아래층 성화에 부딪쳐 때로는 도둑발 디디듯 밟아야 했다. 따가운 햇볕에 맨 위층의 더위란 말 할 수가 없다.

뉴욕 여름 무더위에 찾아오셨던 M목사님이 하시는 말씀이 "아니 한증탕이네, 한증탕." 하며 비명을 지르길래 이동원 목사님의 간증 한 토막이 생각났다. 자신을 공부시켜주신 미국의 어느 부자 장로님 댁에 살 때였다. 더위를 못 견디어 이 목사님이 장로님께

"에어컨 하나 사면 안되나요?"

"하나님께 기도 했으나 응답이 없어."

간단한 대답 속에 들어있는 소유주 하나님의 허락 없이는 절대로 사용치 않는 물질관. 나도 하나님의 소유권, 사용권, 회수권을 인정하고 돈을 쓸 때면 하나님께 묻는 습관이 있었으나 주머니를 뚫어 놓으신 하나님께서는 물어볼 일조차 없게 하셨다.

부글부글 끓는 무더위와 친숙할 수밖에 없던 세월. 바느질하는 천에서 떨어지는 먼지가 재봉틀을 밟을 때마다 부엌에 씻어놓은 그릇을 뽀얗게 덮었고 눈썹에는 먼지가 하얗게 붙어 산타 할머니가 되기도 하면서도 온 식구가 저녁이면 한 상에 둘러 앉아 예배를 드리고 합심해서 기도하는 것은 우리의 큰 기쁨이었다. 부하게도 하시고 가난하게도 하시며 일체의 비결을 일러 주셔야 하는 하나님은 얼마나 바쁘셨을까? 그때 교회 건물을 구입하기 위해 건축헌금을 시작했다.

"여보, 우리는 어떻게 하지요?"

"글쎄."
"여보, 우리 10,000달러로 정해요. 하나님이 주실 거예요."
"나도 10,000달러를 냈으면 좋겠오."
하나님께서는 우리 부부에게 같은 마음을 주셔서 10,000달러를 작정한 몇 분들과 함께 하나님의 성전 건축에 동참케 하셨다. 날이면 날마다 무릎을 꿇고 간구했으나 10,000달러는 커녕 1,000달러도 만들지 못한 채 빚만 늘어가는 것이었다.
1985년! 세월은 흘러 교회는 마땅한 곳에 건물을 찾아 계약단계에 다다랐으나 우리는 우리의 몫을 채울 수가 없었다. 그날 밤, 자정을 넘어 시계추가 3시를 가리키고 있었다. 재봉일을 하던 나는 기도를 드려야겠다는 강한 마음에 사로 잡혀 창문을 향해 겸손히 무릎을 꿇었다. "아버지" 이 한마디에 두 눈에서는 뜨거운 눈물이 쏟아진다. 이미 하나님께서는 눈물도 마음도 준비해 놓으신 것이다.
"하나님 아버지, 피로 값주고 사신 주님의 성전 건물을 살 수 있도록 우리가 작정한 몫을 드릴 수 있게 해 주세요.네? 가진 것은 없지만 믿음을 주셨기에 작정한 것인 줄 주님은 너무나 잘 아시잖아요?
행여 잠든 식구가 깨어날까 봐 숨을 죽이며 오열하는데 지금껏 피부로 느낀 세상 고초의 그 어떤 아픔도 하나님께 드리고 싶어 흐느끼는 이 아픔을 따를 수가 없었다는 사실이다. 나 자신도 놀라는 이 사실이야 말로 성령님의 도움이 아니고야 누가 체험할 수가 있을 것인가? 얼마나 뜨겁게 울었는지 창 너머 먼 하늘 보좌에 아버지가 나의 눈물을 오병이어로 받으시려고 꿇어 앉혀 간구케 하시고 울리신 것을 조금도 의심할 수 없었던 것은 그날로 응답된 사건이기 때문이다.
날이 밝아 퉁퉁 부은 눈을 뜨고 보니 새벽 6시. 3시간동안 오직 한가지 작정헌금을 드리고 싶어서 울고 또 울고 또 매달렸다. 마음에 고요한 평화가 찾아왔다. 아무도 앗아갈 수 없는 평화가… 잠시 방에 들어가 눈을 붙이려 했으나 아직도 들먹여지는 어깨와 남아있는 흐느낌이 이따금 숨을 들여마실 때마다 울음소리를 내는 것이다. 7시가 조금 지나서 아내를 깨우지 않으려고 남편이 조용히 나가고 난 후 요란한 전화벨 소리에 깜박 잠들었던 눈을 뜨고는 수화기를 들었다.

"아, 여보세요. 저 ○○○집사입니다."

"네, 안녕하세요?"

"다름이 아니라 오늘 저녁때 두분을 대동면옥으로 초청합니다."

"무슨 일이라도…."

"네, 꼭 부탁할 일이 있는데 반드시 들어 주셔야 합니다."

"알겠어요. 말씀드릴게요."

전화를 끊고 무릎을 꿇었다 "하나님 아버지 브라질 같으면 돈 꾸어 달라면 꾸어주면 되고 보증 서 달라면 서 주면 되지만 이곳 뉴욕생활 아시잖아요? 무슨 부탁인지 들어 줄 수 있는 부탁되게 해 주세요." 또 눈물이 난다. 안 울려고 해도 마음대로 할 수 없는 것이다.

그날 저녁. 조금은 걱정스런 마음으로 우리는 식당에 도착했다. 미리 자리하고 있던 그들 부부가 반가이 맞아 주었다. 불고기를 마음껏 먹으면서 '외식이 얼마만인가' 생각하는데 이런 저런 말을 하던 ○○○집사님이 본론을 꺼낸다. 양손을 마주 잡고 만지작 거리더니

"우리 부부가 기도를 많이 했습니다. 꼭 들어 주셔야 합니다."

긴장한 우리 부부에게 다시 다짐하고는 말을 꺼낸다.

"교회 건물을 구입하는데 작정한 헌금을 저희가 이자 없이 꾸어 드리겠습니다. 나중에 우리가 집을 살때 주시면 됩니다."

아니 이게 왠 은혜인가? 우리에게 이자도 없이, 부탁한 일도 없는데 말이다. 귀를 의심하면서
"집사님 정말이세요?"
되묻고는 흐르는 눈물을 주체하지 못했다. '응답이다, 응답.하나님의 응답이다.' 지난밤 하나님께서 오열하며 흐느끼던 소원의 눈물을 오병이어로 받으시고 ○○○집사님 부부의 마음에 천사를 보내셨다.
빌릴 곳조차 없어 울던 건축헌금. 하루만에 응답을 받았다. 하나님이 급하셨던 것이다. 나는 너무 기뻐서 어쩔줄을 몰랐다. 거짓 없는 소원. 티없는 간절한 마음을 받으신 하나님의 기적.
주일날 그분은 빳빳한 현금을 건네 주었고 우리는 그 돈을 건축헌금으로 드렸으며 2년후 그분들이 집을 살 때 갚은 일과 우리의 몫을 보태 교회건물을 살 수 있었던 그 모든 것이 기적이었다. "모든 천사들은 부리는 영으로서 구원 얻을 후사들을 위하여 섬기라고 보내심이 아니뇨." (히 1 : 14) 아브라함의 아내 사라를 웃기신 하나님은 나도 웃게 해 주셨다.

믿음의 주요 또 온전케 하시는 이인 예수를 바라보자.
히 12 : 2

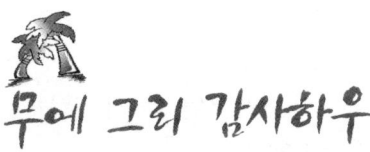
무에 그리 감사하우

가난은 한치도 물러서지 않겠단다. 가난마저도 자기의 사명을 하고야 말겠다는 것인지….

 남편의 생일날 어렵게 마련한 조그만 생일케이크가 상위에 올려졌다. 기도를 마친 후 온식구가 케이크 자르기를 기다리는데 한참이 지나도 남편의 서 있는 모습이 움직이질 않아 눈을 들어 보니 케이크 칼을 든 남편의 손이 바르르 떨고 있는 것이 아닌가? 그리고는 남편의 눈물이 케이크 위에 떨어지는 것이었다.

 막상 주일 성수하며 살겠다고 영주권도, 집도, 좋은 환경도 포기했지만 계속되는 가난속에 자녀들을 고생시키는 아픔이 사무쳐 케이크를 앞에 놓고 손도 마음도 떨고 서있는 남편을 보던 막내가 땅바닥에 무릎을 꿇는다. 한국말이 서툰 막내 대중이가 "기도 합시다!" 하는 것이다. 나와 딸아이 그리고 현중이, 마지막으로 남편까지 꿇어 앉자 막내는 울면서 기도를 시작한다.

"하나님 아버지 우리 식구 중에 저의 죄가 제일 많아서 이렇게 고난을 받나요? 하나님 아버지 용서해 주세요!"

무에 그리 막내의 죄가 제일 많겠는가마는 모든 것이 내 탓이라는 갸륵한 기도에 온 식구가 자신의 죄 때문이라며 울기 시작했고 니느웨의 눈물 행진이 계속되었다.

휑하니 뚫린 가난을 메꿔 보겠다고 눈물로 하나님을 의지하고 뛰면서 제대로 챙겨주지도 못한 자녀들이 불쌍해서 우는 아빠, 엄마를 보고 오히려 아빠, 엄마가 불쌍하다며 서로 부둥켜 안고 울던 우리 다섯 식구는 모두 일어나 "할렐루야"를 부르기 시작했다. 엄마! 사랑해. 아빠! 사랑해. 누나! 사랑해. 형! 대중아! 사랑해. 서로 꼭꼭 껴안는다.

가난도 질병도 고난도 그 어떤 것에게도 우리의 사랑과 행복만은 빼앗기지 않겠다고 다짐하면서 우리는 서로를 껴안고 주님의 사랑을 재차 확인했다.

"망할 바에는 하나님 뜻대로나 해보고 망하자!"

"하나님께서 부숴뜨리실 땐 철저히 부숴지자!"

"하나님께서 포기하시지 않는 한 절대로 포기하지 말자!"

이 세 가지를 다짐하면서 나는 그리스도의 사랑만이 사단을 대적하고 고난을 이기는 방법임을 터득했으며 복음을 위한 고난을 지금도 다짐하고 또 다짐해본다.

세월은 아침에 잠깐 있다가 없어지는 안개처럼, 흐르는 물처럼 빠르게 지나간다. 다음주는 성찬 주일로 지키게 된다는 P목사님의 광고가 있었다. 나는 깨끗한 심령으로 성찬식에 참예하고 싶어서 사흘을 작정하고는 텅빈 교회당 구석에 무릎을 꿇고서 겟세마네 동산에서 기도하시던 주님처럼 더욱 간절히 매달려 기도했다.

　온 세상이 잠든 깊은 밤. 비 맞은 참새처럼 울던 나는 부르짖는 기도 내용이 고막을 통해 다시 들려오는 것을 들었다.

　"영주권 없음을 감사합니다!"
　"자녀들 학비 없음을 감사합니다!"
　"약국에서 쫓겨남을 감사합니다!"
　"빚이 늘어남을 감사합니다!"
　"사업이 안됨을 감사합니다!"

　계속되는 감사의 내용에 눈을 번쩍 떠버린 나는 눈을 뜬채로 "아버지 내가 왜 이런 기도를 하고 있지요?"라며 하늘을 쳐다 보았다. 그리고는 아니! 내가 왜 한 번도 감사해 보지 않았던 일들을 감사하고 있는 것인가? 라며 자신에게 묻고 있었다.

　그때 번개같이 마음에 스치는 세미한 음성이 들려왔다. "그래 맞았단다. 내가 네게 범사에 감사하라고 했지만 너는 언제나 네 자신이나 너의 생각과 이치에 그리고 네 뜻에 맞는 것만 골라가며 감사했었단다."

　마음을 강타한 성령님의 음성을 듣고 온몸과 마음을 추스리며 나도 모르게 다시 무릎을 꿇었다. 전능하신 하나님 앞에 부끄러워 견딜 수가 없어서 눈물이 볼을 타고 흘렀다.

　"아버지 용서하세요. 맞았어요, 정말 맞았어요. 저는 이제까지 감사할 수 있는 일만 골라가며 감사해 왔어요. 그리고도 범사에 감사하는 줄로 착각하고 있었어요."

　범사에 감사하라는 말씀에 귀가 닳도록 익숙해 있었지만 실상은 머리로만 받았지 가슴으로 받지 못하고 생명 잃은 열매로 사단에게 속고 있었던 나 자신을 보게되었다.

끊임없이 사단에게 속고 속으면서 선 줄로 알고 넘어질 뻔했던 자신을 깨우쳐 주신 하나님의 은혜가 너무나 감사하고 고마워서 지니고 있던 물질을 동전까지 몽땅 구별해서 자신을 드리는 마음으로 정성껏 드리고는 충만한 기쁨을 주체할 수가 없어서 하나님께 감사와 찬양과 영광을 돌렸다.

기도의 행진도 계속되었지만 망해 놓기로 작정하신 하나님의 계획도 계속되었던 것이다. 왜? 망해야만 흥하니까. 왜? 망해야만 하나님의 뜻을 깨달으니까.

약국 재계약이 보기 좋게 거절당해 약만 싸들고 정처없는 사업의 길목에서 방황하던 중 설상가상으로 또 하나의 사건이 터졌다.

주일 새벽기도를 가려고 차를 세워둔 곳으로 다가가자 자동차가 그야말로 종이 구겨지듯 엉망이된 채로 차도에서 인도로 올라 반쯤 걸쳐진 채 우리 부부를 기다리고 있는 것이다.

밤사이 대형 트럭이 받아버린 것이었다. 먼동이 트기 전에 주님을 만나러 집을 나선 우리 부부에게 하룻밤 사이에 하나님께서 구겨버린 선물을 주시다니…, 캐나다에서 5일 동안 달려와서 보험도 들기 전인 우리 자동차인데….

남편은 성경책을 든 채로 어이없이 동상마냥 멍하니 서 있는데 이게 왠 은혜인가? 나도 모르게 "할렐루야!" 이 네 자를 똑똑히 부르짖은 것이다. 울면서 하나님을 원망해야 했는데, 그런 일에 익숙했는데, "할렐루야!" 하나님을 찬양하다니….

마음에 아침 안개처럼 고요한 평화가 흐르고 있었다. 분명히 나는 난데 나 아닌 나! 성령의 법에 이끌린 또 하나의 나에게 감사와 찬양의 능력이 나타난 것이다.

우리 부부는 다른 차편으로 교회에 가서 예배를 드렸다. 온 성도들의 기도소리가 그치고 모두 가버린 성전에서 피아노를 가운데 두고 사모님과 둘이서 늘상 하던대로 온 성도들을 위하여 중보 기도를 하며 영혼 구원을 위해 계속 기도하였다.

한참동안을 뜨겁게 기도하는데 별안간 감당할 수 없는 너무나 큰 기쁨이 마음에 부딪쳐 오더니 형언할 수 없는 희락과 평강이 온 마음을 사로잡기 시작하는 것이다. 나는 알 수 없는 큰 힘에 붙들려 앉은 자리에서 슬며시 일어났다. 그리고는 온 몸으로 나비가 나는듯 가볍게 춤을 추며 뱅글 뱅글 돌면서 찬양이 터져 나왔다.

"감사, 감사, 감사" 전능하신 하나님은 내 마음에 찬양과 춤을 주셨고 고통과 실의에 울면서 사단의 밥인 불평과 불만이나 털어 놓아야 할 나에게 오히려 희락과 평강과 큰 기쁨을 선물로 주신 것이다. 기도하던 사모님이 깜짝 놀라 근심에 쌓인 얼굴로 다가서더니

"무에 그리 감사하우." 하면서 찬찬히 살피는 거다. 혹 계속되는 고난 중에 정신이 살짝 나가기라도 했나 싶었는지도 모르지만…

"지난 밤 하나님께서 보시는 가운데 자동차가 왕창 부숴졌어요."

사모님은 조그만 소리로 "할렐루야!" 하는 것이다. 이러한 일에 서로가 "할렐루야"로 화답할 수 있다는 것은 천사의 대화가 아니고 무엇이겠는가?

초등학교를 졸업하면 중학교 입학시험을 보는 것처럼 감사와 찬양의 능력을 주시고 범사에 감사하는 하나님의 시험에 합격 시켜주신 케이스였던 것이다.

집으로 돌아온 나는 문을 활짝 열고는 "애들아, 어젯밤 하나님께서 보시는 가운데 자동차가 왕창 부숴졌다."라고 말하자 막내가 눈을 비비

며 "할렐루야! 새 차 주시려고 그래요?" 하는 것이다.

정말 기적처럼 1,600달러가 생겼고 그 돈으로 선금을 주고 새 차를 구입한 일과 같이 하나님께서는 고난 중에도 곡예처럼 아슬아슬한 스릴을 주시며 우리 가족을 성장시켜 주셨다. 그날 주일 예배의 감사 헌금 봉투에는 이렇게 쓰여 있었다.

"지난밤 하나님께서 보시는 가운데 자동차가 왕창 부숴진 것을 감사합니다."라고 "할렐루야!"

> 범사에 감사하라 이는 그리스도 예수안에서
> 너희를 향하신 하나님의 뜻이니라.
> 살전 5 : 18

나 하나쯤이야!

창밖에 비가 내리던 어느날! 바람에 날리는 잎사귀가 추위를 타고 흔들린다. 그 옛날 가난했던 시절을 회상해 본다. 볶아 놓은 깨를 훔쳐 먹으려다 고춧가루를 먹어 버렸던 작은 오빠의 얼굴도 떠오르고, 뜨거운 물에 밥을 말아 먹을 때마다 6·25전쟁때 그렇게도 먹고 싶었던 흰쌀밥이 생각난다. 광야의 식탁이 주어졌기에 역사의 흐름 속에 얼어 붙었던 마음이 풍요롭다.

"주님은 나의 삶이다."라고 외치고 나니 "여호와는 나의 목자시니 내가 부족함이 없으리로다."라는 시편 기자의 마음처럼 내 마음이 풍요하다. 고난 중에 감사의 마음을 갖게 하신 주님께 고요한 마음이 고개를 들고 외친다.

"아무도 몰라요. 내 주를 사랑하는 이 기쁜 마음을, 아무도 몰라요. 내 주를 사랑하는 찬양의 율동을 아무도 몰라요. 내 주께 구속당한 이

소박한 자유를…."
 계속되는 고통과는 달리 풍요로운 마음 때문에 주님을 전하지 않고는 견딜 수가 없었다. 뉴욕 어느 모임에서 알게 된 여자가 있었는데 중국인 남편의 이름을 따라 차우 씨라고들 부르길래 나도 그냥 그렇게 불렀다. 그리 뚱뚱하지 않은 짤막한 키에 아담한 몸매와는 달리 항상 흐트러진 머리 때문에 정돈되지 않은 인상이다.
 도수높은 안경에, 어깨에 메고 다니는 핸드백 외에도 손가방이 눈에 띈다. 손가방에는 정수기에서 받은 물 한 병과 현미밥 한 공기가 들어있다. 철저하게 들고 다니는 손가방이 꼼꼼한 사무처리나 완벽주의자에 가까운 면모를 보여 주는 듯했다.
 또 한 가지 특별한 것은 절대로 자동차를 타지 않는 것이다. 유일한 교통수단인 지하철을 타고 다닌다. 이유인즉 교통사고의 위험을 피하는 길이란다. 한심한 일이 아닌가? 누가 하나님을 대신하랴?
 어느날 바쁘게 서류를 정리하던 내게 선뜻 어떤 생각이 떠올랐다. 차우상에게 복음을 전하라는 강권적 부딪침이다. 너무나 집요하고 강한 생각이라서 피할 수가 없었다. 성령님의 음성인 줄 알고 순종하는 마음으로 곧장 전화 다이얼을 돌렸다.
 "여보세요. 차우 씨이십니까?"
 "네, 누구세요?"
 사무적이면서도 카랑카랑한 목소리다. 언제 어디서 만났던 사람이라고 우선 내 소개를 하니 다행히도 나를 알아보는 그녀에게 다짜고짜로
 "차우 씨, 병원에 입원하셨다고 생각하시고 한 30분만 제 말을 들어주세요, 후회하지 말고요."
 그녀는 어리둥절하더니 승복하는 것이다. 전화로 구원의 교리를 가

르쳐 보기는 처음이었다. 그녀는 전화를 통해서 복음의 소식을 듣고 자신이 죄인임을 인정하면서 주님을 믿는다고 했다. 저녁때 다시 만나 성경구절을 일일이 찾아 읽어 주면서 "하나님께서 몹시 급하셨던가 봐"라고 말했었다.

그후 두 달이 지난 어느날 우체부가 놓고 간 편지 한 통을 받아든 나는 깜짝 놀랐다. 차우 씨가 죽었다는 부고장이다. 그것도 뉴욕 퀸스 중심가 대동면옥 앞에서 길을 건너다가 달려오는 차에 치여 현장에서 숨졌단다. 교통사고의 우려로 평생 타지도 않던 자동차에 걸어가다가 치여 숨져버릴 줄 누가 알았겠는가?

장례식장의 관 앞에 선 나는 하나님께 감사를 드렸다. 이 영혼을 데려가시기 위해 그토록 다급하게 복음을 전하게 하신 것을 그제야 깨달았던 것이다. 만일 그때 성령님의 음성에 불순종했더라면 나는 지금 이 죽음 앞에서 얼마나 부끄러웠을까? 천하보다 귀한 생명을 찾으시는 하나님은 때때로 누군가를 쓰시려고 순종을 요구하신다는 사실이다. 그토록 오래 살아보겠다고 열심히 들고 다니던 손가방 속에 정수된 물과 현미밥의 주인은 어디에….

그후로 영혼을 향한 성령님의 탄식과 안타까워하심을 부인할 수 없었던 나는 전도지를 들고는 기차정류장, 다리밑, 기차 칸 등 사람이 많은 곳마다 찾아 다니지 않고는 견딜 수가 없었다. 밤늦게 전도지를 들고 뛰어 나가면 막내가 "엄마 속에 계신 예수님은 참 훌륭해요."라며 자신은 부끄럽다는 것이다. 후에 알고보니 막내도 매일 기도하며 한 장의 전도지를 학교 갈 때마다 가지고 가서 돌렸단다.

폭포수처럼 쏟아지는 구원의 소식, 한 영혼을 부르시는 성령님의 간절한 절규, 자신만이 구원받은 사실로는 그냥 있을 수가 없었다. 때로는 운전을 하고 가다가도 한국인이 보이면 후진을 해서라도 전도하지 않고는 견딜 수가 없게 하셨고 아무리 피곤한 상태로 지하철을 타도 졸 수가 없었던 것은 하나님께서 전도할 대상을 찾아 두리번거리게 하셨기 때문이다.

암으로 죽어가던 H여인의 병상에서 온 식구가 구원받는 역사가 일어났다. 환자를 둘러싸고 모든 사람이 사랑의 기도를 드렸다. "주님! 병상에서 고통받는 이들이나 자녀의 문제로 울고 있는 사람들, 사업으로, 죄로 인해 울고 있는 모든 사람들을 긍휼히 여겨주셔서 주의 사랑을 주소서." 이 기도는 나의 소원이었다.

H여인을 남편이 업고 교회에 나온 날은 앞자리에 담요를 깔고 H여인을 눕게 하고는 온 성도가 주께 돌아온 영혼을 반갑게 맞아 주었고 그녀는 후에 병원에서 천사같은 얼굴로 하나님 나라에 갔다고 전해 들었다.

성령님은 자아가 살아서 쉽게 좌절하고 넘어지며 악인의 형통마저 부러워하기도 하고 인내가 부족한 나의 무릎을 더 깊이 꿇게 하셨다. 연약하기에 하나님만 의지하게 된 이 큰 기쁨! 그분은 위대하시고 측량할 수 없는 사랑과 인내로 한없이 기다려 주시고 순종케 하셨다. 누구도 빼앗을 수 없는 이 기쁨과 환희와 평강을 다같이 누리고 싶다고 고백할 수 있는 것이 하나님의 은혜임을 아는가?

"가장 시간이 없을 때 시간을 달라!" "가장 가난할 때 재물을 달라!" "가장 심신이 피곤할 때 나를 달라!" 시는 주님은 십자가의 보혈로 먼저 우리에게 보여 주셨다. 예수님 안에서만, 말씀 순종 속에서만 이 큰 행복이 있는 것을 나같은 죄인이 실감하다니….

지옥 형벌을 면한 구원의 기쁨이 있다면 어찌 전도하지 않을 수가 있단 말인가? 지옥의 불 속에서 부르짖는 소리가 무엇일까? 아마도 이제는 회개하고 예수님을 믿을 테니 제발 이 불 속에서 건져 달라는 비통한 절규일 테지만 주님은 이미 때가 늦었다고 대답하신다. 그러면 제발 죽여 달라고 부르짖는 영혼을 향해 주님은 지옥에서도 영원히 살아야 한다고 대답하실 것이다.

불에 타다 몸에 뼈만 남아 소금 튀듯 고통에 못이겨 죽을 수조차 없는 그들은 미친 듯 고통스러워하며 부르짖기를 '그러면 제발 나의 가족과 형제, 나의 친족 그리고 내가 아는 사람들이 이곳만은 오지 않게 해 달라고' 호소한다. 그들도 살았을 때 복음을 전해 들었지만 믿지 않았다. 혹은, 내일 내일 하며 미루었을지도 모른다. "그러나 두려워하는 자들과 믿지 아니하는 자들과 흉악한 자들과 살인자들과 행음자들과 술객들과 우상 숭배자들과 모든 거짓말하는 자들은 불과 유황으로 타는 못에 참예하리니 이것이 둘째 사망이라."(계 21 : 8) 생명있을 동안에 주님을 영접시키기 위해 오늘도 성령님은 우리를 부르시고 있는데 언제까지나 "나 하나쯤이야"라고 할 것인가?

**너는 내일 일을 자랑하지 말라
하루 동안에 무슨 일이 날는지 네가 알 수 없음이니라.**
잠 27 : 1

 3부
고난 가운데 만난 하나님

고난의 강

세번째 시작한 건강식품(Health food) 상점은 우리가 사는 곳에서 한 시간 이상이나 차를 타고 달려야 했다. 한 시간이 넘는 출·퇴근 시간이 가져다 줄 내 마음의 즐거움을 생각하니 즐거운 비명이라도 지르고 싶은 심정이었다.

차가 집 앞을 떠나 굴러가기 시작하면 우리 부부는 예배를 드리기 위해 숙연해지고 고속도로에 오르자마자 사도신경을 외우기 시작한다. 그날의 잠언을 읽고 은혜받은 말씀을 서로 나누며 릴레이 기도를 시작하다 보면 어느새 얼굴은 눈물로 젖어 얼룩진다. 개미처럼 열심히 일해서 하나님 아버지의 효자, 효녀가 되겠다는 마음으로 흥분된 우리는 기도가 끝나면 손을 들고 "할렐루야!"를 외치곤 했다.

가게 끝 쪽을 베니어 합판으로 막아 사각형의 조그만 기도실을 마련했다. 무릎을 꿇고 앉으면 볼 수 있는 눈높이에 기도 제목을 써붙여 놓고 환자들을 위한 중보와 믿음의 형제들과 교회와 주의 종들과 조국과 세계 선교에 이르기까지 모든 기도 제목에 정성과 마음을 담아 2시가 되면 무릎을 꿇고 기도를 시작한다.

못자국 난 주님 발 앞에 엎드린 현대판 막달라 마리아의 환난중에 누리는 구원의 감격과 고통중에 고통을 나누는 중보의 기쁨을 누가 알 것인가? 나는 그분의 종이요, 그분은 나의 주인이시라!

기도실 구석에 만들어 놓은 두 개의 헌금통! 하나는 선교헌금이라 써놓고 또 하나는 건축헌금이라고 써놓았다. 매일 첫 매상은 선교헌금통에 넣고 마지막 매상은 건축헌금통에 넣으며 아기를 끌어 안듯 두개의 헌금통을 끌어안고 무릎을 꿇고 흐느끼던 기도실은 결국 주의 종들을 잉태한 산실이 되었다.

하루를 예배로 시작하고 예배로 끝내며 날마다 주인이신 주님께 일일이 보고 드리고 하루를 마치면서 행여나 죄를 짓지나 않았을까 자신을 살피고 살얼음 디디듯 주의 목전에 몸부림치며 이 모든 것이 주의 은혜임을 알게하신 성령님께 감사를 드리며 하나님의 약속을 붙들었다. "나의 하나님이 그리스도 예수 안에서 영광 가운데 그 풍성한 대로 너희 모든 쓸 것을 채우시리라."(빌 4 : 19) "내가 네 앞서 가서 험한 곳을 평탄케 하며 놋문을 쳐서 부수며 쇠빗장을 꺾고 네게 흑암 중의 보화와 은밀한 곳에 숨은 재물을 주어서 너로 너를 지명하여 부른 자가 나 여호와 이스라엘의 하나님인 줄 알게 하리라."(사 45 : 2-3) "우리 주 예수 그리스도의 은혜를 너희가 알거니와 부요하신 자로서 너희를 위하여 가난하게 되심은 그의 가난함을 인하여 너희로 부요케 하려 하심이니라."(고후 8 : 9) 매일같이 이 약속의 신실하신 3가지 말씀을 붙들고 울었다.

그 가게를 살 계획으로 일일 매상을 체크하기 위해 큰아들과 함께 출근하여 지켜보았을 때에는 하루 매상이 1,000달러쯤이었던 것이 막상 가게를 사고 나니 첫날부터 120달러로 떨어지더니 계속해서 최저 90달러부터 최고 320달러 이상을 넘어가지 않아 전 가게 주인에게 물어 보니 그럴 리가 없다며 일축해 버리는 것이다. 뉴욕의 많은 가게들이 가게를 팔기 위해 매상 체크를 하는 동안에는 친척이나 혹은 사람들을 사서 매상을 올리게 한다는 말이 유언비어가 아니었구나 하는 생각이 들면서 가게 계약을 위해 양쪽 변호사와 함께 앉았던 자리에서 우리쪽 한국 변호사가 벌떡 일어서더니 "이것 계약하지 말아요. 계약하지 말라구요!"라며 흥분해 소리치던 일이 생각났다. 하여간 전 가게 주인이 속였다 해도 또 변호사를 통해 막으셨다 해도 이 사업은 우리가 건너야 할 고난의 강이요. 강 건너에 예비하신 일이 있었다는 사실이다.

89년 10월 7일, 가게문을 닫고 막내와 함께 "만일 전 주인이 속였을지라도 그를 용서하고 사랑하게 해 주세요"라고 기도했다. 전 주인을 축복하는 막내의 기도를 어찌 하나님 아버지가 아니 들으시랴! 마음은 조용한 물결같이 고요하게 하나님 아버지를 향하고 눈에는 눈망울 같은 눈물이 달렸다.

세월은 흐르고 집세, 가게세가 밀리기 시작했고 전화도 끊어지고 전기도 끊긴단다. 곗돈이 늦어졌단 소문이 났는지 빌려준 돈을 날짜도 되기 전에 너도 나도 급히 필요하다며 내어 놓으란다. 벌집 쑤시듯 이곳 저곳에서 다그치는 소리, 부도난 수표들이 쌓여 소리를 지른다. 매상을 올려 보려고 건강 식품 옆에 자연 식품을 조금 곁들여 보았지만 팔다 남은 두부 한 박스만이 상품이 줄어들고 있음을 증명하듯 외롭게 자리를 지킨다.

얼굴도 형체도 없이 거만하게 우뚝선 골리앗이 너털 웃음을 웃으며 소리친다. "이젠 넌 망했어, 망했다구! 너에게는 이런 고통만이 계속될 꺼야! 좋은 날은 결코 없어! 없다니까…" 사단은 항상 믿는 자의 고난 속에서 소망을 꺾어버리고 고난이 계속될 것처럼 소리를 친다. 식욕을 잃은 채 무릎을 꿇고 예수님의 이름을 부른다.

"오, 주님! 사랑의 주님! 능력의 아버지여! 이 고통중에도 십자가의 보혈로 이 초라한 마음을 뜨겁게 적셔 주시니 감사합니다. 내 진정 복음을 위해 이 고난의 깊은 강을 철없이 주님 손에 붙들려 갑니다. 니느웨로 토해 낼 물고기 뱃속이 어둡고 끈적이지만 주님의 용서와 사랑의 손이 너무 부드러워 살며시 웃어 봅니다."

어느날 첫 매상이 38달러였는데 기쁨으로 선교헌금통에 넣었다. 가게에 이따금 파리 한 마리가 돌아 다니는 것을 보고 "그래 파리야, 손님 없는 가게에 너라도 찾아주니 고맙구나. 너는 비록 밥상에서 기생충으로 생을 살지만 빚은 없겠지?" 말을 잃어버린 우리 부부는 서로의 눈마저 마주치지 않으려고 애쓴다. 눈과 눈이 마주치면 곧 눈물이 터질 것만 같다.

아이들 학비 뒷바라지는커녕 이자 갚기도 힘들어 피가 마르고 뼈가 삭는 소리가 심혈 속에 파도치는데 이미 시간은 문닫을 시간이다. 한 손님이 들어와 물건을 주섬주섬 담더니 계산대 위에 올려 놓고 계산하니 49달러였다. 손님이 가고 어두움은 찾아 왔으나 누가 먼저 문닫자는 말을 하지 않는다. 문닫기 전에 마지막 매상을 건축헌금통에 넣어야 하는데 그러면 오늘은 중간에 들어온 몇 달러를 가지고 돌아간단 말인가? 행여나 1달러짜리 한 사람이라도 더 들어 온다면 마지막 매상 1달러를 쉽게 건축헌금통에 넣고 49달러를 가져가고 싶었다. 기다리는 손님은 찾아오지 않은 채 어둠만이 성큼성큼 다가왔다.
"여보 문 닫읍시다." 결국 남편이 입을 열었다.
"조금만 더…."
울음이 섞여 말을 흐리는 나의 심중을 남편은 아는지 침묵이 흘렀다. 얼마 후 말없이 셔터를 내리는 남편의 뒷모습이 왜 그리도 쓸쓸한지….
기도실로 뛰어든 나는 손에 있는 49달러를 헌금통에 집어넣는 순간 그만 무릎을 꿇고 터지는 눈물을 삼킬 수가 없었다. "하나님 아버지 난 이래요. 난 1달러짜리 손님을 기다려 49달러를 챙기고 싶었다구요. 그리고 헌금통에 돈이 들어가는 것이 아까웠다구요. 가난이 날 이렇게 만들었는지, 원래 나 자신이 요것밖에 안되는 신앙인인지 난 몰라요. 주님의 용서와 사랑을 힘입지 않고는 살 수가 없다구요." 어린애 같이 흐느끼던 눈물! 가난이 싫었으나 가난을 떠나라는 하나님의 명령은 언제나 내리실지….
날아가는 비행기를 보면 저 사람들은 비행기표 살 돈이 있구나! 식품을 사면서 수표를 내미는 손이 얼마나 부러운지… 수표도 신용 카드도 우리에게는 선망의 대상일 뿐 이미 우리와는 멀고 먼 잊혀진 것들이다. 가난하면 먹고 싶은 것이 왜 그리 많아지는지 꼭꼭 집어둔 2달러를 손에 들고 식품점 구석에 선 나는 무더기처럼 쌓인 햇밤을 바라보며 침을 꿀꺽 삼키며 가격을 보니 1kg에 7달러이다. 자신도 모르게 중얼거렸다. "아버지 밤이 먹고 싶어요." 살 돈도 없고 있어도 살 수도 없구!
언제부터인가 사람과 말하기 보다는 주님과 말하는 것이 더 좋았다. 허름하고 초췌한 외모로 혼자 중얼거리는 나를 행인들이 실성한 사람을 쳐다보듯 보고 지나가는 모습에 나는 쓴웃음을 지었다. "그래 나는 미쳤어, 미쳤다구! 이왕 미칠려면 아예 예수님께 철저하게 미치게 해

주세요."라며 기도한 적이 한두 번이 아니다.

  콩나물을 사들고 식품점을 나서는 나의 머리 속에는 큼직한 밤송이가 지워지질 않는다. 그날 밤 수요예배를 드리려고 교회문을 막 들어서는 순간 누군가가 헐떡이며 따라 붙는다.

  "저 이것 집에 가서 드세요." 가난 속에 받는 연습도 퍽이나 익숙해진 나는

  "고마워요."

  대답과 함께 받아 들었다. 묵직한 무게를 느끼면서 '무얼까?' 하는 생각에 잠겼다. 그 여집사는 우리에게 많은 도움을 준 잊을 수 없는 믿음의 여인이다. 집에 돌아온 나는 감사한 마음으로 보퉁이를 풀었다.

  "어머! 하나님 아버지 밤이 아니예요? 밤! 이것 밤이예요!" 그렇게 먹고 싶었던 밤이다. 눈물을 글썽이는 나를 보며 이유를 모르는 남편이

  "왜 그렇게 놀래?"

  "여보! 하나님 아버지가 내 기도를 들으셨어 내 기도를…."

  자초지종을 듣던 남편과 흥분한 나사이에 다시금 클로즈업된 "좋으신 하나님"이다. 주님은 우리 곁에 늘 계시건만 그리고 늘 하시는 말씀은 "두려워 말라 내가 너를 도와 주리라."

  무지한 자신을 나무라며 환난중에 더욱 하나님께 효도를 다짐했던 일이다. 중얼거리는 말 한마디도 듣고 이루시는 그분! 우리의 신음에도 응답하시는 그분이 우리 구주 예수이심을 아는가? 성령의 은혜가 아니면 도무지 깨닫지 못하는 우리!

      두려워 말라 내가 너와 함께 함이니라.
      놀라지 말라 나는 네 하나님이 됨이니라.
                                사 41 : 10

아주 심히 많은 양을 소유한 부자가 가난한 자의 하나밖에 없는 양을 빼앗아 그 한 마리로 잔치의 희생양을 만들려 한다더니 우리 가게 건물주를 두고 한 말인 모양이다. 그가 소유한 건물 부동산이 엄청나다고들 한다.

내가 어린시절 그려보던 이야기 속의 구두쇠 신기묘상수 같다. 뻘끟고 땀구멍이 숭숭난 코주부 코에 부리부리하다 못해 유난히도 큰 눈이 무섭기도 하고 바보같기도 하며 욕심의 핏발이 서려 불쑥나온 오뚝이 배는 마치 "너희 신은 배요"라고 한 하나님의 말씀을 연상케 한다.

그의 생김새로 그를 지으신 하나님을 괴롭게 해드릴 이유도 없고 생김새가 무슨 죄랴만은 생김새대로 사사건건 물고 늘어져 돈을 요구하면서 멀쩡한 간판을 떼어버리고 프레임(Frame : 철근뼈대)조차 버려놓고 돈을 요구하기를 아예 몽땅 내놓으란다. 속성현상 사진기 놓는 것도 처음엔 허락하더니 다음날은 변덕을 부리며 결국은 또 돈을 뜯어간다.

하루만 임대료가 밀려도 종일토록 삐꺽이는 문을 열고 들어와 버티고 서서 마냥 내 놓으라는 것이다. 빌어도 보고 달래도 보았다. "죽을 때 돈 가져가느냐? 당신은 정말 가난한 때가 없었는가?"라고 쏘아붙이고 싶었지만 그 육중한 이태리 사람을 당할 수가 없었다.

원치 않는 건물주의 출현이 잦아지자 신경쇠약이 걸릴 지경이다. '건강 약품, 건강 식품' 이름만 들어도 얼마나 좋은가만은 그곳 주민들은 모두가 건강해지기가 싫다는 것인지 아니면 담합하여 이방인 가게에는 안들어오겠다는 것인지 하여간 망하게 하시려는 하나님의 집요하신 경고는 오직 "손들어!"이 석 자 뿐인가 보다.

하나님의 이 음성은 해산을 앞둔 여인의 아픔이라고나 할런지… 견디다못해 가게 한구석에서 김밥을 말기 시작했다. 동글동글한 캘리포니아 롤 일식초밥도 말아 보았다. 누구에게 묻기도 싫어 "아버지 가르쳐 주세요. 예쁘고 쉽게 마는 방법이 없나요?" 하여간 일식 스시(초밥)와 한국 김밥이 조금씩 숨통을 열어 주었다. 이따금 대여섯살짜리 한국 양딸을 데리고 오는 미국인에게 조국의 혈육을 맡아 준 것이 고마워 김밥을 건네주면 어린 아이도 맛있게 먹곤 하였다.

그날도 돌아서서 김밥을 말고 있는데 삐꺽이는 문을 열고 부인까지 대동하고 들어선 건물주가 의기 양양하게 배를 내밀고는 밀린 임대료를 독촉하는 것이다. 참아달라고 애원하는 남편의 간곡한 부탁은 비참하기 그지없다. 한치의 양보도 없는 건물주 앞에 서있는 남편은 곧 쓰러질 것만 같았다. 김밥을 말던 나는 "아니 죽을려고 환장했어? 해도 너무하잖아? 정말 죽을 때가 되었나보지? 죽어라 그냥!" 한국말을 못 알아 듣는 것을 천행으로 생각하면서 하나님이 드신 막대기를 마음껏 저주하고 미워했다.
　나는 또 막대기와 대적하고 말았던 것이다. "아니야, 찬양하자. 하나님을 찬양하자. 감사와 찬양만이 문제 해결의 열쇠가 아닌가?" 생각을 바꾸고는 밥알이 묻은 손을 번쩍들고 그들을 향해 돌아섰다. 그리고는 할렐루야 찬양을 부르기 시작했다. '할렐루야! 할렐루야! 할렐루야! 아멘…'
　천천히 또박또박 하나님께 찬양을 드렸다. 남편은 그들을 향해 묵묵히 서 있었지만 아마도 한마음으로 같이 찬양을 드렸을 것이다. 그들 부부는 눈이 휘둥그레지더니 부인이 자기 남편을 향해 무어라 말을 건네고 옷소매를 잡아당긴다. 그도 그럴 것이 별안간 손을 높이 들고 찬양을 드리는 나의 정신상태를 의심했는지 놀란 표정으로 슬그머니 뒷걸음을 치며 나가는 것이었다. 나가라는 말을 한마디도 하지 않았지만 찬양은 그들을 몰아냈다. 하나님께서는 비록 하루속히 하나님 앞에 손들게 하는 작업에 그들을 사용하셨으나 찬양을 받으시면서까지 우리 부부를 때리시기는 싫으셨던 모양이다.
　가게 뒷편 기도실에서 처음부터 끝까지 그 일을 지켜보던 막내가 성장해서 청년이 되었을 때 이렇게 웃으며 말한 적이 있다.
　"엄마 그때 그 건물주인이 임대료를 달라고 버티는 앞에서 어떻게 할렐루야를 부를 수 있었죠? 참 너무 웃겼어요 정말 멋있었어요!"
　막내는 우스워 못참겠다며 "엄마, 이렇게 하셨어요"라며 두손을 들고는 그때 엄마의 하던 일을 흉내내며 즐거워한다. 추억이 되어버린 일들이지만 하나님의 위대하신 능력이 하나님의 자녀들에게 임할 때마다 감사할 수 없는 조건이 무색해지는 것을 어쩌랴!
　다음날이다. 건물주가 별안간 모세혈관이 터져서 위급히 입원을 했다는 것이다. "뭐라구요? 모세혈관이 터졌다구요?" 다그쳐 묻는 나에게 남편은 "글쎄 그렇다니까…" 이게 웬 일인가? 어제 밀린 임대료에 부대끼다 못해 "아니 죽을려고 환장했어? 죽어라 그냥!" 하고 저주했던 말이 생각나서 고소한 생각이 들었다.

'그것봐라 너무 못살게 굴더니 수전노야 그것봐' 하는 마음에 통쾌하기까지 했다. 참 못되어 먹은 것이 인간이요 날 때부터 생각하는 것과 마음먹는 것이 악하다는 성경말씀! 어쩌면 하나님은 그렇게도 나를 잘 아실까? 아니 건물주가 중태에 빠져 있는데 승리감이 오다니… 오호라 곤고한 자여! 그날 아침 출근길 차안에서 예배를 드리는 나를 성령님께서 가만 두실 리가 없었다. 예배를 드리다가 눈물이 터져버렸다.

"아버지 용서해주세요. 그가 무슨 죄가 있나요 임대료를 제때 못받은 것만도 억울한데 소위 믿는다는 자에게 저주를 받고 모세혈관이 터져 중태라니요. 아버지 그를 살려 주세요 주님! 용서해 주세요 주님!"

울면서 매달리기를 사흘! 한 번 저주했다가 사흘을 통곡하며 회개해야 했던 일이다. 그리고 한 번 저주하고 수 없이 축복해야 했던 일이었다. 이렇게 힘든 곡예를 해야 할 줄 알았더라면 아예 축복이나 실컷 해버릴 것을….

주님께서 말씀의 대로를 앞에 펼쳐 주신 후 내딴에는 인생길을 바로 가기 시작한 줄 알았는데 슬픔은 기쁨으로, 고난은 인내로, 기도의 무릎으로, 성령님 능력의 치마폭에 싸여 사는 줄 알았는데 나는 아직도 미워할 자를 미워하고 저주했던 것이다.

쉽게 뱉어버린 믿는 자의 저주의 말까지도 이루어진다는 사실 앞에 사흘이란 회개의 몸부림이 있은 후에야 마음의 평안을 찾았고 그후로는 그 누구도 저주할 수가 없었다. 그래서 하나님은 원수를 사랑하라신다. 원수에게 사랑을 베풀면 그의 머리위에 숯불을 놓은 것 만큼이나 부끄러워하고 오히려 영혼이 사는 것을 깨닫는다.

사흘만에 건물주인이 기적적으로 깨어나 살아났음으로 주님의 응답을 체험했다. 며칠 후 핼쓱한 얼굴로 가게에 들어선 그는 순한 양이 되었다. 입을 꼭 다문 채 우리가 얘기하는대로 고개만 끄덕이며 내일 오라고 해도, 좀 늦는다고 해도 끄덕끄덕. 하나님께서 그의 입을 봉해 버리셨나보다.

사자의 봉해진 입이 다니엘을 삼킬 수 없었듯이 그는 그후 일년간 한 번도 우리를 괴롭힌 적이 없었다. 늦으면 늦는대로 밀리면 밀리는대로 글자 그대로 입다문 사자처럼 순한 양을 만드셨던 우리 하나님이 고난 중에 우리에게 베푸신 은혜였다.

곗날이다. 계를 탄지가 일년 반이 넘었는데 그동안 하나님의 은혜로 곗돈만은 잘 감당해 왔으나 그달에는 반밖에 마련을 못해서 현금 1,000달러와 수표 1,000달러를 들고 집을 나섰다.

"최선을 다했으나 이것밖에는 마련하지 못했어요. 죄송하지만 조금 참아주세요?"

누가 들을까 조심하며 계주에게 밋꺼게 내밀었다. 평상시에 간드러진 웃음과 정에 넘친 표정으로 브라질에서 보증을 서 달라며 공손했던 모습의 그녀는 아니다. 눈가의 싸늘한 냉기가 전율처럼 번져 마음을 꼬집으며 휙 돌아선다.

과연 난 언제부터 타인에게 지렁이같은 존재가 되었는가? 울컥 마음에 와닿는 아픔에 눈시울을 붉히면서 하나님이 낮추고자 하시기에 여호와 앞에 잠잠히 기다리는 마음으로 자신을 가누며 버티고 서있었다.

"어떻게 지냈어?"

브라질에서 형님같이 지내던 분이 지나치려다 다가서며 묻는다.
"면목없습니다. 새해 인사도 못드리고…."
"무슨 일이 있어?"
"실은 곗돈을 다 못해와서…."
"그래? 내가 해줄께."
서슴없이 책임지겠단다. 사랑을 담은 말에 가난으로 딱딱해진 마음의 긴장을 풀자 그만 그녀를 붙들고 울고 말았다.
"집사님 울지마! 난 집사님만 보면 은혜를 받아 하나님 뜻대로 살려고 애쓰는 그 모습 말이야. 다 잘될거야, 잘 되고 말고…."
뺨을 대고 부비는 그 뜨거운 용광로가 주님의 품안처럼 느껴졌다. "너의 길을! 너의 짐을! 너의 모든 행사를 주께 맡기라. 그리고 여호와 앞에 잠잠히 기다리라"는 말씀을 의지하고 이층 계단에 서서 계주를 위해 축복기도를 드렸다.
삶을 말씀으로 수놓아 가리라 다짐하며 그곳을 떠났다. 애쓰고 힘써도 계속되는 어려움 속에 중얼거려 본다. "하나님 참 답답합니다. 함께 망신 당하시렵니까." 대답이 없으시다. 원수들이 머리를 짓밟으며 뼈가 썩는 근심을 몰아오고 조롱하는 얼굴들의 이그러진 징그러운 웃음들이 앞에 있건만 왜 주님은 가만히 계신단 말인가? 마음의 뚜껑을 온통 보혈로 뿌려주시면서 쓰시겠다는 주님! '잘 될거야!' 그녀가 한 말은 곧 주님이 하신 말씀임을 나는 다시 마음에 새겼다. "할렐루야!"

> 너희를 위로하는 자는 나여늘
> 나여늘 너는 어떠한 자이기에 죽을 사람을 두려워하며
> 풀같이 될 인자를 두려워하느냐.
>
> 사 51 : 12

병원 화장실 기도사건

주님! 저는 제가 싫습니다. 저는 제가 할 수 있는 것이 하나도 없습니다. 불평 불만 짜증스런 일을 피하려고 근육을 움직여 웃어보려 했습니다. 마음도 얼굴도 웃는 연습하려고 애쓰면 애쓸수록 더욱 더 실패의 수렁으로 빠져들곤 합니다.

원하는 선을 행치 못하고 원치 않는 악을 행하려는 마음속의 갈등을 보면서 자신을 깨고 주님앞에 바로 살고 싶어서 적막한 밤에 주의 전에 엎드립니다. "나를 보게 하옵소서" 어느날 밤! 성령님께서 기도 중에 고린도전서 13장을 거꾸로 읽어보고 불러보라는 것이다.

"그것이 너의 모습이란다." 조용히 "사랑은 언제나 오래참고"란 찬양 곡에 맞추어 거꾸로 부르기 시작했다. "저는요, 때때로 오래참지 못했어요. 저는요, 때때로 온유하지 못했어요. 저는요, 때때로 시기도 했었어요. 자랑도 교만도 했었어요. 저는요, 때때로 무례히 행했어요. 자신의 유익만 구했어요. 저는요, 때때로 성냈어요. 진리와 함께 기뻐하지 못했어요."

마음깊이 숨어있는 죄성을 보며 나는 얼마나 오열하며 하나님 앞에서 회개의 눈물을 흘렸는지 모른다. 주님 앞에 자신을 드러내며 솔직할 수 있는 이 큰 기쁨! 사죄의 은총! 나의 허물을 주머니에 봉하시고 나의 죄악을 싸매시는 주님의 보혈로 온몸과 마음을 씻으며 나는 주님의 보혈 때문에 이렇게 진심으로 고백할 수가 있었다.

"사랑은 모든 것을 감싸주고 바라고 믿고 참아내며 사랑은 영원토록 변함없네 믿음과 소망과 사랑은 이 세상 끝까지 영원하며 믿음과 소망과 사랑 중에 그중에 제일은 사랑이라."

주님은 보혈의 은혜로 포근히 안아주시며 속삭여 주시는 것이다. "네가 얍복강 이전에 야곱이었을 때도 얍복강 이후에 이스라엘이 되었을 때도 난 한 번도 너를 포기한 적이 없었단다." "너의 이름이 무엇이냐?"고 물으시는 주님께 "저의 이름은 야곱(신숙자)"이라 대답했다.

지난날 자신의 죄상과 인격을 폭로하고 고백하며 회개하던 야곱의 얍복강이 나의 것이 되던 밤! 그밤은 모태에서 태어난 순간부터의 모든 죄악을 기억하려고 성령님께 매달리던 밤이다. "너는 내 것이라." 주님은 죄악에 썩은 내 육신을 쓰시겠단다. 십자가 보혈의 증거라고 주님이 쓰시겠다는 그밤에서야 비로소 내 자신을 사랑하게 된 것이다.

주님이 소중히 여겨주신 자신이 얼마나 귀하고 중한 것을 알고서 자신을 싫어한 죄까지도 회개할 수 있었던 밤이 된 것이다.

환경이나 무능한 자신을 바라보다가 좌절하고 쓰러졌던 나에게 생수와 같은 새 힘을 부어주신 주님은 죄 때문에 살 소망조차 끊어진 듯한 그때에도 연약하기에 쓰시겠다며 철야기도회 인도를 맡기시는가 하면

월례회마다 말씀을 맡기시고 산상금식기도회 헌신예배에도 불러 주셨다. 내가 겪은 고통과 같은 종류의 고통을 당하는 이들에게 용기를 주시려고 이곳 저곳에서 불러 함께 울고 함께 웃으며 저마다 지나는 광야를 단축시키는 작업에 동역하게 하시므로 크리스천이 당하는 고난은 복음을 위한 것이라고 말씀하시는 것이다.

주님도 고향에서는 사랑을 받지 못하셨음에도 불구하고 흠과 티로 얼룩져 형편없이 지쳐있는 나에게 본교회 산상 기도회를 맡기셨다. 성령의 뜨거운 열기가 가득찬 현장에서 눈물과 땀으로 흠뻑 젖어있는 성도들이 둘씩 짝지어 부둥켜 안은 채 서로를 위하여 기도했다. 미움도 무관심도 시기도 질투도 미련없이 던져 버리는 사랑으로 하나되는 순간이었다.

온통 죄가 다 타버리는 풀무 그대로였다. 위로를 주고 받고 사랑을 주고 받는 작은 천국이며 서로를 상대에게 던져주는 아름다운 한폭의 그림 같았다. 서로의 아픔은 나누어 연기처럼 사라지고 서로의 기쁨은 나누어 눈덩이처럼 불어 났다. 나는 췌장암으로 죽음 직전까지 갔던 S 집사를 껴안고 감사와 감격에 찬 눈물로 기도하고 있었다.

그 여집사는 얼마 전끼지 병상에서 사경을 헤맸었다. 병원에 입원하게 된 것은 온몸과 눈동자까지 치자색을 들여 놓은 듯 심한 황달 때문이었다. 병원에 입원한 그녀의 병이 단순한 것이 아니었음을 확인한 것은 개복 수술을 담당한 의사에 의해 알게 되었다.

병원 휴게실에서 안타깝게 기다리고 있던 교회식구들 앞에 수술을 시도했던 담당의사가 수술가운과 수술장갑을 그냥 낀 채로 황급하게 보호자를 찾아 나타난 것이다. 책임지지 못하겠다는 말을 하며 무척 불안해 하는 모습에서 위험을 직감한 교회 식구들은 어쩔줄 몰라 망설이는데 순간 나는 "기도해야지 기도! 하나님은 하실 수 있어."하는 생각에 기도할 곳을 찾아 두리번거리다가 다급한 나머지 비좁은 화장실로 들어섰다. 병원 화장실치고는 그리 깨끗하지가 않아 불결하고 지독한 냄새가 코를 찔렀지만 그녀를 위해 기도를 해야 한다는 마음을 돌이킬 수 없었다.

화장실 한 구석에 신발을 벗어놓고는 창가 시멘트 바닥에 무릎을 꿇고 앉았다. 평소 차가운 듯 하면서도 아름답고, 냉기가 도는 듯 하면서도 부드러우며 말이 별로 없던 S집사의 얼굴과 치자물을 들여 놓은 듯 죽어가며 수술대 위에 누워있을 그녀의 얼굴이 번갈아 보였다.

올망졸망한 그녀의 어린 자녀들을 생각하니 불쌍해 견딜 수가 없었다. "살아야 해. 그녀는 꼭 살아야 해." 나는 엎드려 울기 시작했다. "아버지, 살려 주세요. 어린 것들을 두고 갈 수는 없어요. 살려 주세요. 고사리 같은 어린 것들이 기도하는 모습을 보세요." 눈물과 땀에 젖어 간구하는 나의 음성은 떨렸고 울음소리가 점점 커졌다.

얼마나 되었을까? 어깨를 가볍게 두드리는 손을 의식했으나 기도를 그치면 그녀가 죽을 것만 같아서 기도를 그칠 수가 없었다. 이어 굵은 남자의 음성이 들리더니 어깨를 세게 흔들어 대는 것이다. 어느 동양인이 신발을 벗은 채로 화장실 구석에 엎드려 울고 있다는 신고에 경찰이 출동해서 정신이상을 확인하려고 'Are you OK?' 를 연발하는 것이었다. 교회 성도가 위급해서 기도하고 있었다고 했더니 신발을 신기고 일으켜 세워 여자경찰은 왼팔을 잡고 남자경찰은 오른쪽을 부축한 채 끌어냈다.

들어갈 때는 느끼지 못했던 부끄러움에 얼굴이 확 달아올랐지만 그 사건으로 인해서 교회 식구들 모두가 기도할 곳으로 인도된 것이다. 경찰에게 끌려오는 나를 보고 남편이 "또 무슨 일이냐."며 다가섰다. 나의 설명을 들은 남편이 경찰에게 설명하자 경찰이 병원 예배실로 인도해 주었다. 그제서야 마음놓고 부르짖으며 합심 기도와 신유찬송 528장과 530장 그리고 할렐루야로 찬양할 수 있었다.

어린아이처럼 용서를 빌고 있는 그녀의 남편 K집사의 절규는 우리 모두를 울렸다. 하나님께서는 우리의 기도를 통해서 그녀를 살리시길 원하셨기에 화장실 기도 사건을 일으키셨고 결국 그녀는 "그가 채찍에 맞음으로 우리가 나음을 입었다"는 말씀을 체험하고 어깨가 굽고 허약했음에도 불구하고 살아났던 것이다.

나중에 여전도회 회장으로 많이 충성했던 S집사의 어깨 위에 놓여있는 내 손을 살며시 잡는 손이 있었다. 누군가가 내 손에 반지를 끼워주고 있었다. 반짝이는 다이아가 박힌 진주 반지다. 함께 오셨던 몸집이 작은 할머니께서 딸에게도 안주신 것이라고 하시면서 받은 은혜에 감사하다며 끼워주고 싶더란다.

나같은 죄인을 충성되이 여기신 주님의 선물! 더욱 사랑하고 충성하라고, 더욱 기도하고 더 많은 영혼을 사랑하라고… 나는 반짝이는 진수를 보며 이렇게 중얼거려본다. '모없이 둥글고 빛나는 진주야! 너야말로 모없는 주님의 사랑 닮았구나! 나도 너처럼 둥글어 사랑의 끝이 없었으면 얼마나 좋으랴!'

> 구하라 그러면 너희에게 주실 것이요.
> 찾으라 그러면 찾을 것이요
> 문을 두드리라 그러면 너희에게 열릴 것이니.
> 마 7 : 7

산산이 찢어진 이름 "교만"

홀로 살고 있는 여인이 울고 있다. 위로는 하나님을 향해, 아래로는 우리 부부의 손을 부여잡고 하염없이 울고 있다. 그녀가 홀로 고국땅을 떠나 미국 뉴욕에 도착한지 10여 년! 법적지위가 주어지면 만나자던 가족과의 약속이 약속으로 끝나버린 것은 그토록 서로 만날 날을 고대하던 남편이 먼저 세상을 떠나 버렸다는 자녀들의 소식과 동시였다.

그들의 숨겨진 숱한 사연을 누가 알겠는가만은 내일을 자랑치 못할 인간의 아픔 속에서도 산 자의 목숨은 모질어 영주권을 받고나니 사랑하는 남편은 세상을 떠나고 결혼예식도 치루지 못한 채 고국에서 살고 있는 딸에게 죄의식과 아픈 마음을 안고 달려가서 늦게나마 조촐한 잔치를 치루어 주겠다는 소박한 소원이 그녀에게 있었다.

그녀는 6·25전쟁시 청주 피난시절에 나의 남편과 같은 교회 고등부

학생이었다. 하필이면 우리가 겪고 있는 하나님 아버지의 강훈련 속에 그녀가 함께 참여해야만 하는가? 그녀가 우리를 돕기 위해 빌려준 돈! 그 돈을 우리가 돌려주어야만 고국에 갈 수가 있었다.

고아와 과부를 돌아보는 삶이 아닌 오히려 도움을 받고 살아야 하는 우리 부부는 일찍 일어나고 늦게 누우며 수고의 떡을 먹어도 아무 것도 할 수 없음을 인정하고 또 인정하면서 곪아 터지는 가슴을 달래야만 했다. 후에 하나님께서 하늘문을 여시고 아무리 부어 주신다 해도 결단코 교만할 수 없으며 내 힘과 능력으로 얻었다고 할 수 없음을 배우는 데 이토록 많은 사연과 세월이 필요한 것일까?

하늘을 우러러 보지만 침묵하고 계신 하나님! 늘 주님의 침묵을 닮고 싶었던 나! 수치와 멸시 침묵하시는 평화의 주님을 얼마나 닮고 싶어 했던가? 그러나 과부의 손을 외면하지 않으신 주님이 실마리조차 풀 수 없는 칠흑처럼 캄캄한 이때에도 침묵하고 계심은 어쩜인가!

그녀의 손이 채워지고 환하게 웃는 얼굴을 상상해 보면서 금식 철야 기도는 물론 전도지를 들고 거리로, 전철을 타고 헤매어도 보았고, 몸 된 교회 부엌 설거지물에 손 담그며 지친 몸으로 봉사하면서 바느질 부업까지 열심히 해보았지만 뚫어 놓으신 구멍을 막을 길이 없었다.

그녀가 요구한 날짜가 하루하루 다가오건만 주님은 여전히 침묵하고 계시는 것이었다. 그녀를 생각하면 나는 도저히 따뜻한 침대에 등을 대고 잠을 잘 수가 없었기에 텅빈 교회당 찬바닥에 엎드리어 기도한지 21일! "아버지여! 이번만은 무너져 내릴 것 같아요! 과부의 눈에 눈물을 흐르게 한다면 전 정말 무너져 버릴 것만 같아요. 아버지 도와 주세요!"

밤마다 울어댄 눈이 퉁퉁 부어 가라앉을 새도 없이 드디어 89년 9월 20일 그녀와의 약속한 날이 오고야 말았는데 빚갚을 돈은 준비하지 못했다.

"여보, 오늘인데 어떻게 하지요? 우리 찾아가요. 찾아가서 그녀에게 사정해 볼께요."

남편의 침통한 표정에서 어린시절 한 교회 소녀였던 그녀가 당한 불행 앞에 도와주지는 못할망정 오히려 피해의 돌을 던지게 된 자신의 부끄러움과 초라함에 비참한 그늘이 역력했다.

"여보.하나님이 우리를 낮추시는 날이예요. 건너야 할 강이예요. 같이 갑시다."

내가 서둘러 전화를 걸었다.

"집사님, 어떻게 하지요? 돈이 아직 마련이 안되었어요."

말이 떨어지자 숨이 막히는 듯한 신음소리를 내며 울음을 터트렸다. 나도 울고 그녀도 울고….

"집사님, 지금 갈께요."

어떻게 하면 그녀의 아픔을 내가 질 수가 있을까? 달리는 차 속에서 나는 가슴이 터지는 듯한 통증을 느끼며 입술이 타 들어가기 시작했다. 초인종을 누르고 들어서서 그녀 앞에 죄인인양 고개숙여 울고있는 나의 모습과 담요를 들고 섰던 그녀가 먼지를 털면서 울어대던 모습을 누군가 보았다면 함께 울었을 것이다.

과부의 눈에 눈물내고 살 자신이 없어 나도 모르게 5층 난간을 향해 걷기 시작했다. 나는 자녀들에게 등록금은 물론 밥값에 인색해야 했을 때도 죽음의 유혹만은 쉽게 물리쳤건만 그녀의 눈물 앞에서만은 자신을 가눌 힘이 없었다.

'차라리 죽어 버리자‥‥.' 두세 걸음만 더 디디면 떨어질 수 있는 거리까지 왔으나 그 순간 기둥에 걸려 있는 새까만 전화기가 눈에 띄었다.

하나님께서 순간적으로 나의 눈을 전화기에 고정시켜 주셔서 죽는 것마저도 주님의 손에 있음을 깨닫게 하셨다.

눈물에 젖어 뿌옇게 보이는 다이얼 숫자를 더듬어 이따금씩 한밤중에 기도하러 왔다가는 함께 울어주던 S집사의 집에 다이얼을 돌렸다. 말없이 울어대는 울음소리에 그녀는 무슨 불상사가 일어난 줄로 알았단다.

우는 이가 누군지 알아차린 그녀는 "걱정 말아요. 내가 해 줄께요. 내가! 내일 저녁에 해 줄테니 울지 말아요!" 그 집사도 어느새 울고 있었다. 죽음의 위기에서 숨통을 뚫어 놓으신 주님은 드디어 과부의 눈에 눈물을 그치게 해주신 것이다.

S집사를 들어 응답하신 하나님! 그러나 며칠이 안되어 3개월 후에 달라면서 위기를 면케 해 주었던 5,000달러를 한달 후에 돌려달라며 S집사는 어렵게 입을 열어 부탁했다. 엉겁결에 도와는 주었지만 되는 것이 없는 우리를 믿을 수가 없었는지도 모르는 일이었다. 나는 그에게 "하나님이 쓰셨으니 하나님이 갚으실 겁니다."라고 대답했다. 불신자가 들었다면 제정신이 아니라고 할 대답이었지만 늘 "나는 당신의 제자야!" 라던 S집사는 범사에 하나님을 인정하는 믿음의 여인이라서 그 말의 의미를 알고 있었다. 그녀는 언젠가 이런 말을 했었다.

"당신은 잘 되어야 해. 당신이 잘 안되면 나같은 사람은 시험든다구. 그렇게 금식을 밥먹듯하며 매달리는데 되는 것이 없잖아? 그리고 주제 파악 좀 하라고, 그렇게 바쳐대다니…." 이런 농담을 할 수 있는 친숙한 사이요, 성경을 보다가도 이해가 안되면 늘 전화를 걸어오곤 했었던 사이였다. "나의 가는 길을 오직 그가 아시나니 그가 나를 단련하신 후에는 내가 정금같이 나오리라."라는 욥기 23장10절의 말씀이 없었다면 탄식과 앓는 소리가 물이 쏟아지는 것 같던 그때를 어떻게 지낼 수 있었으랴!

후에 우리를 높이시고 세우시고 회복시켜 브라질로 보내실 때 우리의 고난을 지켜보던 그녀가 남긴 한마디!

"정말 목사님댁을 보니 하나님이 살아 계세요. 정말 대단하세요. 이렇게 잘 되다니…."

못내 부러워하며 하나님을 찬양하던 그녀도 독실한 믿음의 여인으로서 온 가족을 구원했다.

막상 하나님이 갚으신다는 말을 남긴 내가 몸져 누워버린 날! 나는 하나님 아버지를 불렀다. "하나님 아버지! 어디 푸른 잔디 흐르는 시냇물. 아버지의 멋진 작품! 그림같은 어느 호숫가에서 그냥 쉬고 싶네요. 잔잔한 호숫가에서 주님과 내 마음이 휜돌처럼 뭉쳐서 퐁당퐁당 물속에 던져진다면 동그랗게 그려지는 주님의 마음에 누워 그냥 쉬고 싶네요. 물방울이 말갛게 솟구쳐 오를 때면 하나님 아버지! 영광 받아 주세요.

나 같은 인간도 아버지의 멋지고 둥근 작품을 만들기 위해 동원된 사람들이 안쓰러워 그냥 쉬고 싶네요. 아버지! 똑딱똑딱 아버지의 계획표가 시련이 또 닥쳤다고 알리고 있어서 그냥 쉬고 싶네요. 나를 위해 울어 주시는 주님 때문에 사랑하는 자녀들의 기도 속에서 둥글고 예쁘게 커가고 싶어서 잠시 그냥 쉬고 싶네요. 잔잔한 호수처럼 평안이 찾아왔어요. 주님!" 베갯잇을 적시며 얼마를 잤는지….

줄기차게 전화벨 소리가 울리기에 손가락을 꼽으며 세어 보았다. 한 번 두 번 세 번… 열 번이 넘어도 계속 울리고 있었다. 포기하지 않는 전화벨 소리가 하나님의 음성같이 들리는 것이다. 천근같은 몸을 일으켜 수화기를 들었다.

"여보세요?"

"나 L.A에 있는 S집사야. 잘 있었어?"

처녀시절 옆집 살던 그녀가 브라질 이민시절 이민 동기가 되더니 브라질을 떠났어도 늘 언니처럼 사랑해 주던 기억을 잊을 수가 없었는데 갑자기 일년만에 전화가 온 것이다.

"지금 달력에다가 한달 후 오늘 날짜에 체크 좀 해 놓고 와 응?"

"왜요?"

"많이 어렵지? 이 사람 저 사람들에게서 소식 들었어. 현지랑 다들 잘있지? 내가 한달 후에 5,000달러 해주고 싶어서 그래! 오늘부터 내 옷장속에 매일 100달러짜리로 차곡차곡 모아 놓을게. 그때 와. 그리고 나중에 현지가 의사 되거든 그때 갚아 알았지?"

정감어린 그녀의 솔직하고 사랑스런 마음! 눈물이 왈칵 쏟아졌다. 이것이 웬 은혜요. 기적인가? 누가 그녀의 마음에 찾아 갔으며 돈 액수는 누가 가르쳐 주었고 나의 탄식과 앓는 소리는 또 누가 전했단 말인가? 하나님! 좋으신 아버지가 이렇게 온전하고 철저하게 '여호와 이레'로 하나님 당신의 이름을 스스로 나타내 주신 기도의 응답! 기적의 날을 주셨던 일이다.

그날은 89년 10월 29일이었고 나는 그녀의 말대로 한달 후 11월 29일에 L.A 그녀의 딸 방에 누워 있었다. 날이 밝아왔다. 침대에 누워 자고있는 그녀의 딸 경애가 깨지않게 조용히 무릎을 꿇었다. 주님과의 많은 대화가 오고 갔다.

밖에서 S집사님 부부의 말소리가 들려오더니 곧 그녀가 방문을 열고 들어왔다. 그녀의 손에는 100달러짜리 지폐가 50장이 들려 있었다.

"현지야."

그녀는 늘 나를 그렇게 불렀다.

"이 돈은 정말 아무 부담없이 쓰도록 해…. 후에, 정말 잘된 후에 주면 되잖아! 정말 잘 될거야."

무릎 위에 놓여진 지폐에 우리 두 사람의 손이 포개진 채 감사와 축복의 기도를 드린 날! 그날은 받기를 싫어하던 나의 교만과 창피스러운 자아가 산산이 찢어진 날이었다.

브라질에서 운영하던 그녀의 상점 이름이 '디아만치' 이다. 정말 다이아몬드 같이 빛나는 그녀의 행함이 아닌가? 주님은 속삭이신다. "흩어 구제하여도 더욱 부하게 되는 일이 있나니 과도히 아껴도 가난하게 될 뿐이니라(잠 11 : 24)고…." 그들 부부야말로 나에게도 남에게 주는 법을 다시금 가르쳐 준 스승이요 주님이 주신 사랑이었다.

**하나님은 아프게 하시다가 싸매시며
상하게 하시다가 그 손으로 고치시나니.**
욥 5 : 18

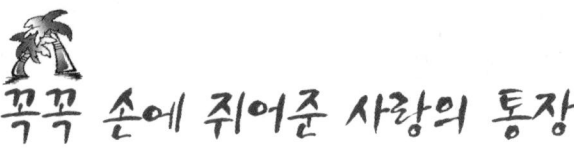

꼭꼭 손에 쥐어준 사랑의 통장

가난이라는 기차를 타고 달려오는 동안에 수없이 넘어지고 일어서면서 주는 연습, 받는 연습, 바치는 연습, 인내 연습, 사랑할 수 없는 이들을 사랑하는 훈련 속에 자유 의지와는 상관없이 싫든 좋든 부딪혀야 했던 수많은 사건들이 필름처럼 지나간다.

나의 남편을 만나자며 연로하신 B집사님이 전화를 걸어 오셨다. 웬일일까? 아무리 생각해도 그분이 만나자고 하신 이유는 알 수가 없다며 집을 나섰던 남편이 무엇인가 깊은 생각에 잠긴 얼굴로 들어선다.

"왜 만나자고 하셨대요?"

갑자기 만나자던 그 집사님은 교회에 충실할 뿐만 아니라 우리 가족에게 늘 극진한 사랑의 마음을 나누어 주시고 우리 삼남매에게 늘 칭찬을 아끼지 않으셨던 분이셨다. 다섯 식구가 성가대를 봉사하는 일에도, 교회학교 교사로 또는 학생회, 청년회와 찬양선교단에 이르기까지 다양하게 충성한다며 언제나 격려를 아끼지 않으시고 아이들이 잘 생겼다며 머리를 쓰다듬고 등을 두드리는 배려도 늘 잊지 않고 어려울 때 큰 용기를 주셨던 분이다.

그분이 누군가에게 우리의 어려움을 들으시고 마음이 아파 이틀을 잠못 이루셨다며 월남 때 이북에 두고 온 형제를 만나러 가기 위해 모아 두었던 것이라면서 자신의 저금통장을 몽땅 들고 나와서 내놓으신 통장에는 7,990달러가 들어 있었는데 사업에 보태어 쓰고 잊어 버렸다가 나중에 자녀들이 잘된 후에 달라며 내놓으시더란다.

말을 잃어버린 남편 손에 꼭꼭 쥐어준 사랑의 통장! 재물이 있는 곳에 마음이 있다고 하신 주님의 말씀! 그 통장 속에는 물질보다 더 큰 사랑! 그분에게 사랑의 마음을 주신 주님이 들어 계신 것을 나는 알았다. 웬 은혜요, 무슨 가르침인가? 가까운 이웃이 먼 친척보다 낫다더니 예수님의 보혈의 은혜가 낳은 아름다운 사건이었다.

나는 남편에게 이 말을 전해 듣고 너무나 감사한 나머지 울 수조차 없었다. 그런가 하면 예수님 믿으라고 전도했다가 그야말로 본전도 못 찾고 야단만 맞았던 오빠 생각에 쓴웃음이 나왔다.

"하나님 믿는다는 것이 뭐 그 모양이야! 너나 잘 살아 너나! 병신 같은 것하고…"

가난이 무슨 문둥병이나 되듯이 마치 물질만을 복(福)의 기준치로 삼는 오빠 앞에서 울며 돌아서야 했던 나! 얼마나 울었던가.

주님의 이름이 외면당한 어둠에서 입술을 깨물며 하나님이 나의 아버지 되심과 주님이 나의 구주 되심을 믿기에 주님의 영광이 드러날 훗날을 믿음의 눈으로 보면서 일기장에 남겼던 말을 실어보았다.

"말하시니 말할께요. 손가락질하시니 말할께요. 비웃으며 빌빌한다 하시니 말할께요. 그래요. 난 가난해요. 오빠처럼 잘살지 못해요. 빚의 올가미가 새끼를 두르듯 목을 감고 있지만 우리 부부는 떳떳이 살아 왔어요. 손발이 터지도록 열심히 살았다고요.

가난하지만 가난한 사람들의 아픔을 함께 나누고 밤새워 눈물로 기도하면서 때로는 콩 한쪽도 나누며 살아왔어요. 가난하기에 가난한 사람들의 아픔을 나누는 것이 어떻게 복(福)이 아니란 말인가요? 오빠, 그런 눈으로 보지 마세요. 그런 입술로 말하지 마세요. 제가 누리는 시련 속의 기쁨을 이해하지 못하신다면 말이에요. 아이들도 주님 안에 잘 자라고 있어요. 결과를 보세요. 결과를요! 그때는 제발 제발 손을 드세요. 주님께 손을 드세요."

나는 그때 "학대받는 자로 부끄러이 돌아가게 마시고 가난한 자와 궁핍한 자로 주의 이름을 찬송케 하소서."(시 74 : 21)라는 말씀을 붙들고 승리를 다짐하며 혈육의 아픔을 삭였는데 육의 혈육이 보혈로 맺어진 혈육 앞에 아무 것도 아님을 지금 주님과 함께하시는 연로하신 B집사님의 통장이 이 사실을 증명하고 있지 않은가! 주머니가 회개치 않는 자들에게 부어진 재물이 어떻게 복(福)일 수가 있는가?

재물 때문에 세속에 빠져 향락을 즐기다 병들어 죽어가고 재물 때문에 지옥을 향해 가는 수많은 영혼들이 이 지구촌에 얼마나 많은가! 재물과 하나님을 겸하여 섬길 수는 없는 일이고 보면 만사가 형통하면 교만할 수밖에 없는 인생인 것이다.

통장을 손에 꼭 쥔 나는 신명기 8장 말씀인 "두렵건대 네 마음이 교만하여 네 하나님 여호와를 잊어버릴까 하노라."(14절) "또 두렵건대 네가 마음에 이르기를 내 능과 내 손의 힘으로 내가 이 재물을 얻었다 할까 하노라."(17절) "네 하나님 여호와를 기억하라. 그가 네게 재물 얻을 능을 주셨음이라."(18절) 이 말씀을 통해 하나님께서 이스라엘 백성을 향해 두렵다고 하신 말씀을 붙들고 만사가 형통하고 잘 될때 도무지 교만할 수 없음을 다시 한번 다짐해 본다.

심장의 고동소리가 멈추지 않는 한 누가 감히 이 아름다운 삶을 일러 주시는 전능하신 하나님께 승복하지 않을 수가 있단 말인가? 부흥회를 앞두고 주의 종들을 대접할 기쁨으로 집을 청소하고 교회 바자회에서 사다 놓은 음식 준비할 것들이 있어서 마음이 뿌듯했다. 주머니 사정을 생각해 보고 그리고 사르밧 과부를 생각해 본다. 나는 그보다 얼마나 풍요로운가? 남편과 아이들이 있지 않은가?

아무리 힘들고 어려워도 집회마다 오시는 강사대접의 서열에서 빠지는 것은 생각조차 할 수 없게 만드신 주님께 감사할 뿐이다. 강사 G목사님을 통한 하나님 말씀에 도전을 받았다. 한 주에 1,000달러씩 선교하고 싶으면 우선 1,000달러를 심으라. 우리 부부에게 요구하시는 말씀으로 받아졌다.

어느해 추수감사절에 온 집안의 돈을 다 모아보니 500여 달러가 나왔다. 모두 담은 봉투를 가족들 무릎에 놓고 둘러앉아 "애들아, 이것이 우리에게 있는 돈을 모두 모은 것이란다. 비록 힘들지만 우리를 구원해 주신 하나님께 모두 바치는 거다."라고 남편이 말을 했을 때 당연한 일이었지만 왠지 모르게 울고 말았던 일이 생각난다. 그런가 하면 한푼도 드릴 수 없었던 그 이듬해 가을 추수감사절 전날 밤에 홀로 교회당 구석에 쪼그리고 울던 생각도 난다.

바칠 것이 없어서 우는 눈물은 체험하지 않고는 누구도 알 수가 없다. "아버지여, 올해는 주께서 우리에게 원하시는 오병이어가 무엇인가요?" 바칠 것이 없어서 오히려 주님께 물어야 했다. "그래, 내가 네게 원하는 오병이어가 있단다. 기도를 바쳐라. 오늘밤 온 교회 식구 어린 아이 하나도 빼지 말고 그들을 위해 기도하라. 그것이 추수 감사헌금이란다."

물질만이 오병이어의 헌금이 아닌 것을 깨우쳐 주신 하나님 앞에 바칠 것이 없다고 울었던 무지함을 깨달은 나는 그날밤 주소록을 펴놓고 온 밤을 새워 그분의 요구에 순종할 수 있었다.

추수 감사헌금 주머니가 나의 앞에 왔을 때 "주님, 이 몸을 드립니다." 봉투 대신에 헌금 주머니에 들어서는 환상에 젖어 소리없이 울었는데 그때 나를 받으신 주님은 우리를 불러 헌신케 하시고야 말았다. 결국 G목사님을 통한 하나님의 음성에 순종하기로 마음먹은 나는 1,000달러를 마련하고야 말았다.

자녀들에게는 인색하면서 하나님께는 부유할 수 있었다면 이것이 어찌 나의 마음이란 말인가? 그러나 하나님은 우리를 멋있게 책임져 주셨는데 하나님의 계산은 사람의 계산과 결코 같지가 않다는 말이다. "그 미음의 소원을 주셨으며 그 입술의 구함을 거절치 아니하셨나이다."(시 21 : 2) 1,000달러를 담은 선교 씨앗봉투가 속삭인다. "이제 한 점의 구름이 떴으니 곧 소나기가 쏟아지리라고…."

가난한 자를 불쌍히 여기는 것은
여호와께 꾸이는 것이니
그 선행을 갚아 주시리라.

잠 19 : 17

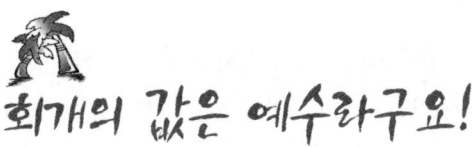

회개의 값은 예수라구요!

그리스 신화에서 길을 걷고 있던 헤라클레스에게 한 괴물이 공격해 와서 몽둥이로 때렸더니 때릴 때마다 3배, 4배씩 커졌다. 놀란 그에게 누군가 일러주는 말이 그 괴물의 이름은 '다툼'이며 때리면 때릴수록 더 커지고 피할수록 작아져 사라진다고 했다.

고통의 세월 속에서 남편으로서, 자녀들의 아버지로서의 경제적인 역할을 다하지 못하고 있다는 자기 비하의 마음이 나보다 몇 배나 되는 책임과 중압감 속에 있었을 남편의 마음을 읽어 주기에는 너무나 피곤한 삶이었다. 신경이 날카로울대로 날카로워지고 딱딱해진 마음들이 때로는 사소한 일에도 공격하려고 기다리기라도 한 것처럼 서로가 상처를 주고 받았다.

오랫동안 떨어져 사시는 시어머님께, 불효가 특별한 것이 아니라 함께 있지 못하는 그 자체가 불효라고 생각된 나는 효도할 기회를 달라며 간구하던 기도가 이루어져서 시어머님이 오시게 되었다. 기도를 시작한 데는 나름대로 이유가 있었는데 아무리 힘쓰고 애써도 되는 것이 없으니까 혹시 오랫동안 부모님과 떨어져있던 불효 때문이 아닌가 생각되어 양가 부모님들께 잘못한 일까지도 일일이 찾아 회개하며 하나님께 매달렸던 것이다.

 오실 날을 며칠 앞두고 가벼운 흥분에 쌓여 있었다. 무엇으로 어머님을 기쁘시게 해 드릴까? 생각하던 나는 어머님 사진을 사진틀에 다시 잘 끼워 제일 잘 보이는 곳에 걸어 놓고 싶었는데 그 일이 다툼이 될 줄이야… 어머니 사진 밑에 우리의 조그마한 결혼사진을 걸려는 나와 못 걸게 하는 남편과 옥신각신 다투다 보니 결혼사진이 뭐가 중요하냐는 말까지 나오게 되었다. 그 말은 더이상 당신을 사랑하지 않는다는 말로 들렸고 온갖 설움이 북받치면서 서로의 인격에 치명타를 입히고 말았다.

 결국 그날 아침 출근길 차속에서 터져 버리고 말았는데 "나도 말 좀 하자"로 시작된 나의 마구 퍼붓는 말 중에 쓸 말이라고는 담겨 있기나 했겠는가? 미움, 판단, 정죄! 참고 침묵해야 할 때는 떠들어대고 막상 날을 헤아릴 때는 디물어 버린 때가 얼마나 많은지….

 남편이 잘도 참아 주었지만 나는 비참해진 자신을 어떻게 회복할 것인지 쏟아놓은 말들을 담을 수가 없었다. 때로는 남편을 위한다며 야당 노릇하다가 다툼이 나기도 했고, 때로는 충고하는 남편을 향해 "당신은 검사예요, 변호사는 결코 못되는군요. 예수님도 변호사셨잖아요?"라면서 자신이 검사처럼 굴었을 때는 까맣게 잊어버리고 기억상실증 환자가 될 때도 얼마나 많았는지….

 왜 이처럼 자신에게는 한없이 관대하려 하면서도 타인은 용납하려

들지 않는지… 환난중에 "왜?"라는 말을 입에서 제해 달라며 하나님을 향해 죄짓지 않기를 원한다면서 남편에게 대드는 것이 남편을 남편되게 하신 하나님께 대드는 것인줄 모르는 과오를 쉽게 범했다. 모든 것이 나 때문이라며 나의 죄임을 진심으로 받아들이기까지 수없는 시행착오를 겪어야 했던 것이다.

부부간에도 마음먹은 것이나 생각이나 표현이 삐걱거릴 때마다 빤히 보이는 결점들을 꼬집어 내고 싶은 충동을 억제하지 못할 때 일어나는 다툼이 자녀의 신앙 교육에 장애물임을 알면서도 더러 다투는 모습을 들키고 말았던 때가 있었다.

거의 다투는 모습을 보지 못했던 막내가 어린 시절 하교길에 헐떡이며 톱뉴스나 되는 듯 가방을 던지가가 무섭게 말했다.

"엄마! 옆집에 전쟁났어. 아저씨가 냄비를 아줌마에게 던졌어. 아줌마는 소리치면서 크게 막 울어"

막내는 너무 놀라워했다. 막내의 눈에 비친 우리 부부가 그때는 그런대로 신앙인의 모습으로 보였기에 옆집 부부싸움을 보고는 그토록 놀라워했지만 결국은 우리도 나을 것이 없는 부부가 아닌가!

고통과 시련 속에서 우리 부부가 다투는 추한 모습을 본 막내가 화장실에 들어 가더니 벽을 치며 슬프게 울었었다. 환난 중에도 꿋꿋이 서 있는 믿음의 부모 모습으로서 버티던 힘이 무너진 것이리라. 그가 간직했던 엄마에 대한 기대가 무너진 것이다. 남편에게 소리치며 대항하는 엄마를 존경할 수 없는 아픔과 이중인격이라 느껴진 마음의 상처를 입은 것이다. 아마 막내는 이렇게 생각했을지도 모른다. "우리 부모도 할 수 없구나"라고….

정신이 번쩍든 나는 화장실로 달려가 대중이를 껴안고는 함께 울었다. 주님의 노(怒)요 분내심이 아닌가? 주님 앞에 부족하고 초라한 모습! 행동과 믿음의 본이 되지 못한 엄마의 모습을 그 모습대로 수용하기에는 너무 힘들었던 막내는 "나부터 우리 식구는 모두 교만해." 그런 와중에도 아빠와 엄마만 교만하다 하지 않고 자기도 교만하다는 표현을 써주는 배려를 잊지 않았다.

　두 눈을 타고 흐르는 눈물. 그 아픔을 누가 책임질 것인가?
　"그래, 대중아! 엄마를 용서해, 엄마가 교만했어! 살기가 너무 힘들어 어느 틈에 엄마는 변해 있었어. 대중아, 이해해 줄 수 있겠니? 엄마는 널 사랑해" 흐르는 뜨거운 눈물!
　"엄마! 나도 엄마 사랑해!" 둘이 껴안고 한참을 울었다. 사단은 우리 각자를 내 마음대로 되지 않는다는 욕심의 노예로 쉽게 만들어 서 다툼을 일으키는 것이다.
　사업의 위기에서 고통하는 부모의 연약함을 이해하지만 간혹가다 짜증, 혈기 등이 자녀들을 아프게 했던 것이다. 알면서도 고치지 못한 구석구석을 아들의 음성을 통해 들려주신 하나님께 감사하며 솔직하게 인정하고 마음과 입술과 생각이 삐뚤어져 있던 나를 보게 된 것이다. 잘한 것은 자신이요 모든 잘못과 책임은 남편이라 생각하고 있던 나를 보게 된 것이다. 감사와 찬양의 능력은 소멸되고 원망과 불평에 쌓인 나를 보게 된 것이다. 하나님의 날개처럼 사슴같던 아내가 남편을 헐뜯는 살쾡이가 되다니….
　타락한 돕는 배필인 나를 발견했고 자녀들을 말씀 안에서 양육하려고 무던히도 조심하던 행동이 무너져 버렸다. 어쩔 것인가? 지혜를 구하여 이미 노출된 잘못을 자녀들 앞에 솔직히 인정하고 자녀들 앞에서 하나님과 남편에게 용서를 구했다. 부끄럽기도 하지만 오히려 부족한 엄마의 모습에서 사랑과 용서를 배우게 하고 싶었다. 그리고 자녀들에게도 용서를 구했다.

자녀들의 얼굴이 밝아졌고 오히려 미안해했다. 인간의 연약성과 죄성, 끊임없는 마귀의 유혹에 대해 다시는 마귀에게 속지 말자면서 우리 모두는 가정예배를 드렸다. 예배 후에 나는 막내에게 기도를 부탁했다. 막내는 진심으로 기도를 드렸다. "은에서 찌끼를 제하라, 그리하면 쓸 만한 장식의 그릇이 나오리라" 회개는 은혜 받은 자의 특권이 아닌가?

천국은 회개라는 값을 치루고 믿음으로 가는 곳이기에 교만이라는 무기로 변명케하고 두려움을 주어 기회를 놓치게 하여 내일로 미루라고 속삭이는 사단에게 결코 속을 수 없다. 회개의 값으로 지불된 예수님 앞에 솔직히 죄를 인정할 때 죄는 주님의 향기로 변하지만 숨기고 변명할 때는 죄의 냄새가 하나님의 얼굴을 찌푸리게 한다.

우리는 모두 밝게 웃으며 시어머님을 맞을 수가 있었다. 시어머니 무릎에 바싹 붙어 앉아 어머니의 주름진 손을 만져보고 또 만져보던 손으로 지금 글을 쓰고 있다.

"어머니, 사랑해요! 여보, 현지, 현중아, 대중아, 사랑해!" 마음의 치유는 진정한 회개만이 이룰 수 있는 처방인 것이다. 할렐루야!

> 우리는 주의 노에 소멸되며
> 주의 분내심에 놀라나이다.
> 시 90 : 7

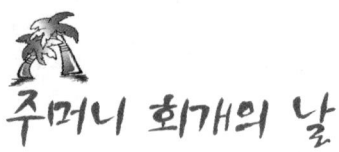

주머니 회개의 날

조국이 가난했던 시절. 어릴 때 나는 펌프물을 퍼 올리려면 허리를 굽히고 펌프 손잡이를 배에 대고는 온몸의 힘을 모아 전신을 굽혔다 일어났다 해야만 손잡이가 뻑뻑하게 내려갔다 올라갔다 하면서 비로소 물이 콸콸 쏟아지던 기억이 난다. 그러나 좀처럼 잊을 수 없었던 것은 준비된 한 바가지의 물을 먼저 넣어야만 했던 일이다.

그때만 해도 그냥 쉽게 지나쳤던 일이었지만 성경 안에 있는 모든 기적의 복을 받은 주인공들은 하나같이 먼저 바쳤다고 하는 공통점을 발견하고는 어린시절 펌프물을 받기 위한 그 물 한 바가지가 오늘을 살고 있는 신앙인들에게 하나님께서 요구하시는 오병이어임을 알게 되었다. 오병이어를 떼버린 은총이 있을 수가 없다면 씨앗을 심으라는 하나님의 요구는 은총을 부으시겠다는 약속임에 틀림없지 않은가?

그 해도 저물어 막바지 언덕 12월 28일. 세월이 어두워 추위에 떨고 있던 나는 만물이 잠들어 새벽이 가까워 오는 한밤중에 복되고 귀한 말씀 앞에 무릎을 꿇었다. 스탠드 불빛 아래 비추어진 귀한 말씀이 영혼 깊은 곳에 알알이 박히기 시작하면 자신과의 싸움에서 질 때마다 그토록 커보였던 문제들이 크신 주님 때문에 아주 작게 보였다. 눈이 있어 말씀을 보고, 귀가 있어 복음을 듣고, 입이 있어 기도할 수 있는 이 큰 복 때문에 생명이 있음을 마음껏 찬양했다.

이스라엘 광야 40년 동안 해지지 않은 의복과 부르트지 않은 발이 내 것임을 보며 고난 속에 다시금 구원의 잔을 높이 들어 주님을 찬양하면서 감당할 수 없는 주님의 사랑에 눈물로 굴복하고 말았다. 해를 넘기면서 무엇으로 주님을 기쁘시게 하랴! 주님, 제게서 무엇을 원하시나요?

오지의 선교사들과 그 자녀들을 돕고 싶어 기도의 무릎을 꿇기만 하면 울리고 또 울리시던 주님이 씨앗을 뿌리라고 말하신다. 전능하신 주님은 늘 놀라운 힘으로 나를 굴복시키셨다.

89년 KOSTA 제4회 북미 유학생 수양회가 시카고에서 열렸었다. 딸 현지와 함께 참석했는데 그때 어느 유학생 아내가 가난에 못이겨 자살했다는 말을 듣고는 선교의 꿈을 가진 가난한 유학생들을 돕고 싶어서 눈물의 기도를 멈출 수가 없었다. 딸 아이의 학업의 길목을 막고 계셨던 주님은 이미 자녀를 향한 진정한 아픔을 통해서 그들의 아픔을 깨닫게 하신 것이다. 자녀를 위해 울고 있던 나에게 유학생들을 위해서도 우는 법을 가르쳐 주시고 싶으셨는지 주님은 속삭이셨다.

"내가 네게 고통의 잔을 주었으나 고난의 풀무만을 뜨겁게 하더냐? 너를 위해 타인들의 기도를 동원했던 일이 어찌 작아 보여 주저하느냐? 해를 넘기기 전에 네게 있는 모든 물질을 심어라. 동전 한푼이라도 가지고 해를 넘기지 말아라. 장학금의 오병이어를 심어라. 네 딸 현지처럼 울고 있는 수많은 나의 사랑하는 학생들을 위해서… 모든 짐을 맡겨라. 모든 행사를 맡겨라. 그리고 심어라. 나는 여호와, 상천하지에 홀로 있는 스스로 자존하는 자니라!"

그렇다. 하나님 아버지께서 나에게 이 귀한 오병이어를 받으시려고 눈물도 기도도 몸부림의 아픔도 주셨던 것이다. 마지막 89년도를 보내면서 삼남매의 학업이 중단될 수밖에 없는 바로 그 때에 동전 한푼도 남기지 말라고 하시는 것이다. 200달러하고 2달러 몇 센트에 불과한데…, 성령님께 굴복할 수 있었던 은혜의 체험이었다.

봉투를 놓고 무릎을 꿇었다. "나의 모든 것에 모든 것이 되시는 주님! 주님의 일을 이루심이 마땅하시오니 축사하시고 주의 뜻을 이루시오며 제게 주신 삼남매의 학업도 주의 손에 있음을 감사하나이다." 흐느끼며 얼마나 봉투앞에 앉아 있었는지….

다음날 무명으로 드려진 장학금 씨앗 봉투를 드신 목사님이 수많은 학생들의 장학금이 될 것을 축복하셨다. 주님께 여쭈어 보았다. "주님, 저는 몇 번이나 요단강 물에 들어갔다가 나온 셈인가요? 엘리사에게 순종했던 문둥이 나아만 장군처럼 축복의 일곱번째라면 얼마나 좋을까요? 주님, 저는 몇 번이나 기도를 드렸나요? 마지막 일곱번째로 손바닥만한 작은구름을 일으킨 엘리야의 기도였다면 얼마나 좋을까요? 주님, 저는 천년, 만년 기다려 주신다해도 합격할 수가 없어요. 주님의 피로 합격시켜 주세요. 그리고 아브라함의 아내 사라처럼 웃을 수 있게 해 주세요."

지칠대로 지쳤지만 기도만은 쉴 수가 없었다. 주님은 결국 나를 웃게 하시고야 말았다. 선교사를 위한 오병이어의 씨앗은 우리 부부를 선교사로 받으셨으며 타인을 위해 심은 장학금 씨앗이 삼남매의 학업을 책임겨 주셨다. 그리고 나의 가슴에는 불타는 비전을 심어 주셨고 브라질 상파울루에 보수신학 건물을 짓고 물질이 없어 신학을 할 수 없는 예비된 원주민 사역자들을 돕겠다는 가슴에 불을 붙여 주신 것이다.

유한한 부모의 주머니가 회개하던 날이 무한한 하늘 아버지의 주머니가 열리는 날임을 아는가? "탐심도 욕심도 버려라, 날마다 주머니가 회개 했나를 살펴라!" 평생을 자신에게 질문하며 살아가야 할 하나님의 음성이다. 그러나 누가 감히 할 수 있는 것인가? 주님 오직 그분만이 하실 수 있는 것이기에 여호와의 능력으로 충만하기를 원하는 마음인 것이다.

이듬해 캐나다로 떠났던 막내아들이 여름방학이 되면 학비를 벌기 위해 뉴욕에 오고는 했다. 세탁소에 취직해 막일을 하는 막내가 기특하기도 하고 가엾기도 했지만 홀로서기라 생각하며 애써 아무렇지도 않은 척 했지만 화씨100도가 넘는 숨막히는 열기가 적도의 열기를 능가한다는 말을 들을 때면 땀에 흠뻑 젖어 돌아온 아들을 보는 엄마의 마음은 아프기만 했다.

어느덧 두 달이 지나 세탁소를 그만두고 캐나다로 떠날 준비에 바쁘던 막내가 세탁소에 갈 일이 있다면서 운전을 부탁했다. 세탁소에 들어갔다가 주인인 듯한 중년 남자와 함께 나오는 것이다. 차창 밖으로 보니 헤어지기가 안타까운 듯이 두어번이나 허리를 굽히고 인사를 하는 막내가 잡은 손을 놓을 줄을 모르고 어깨를 두드리며 무슨 말인지 계속하는 중년 남자와 한참이나 서 있는 것이었다.

얼마 후에 차로 돌아온 막내에게

"왜 그래? 대중아. 무슨 일인데 그만둔 세탁소에는 온거야?"

어려서부터 엄마에겐 말하면 자랑한다면서 잘 말하려 들지 않던 막내는 머뭇거리다가 말을 시작했다. 세탁소에서 일하는 동안 손님들이 가지고 온 세탁물에서 종종 동전이나 혹은 지폐가 나오면 일일이 주인에게 갖다주는 대중이를 함께 일하는 형들이 불러 세워서 "야, 대중아 세탁물에서 나온 돈은 그냥 갖는 거야. 일일이 주인에게 갖다 주면 우린 어떻게 하냐. 그냥 가져. 괜찮아! 주인도 다 아는거야." 하면서 우리만 곤란하게 만든다고 한 말에 고심하던 대중이는 형들이 마음 아파할까봐 주인에게 갖다주는 것을 중단하고 모으기 시작했다.

일을 마칠 무렵 50달러 가까이 모았는데 그냥 집에 가지고 왔지만 막상 뉴욕을 떠나려 하는데 성령님께서 그것을 갖는 것을 허락지 않으시므로 주인을 찾아 돌려준 것이란다. "인자와 진리로 네게서 떠나지 않게 하고 그것을 네 목에 매며 네 마음판에 새기라. 그리하면 네가 하나님과 사람 앞에서 은총과 귀중히 여김을 받으리라."(잠 3 : 3-4) 나는 막내가 욕심을 버리는 연습에 승리한 것이 너무나 고마와 함께 감사 기도를 드렸다.

"그래, 참 잘했어. 대중아! 주인이 뭐라고 하던?"

"응, 언제든지 뉴욕에 오면 일하러 오래요."

할렐루야!

> **마음이 패려한 자는 여호와의 미움을 받아도**
> **행위가 온전한 자는 그의 기뻐하심을 받느니라.**
>
> 잠 11 : 20

얼음 동상

새날이 밝아왔다. 대망의 새해가! "찬양하라, 내 영혼아! 찬양하라, 내 영혼아! 내속에 있는 것들아, 다 찬양하라…." 영혼과 몸이 하나된 찬양 속에, 영광의 주님을 뵈오며 90년 새해를 맞았다.

송구영신 예배가 끝나고 새해인사를 하느라 여기 저기서 웃음꽃이 피어나고 있었다. 병원 화장실 기도사건 이후 병상에서 일어난 S집사가 미소를 띄고 다가오더니 살며시 선물상자를 내밀었다. 실로 뜬 멋진 검정 투피스였다. "고마워요." 감당못할 질문이 고개를 들었다. 주님은 왜 날 사랑하나? 왜 이토록 사랑한다고 표시해 주시는가?

새해 아침 떡국이라도 끓이려다가 현아가 생각났다. 엄마를 먼저 하늘나라로 보내고 새날을 맞이하는 쓸쓸하고 추위에 떨고 있는 현아의 마음이 전율처럼 와서 닿았다. 현아의 두 동생 모습도 떠오르는데 동그랗고 귀여운 현아 막내동생 승주의 얼굴이다. 엄마품에 어리광을 부려야 할 어린 나이에 따뜻한 떡국 한 그릇조차 먹을 수 없는 현실을 받아들여야 하다니… 불러야 하겠다. 주의 피로 한몸 이룬 교회속에 한가족. 우리 모두는 부모, 형제, 자매가 아닌가? 전화를 걸었다.

"현아야, 떡만두국 밖에는 없지만 와서 같이 먹자. 응?"

"집사님, 고맙지만 저희도 떡국거리 사다 놓았어요."

"현아야, 내가 끓인 떡국 맛이 없을까봐 그러니?"

의례적인 대화로 애써 서로가 웃고 있었지만 서로 냉동시키려는 아픔이 이미 마음 속에는 눈물로 고이고 있었다. 새벽기도 시간이면 어느 한 구석에서 흐느끼는 현아가 만일 친딸 현지였다면 막내 승주가 우리 대중이였다면 일년 동안 그렇게 무심할 수가 있었겠는가? 마음도 몸도 바쁘다는 허울좋은 핑계가 주님께 열납이 될 수가 있단 말인가? 난 죄인이다. 주님 앞에, 사람 앞에 죄인이다.

제대로 갖추지 못한 상위에 음식이 놓여졌고 주 안에서 온 식구가 현아와 승주와 함께 둘러 앉았다. 남편의 기도에 애써 울지 않으려고 눈물을 슬쩍 닦으며 현아를 보니 그녀도 역시 눈물을 살며시 닦아낸다. 까맣고 동그란 눈가에 맺힌 눈물 방울 때문에 고개를 숙인다.

즉석에서 만들어진 동글동글한 캘리포니아 롤 일식초밥을 곁들였다. 동글 동글한 마음들이 돌돌 말리듯이 주님이 계신 식탁은 즐겁고 또 즐거웠다. 조금이라도 먼저 가신 현아 엄마의 사랑으로 전달되기를 원하는 나의 마음은 그들이 안쓰러워 견딜 수가 없었다.

어린 승주는 말도 없이 떡국 한 그릇을 훌떡 먹어 버렸다. 현아가 말하기를 어린 승주가 집사님 댁에 가자고 하니까

"야, 누나가 끓인 떡국 안 먹게 되어서 참 다행이다"라고 말했다고 하여 모두 웃었다.

"집사님! 세배 못 드린 대신에 이거요. 엄마 드릴려고 한국에서 친구에게 부탁해서 사온 스웨터예요. 엄마는 한 번도 못 입고 가셨어요. 이 옷 입으실 때마다 우리 위해 기도 해 주세요."

애써 숨기지만 현아의 얼굴에는 엄마를 그리는 연민의 정이 서려 무어라 한마디라도 하면 왈칵 터져 버릴 것만 같았다. 나는 그만 마음에 고이던 눈물을 더 이상 누를 수가 없어 와락 껴안아 주었다. 현아는 비 맞아 추위에 떠는 참새처럼 울기 시작했다.

세상이 춥고 어두워 얼마나 사랑에 굶주렸으면 한번 제대로 관심도 써주지 못한 처지에 떡국 한 그릇 먹이고 싶었던 마음, 작고 더 작아 모래알보다 더 작은 부끄러운 사랑이 그에게 그 귀한 것을 들고 오게 했단 말인가? "주님! 용서하세요. 오히려 마음이 춥고 어두워 떨고 있는 모습은 현아가 아니라 나 자신임을 보게 되었네요."

또 다시 위로하기보다는 위로 받기를, 이해하기보다는 이해 받기를, 사랑하기보다는 사랑받기를 갈망하고 있던 나. 첩첩이 쌓여 있던 고난의 풀무 때문이었던가? 아니면 무지하고 무력감 때문이었나? 아니면 원래의 나의 모습인가? 그렇다. 주님 때문에 무너져 버렸던 나 자신이 어느 틈엔가 또 바벨탑을 높이 쌓고 있었던 것이다. 그래서 난 사랑에 인색해 있었지를 않은가.

떡국 한 그릇 베푼 사랑에 가장 소중한 엄마에게 주고 싶었던 앙고라 스웨터를 사랑으로 들고 온 현아, 아! 부끄럽다. 정말 부끄럽다. "오, 주님! 난 외롭고 춥습니다. 현아가 외롭고 추운 것이 아니라 사랑이 식어 있던 내가 바로 그 춥고 차가운 언덕에 얼음 동상이 되었습니다. 사랑의 안경이 벗겨질 때마다 난 춥고 또 추웠으면서도 따뜻하고 뜨거운 줄로 착각했던 것입니다.

주님! 주님 때문에 승리했던 그 멋진 모습으로 소생시켜 주세요. 나의 생명을 파멸에서 구속하신 주님! 나 또한 주님께 회개합니다. 주님을 항상 닮기 원해서 주님을 사랑합니다. 주님이 낮추고자 하시면 높아질 자가 없고 주님이 높이고자 하시면 낮출 자가 없기에 범사가 주의 손에 계심을 믿고 고통속에서 또다시 회개의 잔을 높이 듭니다."

현아를 품에 안은 채 머리를 쓰다듬으며 한없는 축복의 기도를 드렸다. "너희 모든 일을 사랑으로 행하라."(고전 16 : 14) 사랑을 받기조차도 기대하지 않게 되어버린 제2, 제3의 현아가 이 세상에는 얼마나 많은가? 그런 이들을 찾으시는 예수님의 음성을 들을 귀 있는 자들은 들어야 할 것이 아닌가!

자녀들아, 우리가 말과 혀로만 사랑하지 말고
오직 행함과 진실함으로 하자.
요일 3 : 18

예수님의 냄새만 났으면 좋겠구나!

계속되는 불경기 속에 소망을 바라보며 하나님의 은혜로 온 식구가 잘 견디며 나가고 있었으며 견디는 정도가 아니라 더욱 하나님을 의지하면서 감사와 찬양을 드리곤 했었다. 마치 현실속에 경제적 싸움이 아니라 믿는 자를 넘어뜨리려는 악한 영과의 싸움이기에 더욱 하나님을 의지하여야만 했었다.

부흥 사경회 둘째날이었다. 큰아들이 운동을 하러 가면서 저녁 집회에 못 올지도 모른다고 한다. 배구에 남다른 소질이 있는지 다른 주에 가서 경기를 갖곤 했던 현중이! 그는 영주권이 없다는 이유 때문에 학교에서 추천된 하버드 대학의 꿈이 무너지자 늘 기타를 두드리며 찬송을 부르면서 마음을 달래거나 아니면 배구공을 날리며 고통을 잊으려 하는 것 같았다. "현중아! 두가지 일이 함께 겹쳤을 때 선택의 자유는 네게 있지만 복(福) 주심은 하나님께 있다는 것을 잊지 말아라."

그는 말없이 신발끈을 매더니 억지로 웃어주고는 나가 버렸다. 그러나 그는 저녁 집회에 나와 말씀을 들었고 우리는 함께 돌아와 가정예배를 드렸다. 현중이는 악기점에만 들어가면 정신이 없다고 했다. 싱어롱을 할 때 지금 가지고 있는 기타로는 제대로 소리를 못낸다면서 언젠가는 살 수 있기를 소원하며 몇 번이고 악기점을 찾아 시간을 보내는 모습이었지만 사줄 수 없는 형편이라서 모른척 하고만 있었다.

몇달 후에 450달러의 큰 돈을 모았다고 기타 구입을 허락받으려는데 한창 교회가 건축을 하던 때라서 과연 하나님께 건축헌금으로 드리는 것이 더 기뻐하실 일인가 하여 고민하며 무릎을 꿇고 주님의 뜻을 물었다. 건축은 몇 년간이라는 시간이 필요하지만 교회 복음송 반주는 시급하므로 기타를 사는 것을 허락했다. 건축헌금으로 내라고 할까봐 마음 졸이던 그가 기타를 품에 안고 얼마나 좋아하는지… 그가 앞으로의 삶을 찬양과 함께 걸어가기를 바라는 마음이다.

막내 아들 대중이가 지도하고 있는 학생회에 문제가 생겼다. 들어보려고 온갖 질문을 해 보았으나 내용도 아이들 이름도 알지 못했다. 문제가 생긴 아이와 통화한 대중이에게 무슨 일이냐고 채근하였더니 "또 사모님에게 말씀드릴려구요?"하면서도 "나도 너와 똑같아 권면할 자격이 없다"고 그 학생에게 말했다고 한다. 그리고 지금부터 내가 하는 말은 너와 나 자신에게 하는 말이라고 했단다. 서두부터가 훌륭한 상담자를 흉내 낸 것같아 웃음이 절로 나오는 것을 참으며 계속 들었다. 희안하게도 말씀으로 자신있게 권면하는 자신을 보고 자신마저도 놀랍고 신기하게 여겨지더란다. 그리고 문제가 해결되어 화해가 이루어졌다는 것이다. "하나님은 멋장이야! 정말 멋있어" 말씀은 능력이므로 그의 입술을 성령님께서 쓰신 것이다. "오, 주님 영혼을 사랑하는 사도 바울의 열정으로, 무디의 능력으로 사용해 주세요." 했더니 아멘! 하며 받았다.
　엄마와 아들이 믿음 안에서 척척 맞아 돌아가는 것이 얼마나 기쁜 일인가? 삼남매가 수양회에 가고 없던 날. 우리 부부는 신년 하례 만찬기도회에 갔던 그날 1월 15일이 공교롭게도 대중이의 생일날이었다. 나는 언제 어디서나 생각을 글로 옮겨쓰는 습관 때문에 늘 가지고 다니던 수첩을 꺼냈다. 그리고는 생일 편지를 쓰기 시작했다.

　대중아! 너의 이름을 부르려니까 언젠가 네가 "엄마, 왜 사람들이 김대중이라고 하면 웃지? 그리구 그 사람 하면서 뭐라고 하더라구" 하던 생각이 나서 웃음이 나는구나! 아마 너는 예수님 때문에 유명인이 되려나보다. 아닌 유명인보다 예수 냄새만 났으면 좋겠구나. 세살 때 하얗고 동그란 얼굴에 유난히 곱슬거리던 머리며 딱 벌어진 어깨에 김일이란 별명이 붙었던 꼬마가 주기도문을 외면서 고사리 손을 모으고 죄를 지었다고 울며 예수님 영접한 아기 신자가 여섯살 때 엄마 십이지장궤양을 두번 안수하면서 하나님 아버지께 자기 죄, 엄마 죄 용서하고 고쳐달라고 땀흘리며 매달리더니만 응답받고 엄마의 병이 치유되었던 일을 생각하면서 지금도 누나와 형과 친구들과 함께 부르짖는 기도가 이루어질 줄을 믿는단다.
　늘 엄마 아빠의 기쁨이 되어준 너와 형 그리고 누나. 너희의 앞날을 주님께 부탁하는 도구로 다시 태어나기를 기도하고 있단다. 우리에게 주신 선물 대중아! 어쩌다 야단좀 치려고 하면 하얀 이빨을 드러내고 환하게 웃으며 "엄마 사랑해" 하며 끌어 안는 통에 엄마는 너의 웃음의 노예가 되어버리곤 했지….
　지금은 한인회장의 익살스런 축사 때문에 딱딱한 분위기에 부드러운

봄바람이 불고 있구나. 자신이 누더기를 입은 걸인이라며 거룩한 목사님 옆에 앉아 있자니 바늘 방석이란다. 단 하나의 성구를 알고 있는데 인생의 좌우명이라며 "할 수 있거든이 무슨 말이냐 믿는 자에게는 능치 못할 일이 없느니라." 고 큰 소리로 익살스럽게 순진하게 웃는구나!

대중아! 올해 너의 생일에 엄마도 바로 이 말씀을 선물하고 싶구나. 넌 잘 될거야. 너의 모든 연약한 부분은 주님으로 채워 주시고 계시니까 말이다. 아빠가 89년도 교협 부회장으로 수고했다고 공로패를 받으셨어. 주님이 공급하시는 힘으로 일하게 하시고 상은 사람이 탄단다. 이것이 하나님의 사랑이고 하나님의 계산이기에 1등 보다는 최선을 택하는 삶을 주님만 의지하고 살아주길 바라면서 너를 주신 하나님을 찬양하는 거란다.

네가 주일학교 교사로 기타를 치면서 찬양과 성경을 가르치던 어느날 주일에 하던 말이 생각나는구나. "엄마, 유치부 꼬마들 눈에 예수님이 계셔요. 꼭 다문 조그만 입술에도 작은 손에도 예수님이 계셔요." 하던 말. 잠시 이 엄마를 놀라게 했던 말 속에서 생명을 보던 너의 눈. 창조의 능력을 보게 하신 하나님께 얼마나 감사 했는지….

"아무개 아이는 자기 아버지를 닮았어요!가 아니라 아무개 아이는 하나님을 닮았어요." 라고 할 수 있는 영안이 열렸던 것이지. 대중아! 누구의 은혜이더냐? 그후에 너와 형을 공부시킬 수가 없어서 캐나다로 보내 고학하던 어느해 여름 뉴욕에 학비를 벌겠다고 왔을 때 하나님의 은혜로 의대를 졸업하고 막 결혼한지 얼마 안되었던 신혼의 누나 의사 부부가 너를 보러 왔었지! 매부는 가고 누나와 네가 하는 이야기를 부엌에서 설거지를 하며 엿들었단다.

"대중아! 누나가 학비 대줄께. 영주권 없어서 취직 안되는 것도 하나님의 뜻이야. 넌 소년시절 고생 너무 많이 했잖아? 그래서 하나님이 쉬다 가라시는 거야. 알았어?" 사랑이 넘치는 누나의 말에
 "누나, 싫어 밤잠 못자고 애쓰고 버는 돈을 난 쓸 수 없어. 고생은 누나가 더 했어. 고맙지만 노동을 해서라도 벌어서 학비 댈거야."
 학비 주겠다. 못 받겠다는 실갱이를 들으면서 "하나님 들으셨죠? 너무나 아름다운 모습… 주님의 자녀들 입니다. 책임져 주세요." 흐르는 눈물을 닦을 생각도 못하고 부엌에 선채로 엄마는 기도를 드렸단다. 다음날 누나가 전화를 했었지!
 "엄마, 대중이 우리 시아버님 가게에서 일해도 된다고 했어요. 그렇지만 엄마! 대중이 마음 편한대로 결정하라고 하세요. 절대로 하기 싫으면 하지 않아도 되요. 학비는 제가 줄테니까요…."
 동생의 마음도 읽어주고 무능한 부모도 책하지 않고 늘 물어주는 누나가 엄마는 너무나 고마웠단다. 취직자리를 찾아 여기저기 다니다 지쳐 돌아온 네게
 "대중아, 누나가 시아버님 가게에서 일할 수 있다고 하던데…."
 문을 잡고 섰던 네가 아무 대답도 없이 다가서더니 엄마의 손을 잡고 하는 말이 "기도 합시다." 하는 바람에 엄마는 멋적게 주저앉아 고개를 숙였지! 그때 너는 "하나님 아버지 감사합니다. 그댁은 예수님을 잘 모르오니 제가 가서 일할 때 남보다 더 열심히 일하게 하셔서 말로써가 아니라 행동으로 예수님을 전할 수 있도록 해 주세요." 하며 기도를 마친 후에야 "야호, 참 잘됐어요." 하며 어릴 때처럼 한길을 뛰었나보다.
 대중아! 두 달이 지난 후에야 발가락의 상처와 팔뚝에 입은 상처를 보면서 안타까워 "왜 말 안했니?" 하니까 넌 그냥 웃었지. 목재를 나르며 험한 일을 얼마나 열심히 했던지 누나의 시부모님들이 어떻게 저런 착

실한 동생이 있느냐고 기함을 토하더라며 누나가 몹시도 기뻐했던 일 기억나니?

누나가 월급외에 500달러를 더 주더라며 가져왔을 때 굳이 너는 일한 대가 외에는 더 받을 수 없다면서 500달러를 애원하다시피 누나에게 돌려 보냈던 일! 엄마는 그냥 받지하는 마음이었어. 밤에 일하고 낮에 공부하느라 고생하는데 큰 도움이 될 것 같았으나 때문은 엄마의 마음이 부끄러웠단다. 누나의 시부모로서가 아니라 주종관계로서 주께 하듯 하나님 목전에서 충성했던 너는 믿는 자의 본을 보였을 뿐만 아니라 하나님과 부모와 누나를 높였고 그후 졸업할 때까지 누나의 시댁 가족들은 물론 너의 필요도 모두 충당하게 되었지. 하나님의 사랑과 섬김의 성품은 결국 모든 이들의 마음을 통치하게 되며 예수 증거로 화목을 이룬다는 사실을 보여준 너의 모습. 하나님의 은혜였단다.

캐나다로 떠나던 날. "두분 앉으세요." 하기에 얼결에 앉았더니 한 살에 이민 온 네가 어디서 배운 예법인지 엎드려 큰절을 하고는 축복의 말이 끝날 때까지 엎드려 있던 너의 모습이 너무나 기특해서 눈물이 고인 아빠를 보고 방으로 들어간 네가 그렇게도 엉엉 울던 일을 잊을 수가 없구나. "엄마! 아빠가 날 이토록 사랑하는 줄 몰랐어요."

늘 멋진 형을 더 사랑한다고 생각했던 눌린 마음이 치유 받던 닐! 아빠도 엄마도 함께 울었던 날이었단다. 대중아! 사랑해! 넌 잘될거야, 하나님의 효자가 될거야. 이제는 식이 끝날 시간이구나! 우리 함께 하나님을 찬양 하자꾸나!   1990. 1. 15 막내생일에.

**우리가 선을 행하되 낙심하지 말찌니
피곤하지 아니하면 때가 이르매 거두리라.**

갈 6 : 9

즐거운 성탄! 주님도 웃으시고…

하나님의 말씀이 아기를 달래는 엄마의 마음처럼 따뜻하고 포근하게 교훈하며 다가섰다. 고통 중에도 말씀 안에서 자신이 조금씩 보이고 하나님 아버지의 마음도 조금씩 보인다. 아무것도 자신이 한 것이 없건만은 자신이 한줄로 착각했기에 무던히도 힘들었던 세월들! 되지도 못하고 된줄로 알았기에 교만과 오류의 옷들을 입었던 세월들! 하나님을 아는 지식에 지극히 가난한 자이면서 부요한 자인줄 착각했기에 은혜의 옷을 입지 못한 세월들이 꺼풀을 벗고 보이기 시작했다.

주님을 사랑한다는 입술이 부끄러워 용서라는 두 글자만 마음판에 크게 써서 주님께 보이고 싶다. 자녀의 학업 때문에 수없이 울어대던 그 아픔도 빚에 지겹도록 시달렸던 시련도 주님의 아픔 중에서 아주 조금 나누어 주신줄 알았기에 십자가의 고난앞에 고통의 '고'자도 입으로 낼 수 없음을 알게 되었다.

태어날때부터 생각하는 것과 마음먹는 것이 악하다는 시편 기자의 말처럼 만유보다 더럽고 부패한 마음이 나에게도 있었음이 기회만 주어지면 머리를 든다는 사실이다. 뉴욕 플러싱에 있는 기독서점에 책을 사러 갔던 일이 있었는데 주머니 사정이 여의치 않아 골라 놓은 책값을 계산대의 판매원에게

"조금 싸게는 안되요?"
"목사님들만 10% 할인해 드려요."
"목사님이 보냈는데…."

어쩌면 그렇게 쉽게 거짓말이 나올 수가 있는 것인가? 당시에는 목사님이 되시지도 않았고 보낸 일도 없었는데… 뛰는 가슴이 판매원에게 보이지 않고 들키지 않은 것을 다행이라 여기면서 10% 할인한 값을 지불하고는 쫓기듯이 문을 나섰다. 그녀에게서 멀어졌고 건물을 떠났으나 방망이로 때리는 듯 떨리는 가슴은 떠날 수가 없지 않은가?

사방이 구겨진 자동차를 몰고 하교길 딸애를 태웠을 때도 안정을 찾지 못해 어수선한 몸짓과 떨리는 마음은 감출 수가 없었다. 늘 엄마를 느끼고 사는 딸이 무엇인가 이상했던 모양이다.

"엄마, 어디 아파요?"

이 일을 어쩔 것인가? 창피하고 위신이 말이 아니다. 하나님께 회개하는 마음으로 딸에게 털어놓았다. 행위의 열매를 먹고 자기 꾀에 배부르다는 말씀이 이루어지고 있는 것이 아닌가? 이야기를 듣던 딸의 표정을 지금도 잊을 수가 없다. 가난해도 정직하게 살자고 가르치던 엄마가 책값 10%에 예수님을 팔다니….

연민이 서려있는 가엾다는 얼굴을 하고는 대답을 잃은 그 표정! 아마 예수님이 보시는 얼굴일까? 표정일까? 베드로가 세 번 주님을 부인하

고 주님과 눈이 마주쳤을 때의 주님의 눈빛이였을까? 죄짓고 고통하는 베드로의 마음의 냄새를 주님은 맡으셨을 것이다. 그리고는 "베드로야 잘못을 저지르고 얼마나 마음이 아프냐?"고 눈으로 물으시며 불쌍히 여기셨을지도 모른다. "무릇 지킬 만한 것보다 더욱 네 마음을 지키라 생명의 근원이 이에서 남이니라."(잠 4 : 23)

방향을 돌려 플러싱을 향해 달려가서 단숨에 차를 세우고 기독서점을 들어서서 판매원 앞에 섰다.

"저…."

"아니, 왜 또 오셨어요?"

머뭇거릴 수만은 없었다.

"아까 제가 거짓말을 했어요. 목사님이 보낸 일도 없었는데 책값을 덜 내고 싶어서 거짓말을 했어요. 미안해요!"

당황하는 그녀의 눈이 휘둥그레지더니 곧 활짝 웃는다.

"난 생전에 아주머니 같은 사람 처음 봤어요. 괜찮아요. 그냥 가세요."

말이 떨어지자 황급히 나와 버렸다. 차속에서 우리는 웃었다. 주님도 웃으시고… 그제서야 두근대던 심장 박동이 정상이 되고 평화가 찾아왔다. 10%만큼 덜내고 책을 받았으니 10%의 도선생이 된 셈인데 행한대로 받는다더니 막내가 천신만고 끝에 장만한 가죽잠바를 깡패들에게 빼앗긴 사건이 일어났다. 오랜 세월동안 모으고 모아서 그렇게도 입고 싶었던 가죽 잠바를 장만했는데 교회가던 길 골목에서 다섯명이 둘러 싸더니 한방 때리고 벗겨가고 말았다.

근 일년을 노래하던 끝에 장만한 가죽잠바! 시도 때도 없이 만지고 털고 집안에서도 얼마나 입고 걸어 다녀보았던 막내에게 있어서는 너무나 소중하고 귀한 재산인데 타격받은 상처가 너무나 컸다. 어디서 총이라도 빌려 죽이고 싶다라고 형에게 말을 했다는 것이다.
　백지같은 얼굴로 집에 온 막내가 벽을 치며 울분하던 모습! 마음을 다스릴 수 없는 상태에서 한번 대항이라도 해보고 싶었던 모양이다. 우선 대중이를 껴안았다.
　"대중아! 잠바보다 귀한 엄마, 아빠, 형, 누나가 있잖아? 대중아! 네가 입던 잠바를 입는 아이는 예수님을 믿게 될거야! 그애들은 불쌍한 아이들이야. 그애들을 위해 기도하자. 응? 그리고 더 좋은 잠바를 달라고 기도하자."
　얼떨결에 많은 말을 했는데 성령님께서 대중이를 안정시켜 주셨고 우리는 껴안은 채 기도를 드렸다. 그러나 그후 그 마음이 치료되기까지는 오랜 세월이 걸렸다. 온 가족들이 함께 마음이 아팠던 일인데….
　그해 크리스마스날이었다. 몇 년이나 묵었는지 아주 작고 퇴색된 플라스틱 트리를 거실 구석에 만들어 세우고 반짝반짝 불을 켜 놓았다. 희미한 트리색처럼 가난에 곪아터진 마음에도 반짝이는 불빛처럼 사랑의 불만은 결코 꺼질 수 없었던 성탄이었다.
　막내가 큼직한 크리스마스 선물 상자 네개를 들고 벙긋거리며 추위에 새빨개진 코를 하고 들어선다. 자신이 모은 돈으로 아마 자신의 것은 살 수 없었는지 자신의 것이 없는데도 그렇게 기쁜가 보다.
　"대중아! 이게 웬거야? 네 것은?"
　씨익 웃는다. 남을 기쁘게 해 놓고 기뻐하는 모습! 이것이 크리스천의 삶이 아니고 무엇이랴! 방에 숨어있던 누나와 형이 "와!" 소리를 치며 아주 큰 상자를 들고 뛰어나와 대중이를 덮치는 것이다.
　"열어봐, 대중아!"
　온 식구가 소리치는데 상자 속에는 몇달 전 거리에서 빼앗긴 잠바보다 더 좋은 잠바가 나왔다. 누나와 형이 몇달 동안 동생의 아픔을 달래 주려고 조금씩 돈을 모으며 나에게도 조금만 보태 달라고 하더니 장만했다. "와!" "어!" 대중이가 껑충껑충 뛰기 시작했다. 기쁨이 하늘을 찌를듯 한가보다. "하나님! 고마워요. 형! 누나! 정말 고마워" 서로 서로 껴안고 어쩔줄 모르는 함성을 지른다.

온 식구가 너무나 행복했던 날이다. 동생의 상처입은 부분을 꼭 기억했다가 사랑으로 치료하는 큰애들! 사랑에 감사하는 막내! 좋으신 하나님은 우리를 웃게 해 주시고 주님도 함께 웃으셨다. 누가 우리의 행복을 빼앗아가며 "누가 우리를 그리스도의 사랑에서 끊으리요. 환난이나 곤고나 핍박이나 기근이나 적신이나 위험이나 칼이랴."(롬 8 : 35)

온 식구는 막내가 사온 스웨터를 입어보고 반짝이는 불빛 앞에 둥글게 둘러 앉아 하나님께 감사 예배를 드리며 고난중에 기쁨이 되신 주님을 찬양했다. 큰아들 기타에 맞추어 크리스마스 캐롤을 부르고 또 "주 하나님 독생자 예수 날 위하여 오시었네 내 모든죄 다 사하시고 무덤에서 부활하신 나의 구세주 살아계신 주 나의 참된 소망 걱정 근심 전혀 없네…"를 힘차게 불렀다.

> 오라 우리가 서로 변론하자 너희 죄가
> 주홍 같을지라도 눈과 같이 희어질 것이요
> 진홍같이 붉을지라도 양털같이 되리라.
> 사 1 : 18

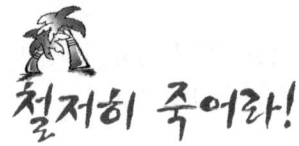

철저히 죽어라!

너의 하나님이 예수 안에서 영광 가운데 그 풍성한대로 너의 모든 것을 채우시리라는 말씀을 붙들고 무던히도 울던 세월이었다. 궁핍해서, 가난해서, 풀이 죽은 것이 겸손인줄 착각하지 않으려고 짓눌린 가슴에 고이 담아 소중히 붙잡은 말씀들과 얼마나 많은 대화를 나누며 걸어온 세월인지….

구하고 찾고 두드리는 일만이 계속되던 어느 날 구인광고 신문을 들고 모 식품점을 찾았다. 이른 아침부터 꽤 많은 사람들이 질서없이 서 있었다. 쉽게 말하자면 식품점 식모살이 하겠다는 것이다. 기다리는 동안 생각에 잠겼다.

어떻게 하면 빨리 더 나아질 수 있는 것인지 가난의 고통을 벗어나고 싶어 몸부림치던 나에게 가까이 살고있는 한 여인이 생각났다. 그녀는 굴지의 재벌은 아니나 퍽 잘 살았는데 그녀로부터 짓밟힌 마음은 도무지 잊을 수가 없다. 그녀에게만은 가까이 가기도, 함께 일할 수도, 도움조차도 받기 싫었다.

피눈물을 삼키던 고통. 도무지 그녀의 삶 속에만은 뛰어들고 싶지 않다고 입술을 깨물며 두고보자던 시한폭탄을 마음에 꼭꼭 숨겨둔 나에게 철저히 죽으라는 성령님의 음성을 들었던 날. 너무너무 싫은 그녀를 사랑하고 그녀 집에 식모살이라도 들어갈 수 있어야만 주님처럼 철저히 죽는 것이라는 음성이다.

나에겐 자신의 마음대로 안된다는 욕심이 들어 있다는 것이다. 소름이 끼쳤고 그냥 죽고 싶었다. 그러나 나를 위하여 죽어주신 그분의 음성을 외면할 자신도 없었고 그렇다고 그녀 집에 식모살이를 갈 자신은 더더구나 없어서 눈물마저 빼앗긴 채 멍하니 초점을 잃었던 그 순간만은 지옥의 뜨거운 불을 삼켜버린 아픔이었다.

결국 사흘을 굶으며 기도원을 찾아 십자가 밑에서 울던 나는 주님의 못자국난 보혈의 손에 굴복했을 때에야 주님은 눈에 눈물도 닦아주시고 가슴에 멍에도 풀어 주시면서 사랑한다고 속삭여 주시는 위대한 힘에 끌려 무엇이든지 할 수 있어서 그녀에게 전화를 걸었다.

"○○○야, 나 말이야 너희 가게에 식모살이 좀 시켜줄 수 있니?"

"남편에게 물어보고요."

며칠이 흘렀다.

"일하는 아줌마 더 필요없대요."

냉정한 대답이다. 도무지 그럴 수 없는 처지인데… 식모마저 거절당할 수는 절대로 아닌 사이인 것이다.

"알았어!"

비명에 가까운 외마디와 동시에 수화기를 내려 놓았다. "주님, 멸시와 천대로 짓눌린 가장 싫어하는 사람에게 굴복하라시더니…" 엎드린 얼굴에는 눈물이 떨어지는데… 아니란다. 추호도 거짓없이 낮아진 너의 마음을 받았기에 그것으로 족하단다. "너의 마음을 받았으니 일어나거라."언뜻 스치는 주님의 음성에 그제서야 진정으로 마음이 낮아졌는지 아니 순종하는지 항상 보고 계시다는 사실 앞에 마음만 합격되면 마땅히 응징되어야 할 벌도 면할 수 있다는 주님의 사랑을 알게 하신 것이다.

 허물의 사함을 받고 죄의 가리움을 받은 자는 복이 있다는 말씀이 생각났다. 순종하는 마음을 찾고 계시는 하나님의 마음을 움직이는 능력이 곧 순종임을 어쩌랴.

 차례를 기다리면서 또 다시 식모살이를 하겠다고 막일을 다시 찾고 있는 자신을 보면서 가난과 대결하는 자학인지 아니면 좀 고상한 일 보다는 보수가 많은 노동으로 한 푼이라도 더 받아야 하는 씨름인지 가름하기조차 싫었다. 결국 그곳에서도 낙방을 하고 보니 식품점 안에서 앞치마를 두르고 밑반찬을 들고 왔다 갔다 분주한 아줌마들이 얼마나 부러웠는지….

 세월은 가고 선교사로 브라질에 온지 2년. 섬기는 교회 총동원 전도 주일에 전도 현황보고를 하던 사랑하는 어느 십사님의 고백을 듣고는 웃을 수도 안 웃을 수도 없었다.

 "사실은요, 제가 뉴욕에 다니러 갔을 때 몇 번이나 사모님이 전도지를 들고 플러싱 길거리에서 전도하는 것을 보고 미안할까봐 내가 피했었어요. '아아! 김약국이 망했다더니 저렇게 선도지를 돌리면서 돈을 받는구나' 라고 생각했어요."

 온 교우들의 시선이 나를 향하고는 까르르 웃는다. 함께 따라 웃기는 했지만 지난날 고통의 세월로 다시 돌아가 마음이 아파왔다. 집사님은 계속했다.

"하루는 플러싱에 있는 저의 친척이 운영하는 모 식품점에 들렀던 날이예요. 밖에 늘어 서 있는 사람들을 보면서 저 사람들 뭘하는 것이냐고 물었더니 취직하려는 것이라고 했어요. 그런데 그 중에 사모님이, 아니 그때는 집사님이셨던 사모님이 서 계시더라구요. 당황해서 친척에게 저기 저 사람 좀 써줘, 응? 저 사람 말이야."

그녀는 자신도 모르게 안타깝게 부탁을 했다는 것이다.

"저런 사람을 어디다 쓰니? 나이가 많아서 안돼" 하더란다.

온 교우들이 또 까르르 웃는다. 그 집사님은 종내 내가 부끄러워 할까봐 숨었다지만 만일 그때 나와 마주쳤다면 빽좀 써 달라고 매달렸을텐데….

식모살이 거절 두 번의 경력자가 되다니 쓴웃음이 지나갔다. 후에 그 여집사는 익살스럽게도 막상 꼭 할말은 못했다며 아쉬워 하는 것이었으며 사실 사모님이 그때 그런 역경이 있었기에 오늘날 주의 종이 되었을 것이라는 말을 못하고 내려왔다며 고난이 유익이었음을 시인하는 것이었다.

식모살이마저 내 힘으로 할 수 없었던 지난 세월 자신이 한 일이라고는 하나도 없음을 알고 고난마저도 자신의 힘으로 감당한 것이 아니었음을 되새겨 본다. 오직 약속의 말씀 안에서 감사할 수 없을 때 감사하고 실패의 자리에서 성공을 보며 주님만을 향해서 가난하고 궁핍한 마음을 뿜어 낼 수 있었던 것은 모든 고난이 복음을 위한 것이요. 나는 주님의 자녀라는 이 기쁨과 주님의 은혜였음을 고백한다.

"가난한 자는 그 형제들에게도 미움을 받거든 하물며…." (잠 19 : 7)

환난의 건널목에서 우리 부부는 서로 보고 웃고 있었다. 절대로 부서지지 않겠다더니, 절대로 깨어지지 않겠다더니, 힘도 능력도 없어 바보처럼 마주보고 웃고있는 만신창이가 우리 부부였다. 앞니마저 3대나 부러져 떨어져서 영락없이 바보 같은 순진한 얼굴의 남편이 아브라함처럼 바보스러울 정도로 순종과 믿음의 종이 되게 해 달라고 무던히도 울어대던 무릎을 상징함인지 치과는 상상조차 할 수 없던 시련의 골목에 멈추어 서로가 서로를 보며 웃고 있는 것이다. 되는 것이라고는 없는데도 마음의 길을 타고 줄기차게 흐르는 긍휼의 강물은 우리를 묶어 어디론가 이끌어 가고 있는 것이 아닌가?
　또 가고 또 끌고 또 가고 또 끌고… 주님과 속삭이고 싶다. 그리고 만나고 싶다. 순간마다 주님을 만나지 않고는 호흡이 멈추고 심장에 고동이 멈추어 서기에….
　주님께서 오늘은 과연 어떤 모습으로 찾아오실까? 아브라함이 대접한 천사의 모습일까? 소돔성에 롯을 살린 천사의 모습일까? 아니면 거지 나사로의 구걸하는 손일까? 다윗을 사랑하던 요나단의 모습일까? 그것도 아니면 로뎀나무 아래 떡과 물을 가져다준 까마귀의 모습일까? 사르밧 과부를 찾아준 엘리야의 모습일까? 베드로를 책망하시던 음성일까?
　"사단아 물러가라.너는 나를 넘어지게 하는 자로다"오늘 찾아오신 주님을 행여 그냥 지나칠까봐 마음이 떨린다. 팔목과 발목에서 낭자히 흐르는 보혈로 사랑과 섬김을 가르치신 그분을 못 알아 볼까봐 마음이 떨린다. 주님이 메워주시지 않았다면 인생바닥 막일마저 배당 받지 못한 오늘을 어떻게 감내할 수 있었단 말인가?
　"내가 그리스도와 함께 십자가에 못 박혔나니 그런즉 이제는 내가 산 것이 아니요 오직 내안에 그리스도께서 사신것이라. 이제 내가 육체 가운데 사는 것은 나를 사랑하사 나를 위하여 자기 몸을 버리신 하나님의 아들을 믿는 믿음 안에서 사는 것이라." (갈 2 : 20)

어떤 모습으로 찾아오시든지 나는 그분을 박대할 수가 없다. 그분은 나의 전부이시기에… "주여 당신은 나의 왕 나의 구주시라…."

**근심하는 자 같으나 항상 기뻐하고
가난한 자 같으나 많은 사람을 부요하게 하고
아무것도 없는 자 같으나 모든것을 가진자로다.**

고후 6 : 10

설익은 전병

브라질 이민 동기였던 K여집사의 분노를 터뜨리는 전화 소리가 새벽을 가로질러 고막을 뚫고 마음의 벽을 마구 헐기 시작한다. 마음의 창이 부서지고 문짝이 떨어져 나가는 고통이다. 곗돈을 못 낸 죄가 빚은 마땅한 책망이기에 용서를 빌며 조금만 더 참아달라고 애원하던 주일 날 새벽! 사단은 소위 사람들이 망했다고 하는 기준으로 소망을 잘라먹어 버리게 하고는 내일을 보는 눈마저 맹인과 같이 만들어 버리는가 보다.

가뜩이나 절룩거리는 삶에 지쳐버린 나였지만 고난의 자리에서만 얻을 수 있는 담력을 갖고 싶어서 소망을 바라보며 고난을 찬양하는 마음으로 자신의 귀에만 들리도록 "할렐루야, 할렐루야" 하나님을 찬양했다. 찬양만이 문제 해결의 열쇠임을 성령님께서 깨우쳐주지 않았다면 하루도 한시도 양보할 수 없다며 당장 내 놓으라는 그녀의 일방통행에 다른 답을 찾을 수가 없었다.
"할렐루야는 왜 찾는 거예요?"
어찌나 소리를 지르는지 심장이 두근거리고 금방 내려앉는 것만 같았다. 아주 작게 했는데도 그녀의 귀에 들렸는가보다. 남편을 바꾸라고 호통을 치더니 그녀는 자신의 남편을 바꾸는 것이다. 그녀의 남편으로부터 호된 가르침과 꾸중을 듣는 아이 아닌 아이가 된 나는 남편을 바꾸지 않은 채 남편 몫까지 받느라고 착실하게 견디고 있었다.
누군가가 말하기를 돈이 원수라 하더니 이쯤 되면 돈이 원수인 것도 같았으나 돈이 아니라 돈을 사랑함이 일만 악의 뿌리라고 성경은 분명히 가르치고 있는데 과연 나는 돈을 사랑하지 않을 수 있을까? 돈 때문에 고통을 당한다해도 돈의 노예만은 되지 않기를 간구하는 마음이다.
브라질에서 가내공업으로 재봉을 하던 그녀의 집에 심방을 가면 어지럽게 이리저리 쌓인 바느질거리와 정돈되지 않은 살림에 이민의 고통을 읽고는 그들의 필요를 따라 보증도 서주고 그들을 위해 중보하며 기도로 고통을 함께 나눌 때에는 두 내외가 어찌 그리 겸손했었는지 그러나 이곳 뉴욕에 이주해온 그 부부가 봉제공장이 몇 개나 되어 부유해진 오늘의 그들은 무서운 선생님! 호되게 인생을 가르치는 분들로 변해 있었다.
속에서 분노의 응어리가 솟구쳐 올라오는 것이 아닌가? 하나님께서 나를 통해 자기들을 도울 수 있었던 때도 있었건만… 중얼거리는 나! "어이구, 미워라" 하나님께서 시켜서 하긴 했지만 실은 나, 나, 나의 공로가 고개를 들고 올라오기 시작하는 것을 어찌랴! 할 수 없는 것이 인간이요 정말 치사한 것이 인간인가 보다. 하나님을 빙자하면서 자신의 공로가 올라오다니… 사단의 마음이라는 생각이 들자마자 지체없이 무릎을 꿇었다. "하나님 아버지 제게 이런 마음이 들어왔습니다."
 솔직하게 마음을 열고 고백하며 "예수 이름으로 물러가라." 사단의 마음을 꾸짖고 "스스로 속이지 말라. 하나님은 만홀히 여김을 받지 아니하시나니 사람이 무엇으로 심든지 그대로 거두리라."(갈 6 : 7)는 말씀을 붙들고 오히려 그들에게 축복을 심기로 마음먹고는 그 순간 하나님께서 생각나게 하시는 복은 다 빌었다. 그들이 오늘 말씀에 큰 은혜 받기를! 영, 육, 자손의 복과 아브라함이 받은 복까지 차곡차곡 구하기 시작했다.
 어느덧 그들을 위해 진심으로 기도하던 나의 볼을 타고 흐르는 뜨거운 눈물이 입으로 들어가는 것을 삼키면서 "아버지, 감사합니다." 나는 어느새 그들을 사랑하고 있음을 알았다. 섬기던 교회 P목사님이 축복을 빌라 만일 상대가 받을 자격이 없으면 축복을 빈 사람에게 돌아온다던 말씀이 생각났지만 나는 진심으로 그들이 계속 잘되기를 바라고 있었다.
 감당못할 시험 당함을 허락지 아니하시는 주님은 사랑하기 싫은 사람을 사랑하는 연습. 축복하기 싫은 사람을 축복하는 연습을 시키시므로 설익은 전병(떡)같은 나를 골고루 익혀가고 계셨다. 고통의 풀무 속에 넣으시고 내가 아파할 때 주님도 아파하시고 내가 울 때 주님도 우시면서 연약함과 무지함을 솔직히 인정하고 구하면서 하나님만 의지하고 순종하도록 집요하게 끌어 당기셨다.
 사랑의 하나님은 가난과 부를 교차시키므로 일체비결을 배워 주시고야 마시겠다는 것이 아닌가? "아버지! 계좌에 쌓아놓고 쓸 수는 없나요?" 아무리 부르짖어도 이 기도만은 아직도 침묵으로 계시면서 눈물양식으로 채우시고 다량의 눈물만 먹게하심을 어찌하랴? "주님! 이제

그만 일어나소서! 우리의 죽게 된 것을 안 돌아보시렵니까? 주님을 깨우는 눈물과 가난의 풍랑을 잔잔케 하시며 배를 저어 가는 연약한 손을 잡아 주소서!" 두 손을 높이 들고 "할렐루야"를 부르는 마음 속에는 다시금 주님이 주신 평화가 살며시….

월요일 출근길 차 속이다. 사도신경을 외우고 찬송을 부르고 늘 하던 대로 릴레이 기도가 시작되었다.

성령님께서 곗돈 때문에 펄펄 뛰던 그녀의 마음을 읽게 하셨다. 곗돈을 우선 대체해 놓는 일이 쉬운 일은 아니였을 것이다. 게다가 꼭 나 한 사람만이 말썽을 부리라는 법은 또 어디 있는가? 나 같은 사람이 또 있었다면 얼마나 힘들었을까? 힘들다보니 체면이 어디 있으며 할 말 못할 말이 어디 있었겠는가?

마구 퍼부어댔지만 지난날 정 때문에 편치 못했을 그녀의 마음을 읽자 "하나님 왜 이래야만 하나요? 왜 그녀를 괴롭혀야 하냐고요?" 눈물이 흐른다. 운전하며 함께 기도하는 남편에게 자신의 마음이 들키는 것이 하나님께 고백하고 용서를 구하는 것보다 더 부끄럽고 거북스러웠지만 하나님을 향한 죄의 고백을 그칠 수는 없었다.

벌거벗었으나 부끄럽지 않은 사이로 부부를 지으신 것은 서로의 약점이나 죄가 자연스럽게 드러날 때 사랑으로 서로 용납하고 감싸주므로 치유를 받는 사이지만 아무렇게나 행동해도 된다는 말은 아니지 않은가? 그러나 나는 하나님께 부끄러운 마음의 죄를 고백하면서도 한편으로 남편도 하나님께 좀더 솔직하기를 종용하려는 의도가 있었다.

평소 '당신은 왜 솔직하게 회개를 안해요? 당신 때문에라는 불평이 있었다는 사실이다. 인간은 참으로 치사한 동물이다. 하나님께 자신의 죄를 고백하는 회개의 순간에도 당신도 나 같으라는 욕심이 생기다니…

삶속에 죄 아닌 것이 없는데 어찌 주님의 은혜를 거부할 것인가?
 가게문을 열고 기도를 마치면 한 장의 전도지를 들고 간절히 기도를 드린 후에 거리로 나가 마음에 와닫는 사람에게 전도지를 주고 돌아오는 것이 일과중 하나였으나 그날은 어서 그 K집사에게 전화를 걸어 용서를 구하라는 성령님의 음성 때문에 그 일을 오후로 미루었다.
 외형적으로는 그녀에게 대항하지도 않았고 미안하다는 말밖에 한 말이 없건만은 마음속에 미움의 소리를 들으신 하나님은 당신께서 회개를 받으신 것으로 끝내 주시지를 않으시는 것이다.
 예배드리기 전 전도 나가기 전에 "사랑하라." 더욱 열심히 "사랑하라." 하나님의 명령! 누가 어길 수 있는가? 전화기로 다가가서 수화기를 귀에 대고 다이얼을 돌렸다. 가슴이 두근거린다.
 "여보세요." K집사의 강하고 쨍하는 소리가 들려온다. 나는 반사적으로 수화기를 놓아 버렸다. 어제의 표독스러운 음성과 인상이 연상되어 마음도 손도 떨렸지만 사랑의 그릇을 만들기를 절대로 포기하시지 않는 하나님 앞에 불순종은 죽음이 아닌가? 다시 다이얼을 돌리고는 "여보세요." 소리도 하기 전에 수화기 드는 소리가 나자마자
 "집사님, 저예요. 용서해 주세요. 잘못했어요. 곗돈 못내 괴롭힌 것 용서해 주세요. 하나님께서 주신 고난! 옛날 일 떼기 올 거예요. 집사님, 정말 미안해요. 곗돈도 못낸 주제에 집사님을 미워했어요."
 나는 이미 목이 메여 울고 있었다. 잠시 침묵이 흘렀고 드디어 그녀가 목멘 소리로
 "저도 미안해요, 장로님 댁이 너무나 고생하시는 것을 알면서…."
 "너희가 사람의 과실을 용서하면 너희 천부께서도 너희 과실을 용서하시려니와 너희가 사람의 과실을 용서하지 아니하면 너희 아버지께서

도 너희 과실을 용서하지 아니하시리라."(마 6 : 14-15)

할렐루야! 하나님께만이 아니라 당사자인 사람과도 화목케 하신 하나님! 그분은 늘 나를 마음대로 하실 수 있는 "나의 왕, 나의 구주" 예수님이신 것이다. "오! 주여, 당신은 위대하신 나의 주인, 나의 구세주!"

> 그러므로 예물을 제단에 드리다가
> 거기서 네 형제에게
> 원망 들을 만한 일이 있는 줄 생각나거든
> 예물을 제단 앞에 두고 먼저 가서
> 형제와 화목하고 그 후에 와서 예물을 드리라.
> 마 5 : 23-24

4부
제 곁엔 하나님이 계세요

기찻간에서 예수파는 처녀

19 90년 4월 12일 아침! 자동차를 정비소에 맡겼다. 주인을 잘못 만나 수난 속에 함께 고통하며 성한곳을 찾아 볼 수 없는 자동차. 그러나 나는 무엇이기에 주인되신 주님을 만나 고난 속에서도 구원의 즐거움을 누리게 하시는 것인가?

딸 현지랑 기차를 타고 '자메이카' 역에 내려서 갈아타고 가야할 기차를 기다리다가 무심코 휴게실을 들여다 본 나의 눈에는 삶에 지친 모습으로 맥없이 앉아 있는 수많은 흑인들과 간간이 섞여있는 백인들과 동양계 일본인, 중국인들도 그저 말없이 앉아 있는 지친 그들의 영혼이 눈에 띄었다. 저들도 나처럼 예수님 때문에 고난 속에서도 기뻐할 수 있었으면 하는 마음이 들었다.

성령님은 십자가의 죽으심이 나만의 것이 아니라고 말씀하시며 피흘려 죽으신 사랑의 주님을 그들에게도 전하라 하신다. 이 인종시장에서 그것도 영어로, 전도지도 없는데… 생각을 행동으로 옮기기에는 자신의 몰골이 너무 초라한 것 같고 언어의 장벽과 이것저것 자신의 생각이 자리를 잡는 것이었다. 생각하던 나는 옆에 서 있는 딸에게 넌지시 짐을 떠맡기고 싶었던 마음으로

"현지야! 너 영어 잘하지?"

"왜요?"

눈치를 챘는지 눈이 동그래지는 것이다.

"저 말이야, 휴게실에 들어가서 사람들에게 예수 믿으라고 해. 응?"

은근히 현지가 해주기를 바라는 마음으로 말을 건네 보았으나 난처한 표정을 지으면서 싫다는 것이다. 어쩔 것인가? 나는 전도지를 돌리는 일은 무시로 순종해 왔지만 한번도 이렇게 많은 사람 앞에서 더구나 영어로 외칠 용기가 나지 않았다.

성령님은 계속해서 마음을 두드리시는데 '두려워말라. 왜 현지를 의지하느냐? 내가 도와주리라. 내가 하리라. 네가 사람 앞에서 나를 시인하면 나도 하늘에 계신 내 아버지 앞에서 너를 시인할 것이요 네가 사람 앞에서 나를 부인하면 나도 하늘에 계신 내 아버지 앞에서 너를 부인하리라' 하시며 다그치시는 음성! 주님의 사랑의 불꽃이 이끄시는대로 나는 어떤 강한 힘에 이끌려 휴게실 문을 열었다.

문을 열고 들어서는 순간에 "Believe! Jesus Christ!"(주 예수를 믿으라)라고 외치면서 걷기 시작했다. 긴 휴게실을 끝까지 외치며 사람들의 눈을 맞추고 손을 잡고서는 '주님은 당신을 사랑하신다. 당신은 다시 태어나야 한다' 라며 걸었다. 어느새 능숙하고 유연한 자세로 주님을 전하고 있는 것이 아닌가? 부끄럽기는커녕 죄의 사슬에 매여 지옥으로 끌려가는 그들이 불쌍해서 견딜 수가 없었다. 놀라운 것은 하나님의 일

은 시도하기만 하면 그때부터는 하나님께서 친히 하신다는 사실이다. 한 백인여자가 자신은 예수를 안 믿는다고 하길래 짧은 영어로 인간은 모두 죽는다. 하나님은 당신을 사랑하셨기 때문에 독생자 예수를 십자가에 죽이셨다. 예수를 믿기만 하면 구원을 얻는다며 그녀의 손을 꼭 잡아 주었다. 그 어느날 그녀의 마음속에 들어간 겨자씨만한 말씀이 폭발할 날을 기다리면서….

지금은 은혜받을 만할 때요. 구원의 때라. 하나님께서는 하나님의 때에 친히 우리를 사용하심을 아는가? 자석같이 끌어주시는 사랑에 자신을 맡기며 순종한 자의 기쁨을 체험케 하신 그날 저녁 7시 50분 귀가길의 기차 속에는 한 20여 명의 승객들이 더러는 이야기를 하고 어떤 이는 하루의 피곤을 달래는 듯 눈을 감고 있는 이도 있었다.

내일은 주님이 돌아가신 성 금요일로써 이 고난 주간에 주님을 위해 무엇을 할 것인가? 지금 바로 이 순간에 하나님 아버지께서 우리에게 요구하실 것이 있다면 무엇일까? 반드시 이 기차 안의 저 영혼들에게 주님을 전하라고 하시겠지. 차가 고장이 난 것도 현지와 함께 가게에 나온 것도 또 남편과 셋이서 이 기차를 타게된 것도 결코 우연은 아닌 것이다.

이 기차 속에는 구원받아야 할 영혼이 있기에 주님이 예정하신 일임을 인정했다. 조용히 기도를 드렸다. 주님께 우리를 드리기로… "현지야, 일어나. 그리고 주님을 전해! 전하지 못하는 자가 부끄럽지 전하는 자가 부끄러울 것이 없단다. 용기를 내! 하나님이 우리와 함께 하셔. 주님을 전하지 않고 어떻게 주님을 사랑한다고 할꺼야?" 현지는 아무런 대답도 없이 고개를 숙이고 눈을 감았다.

드디어 현지는 조용히 일어서고 우리 부부는 열심히 성령님의 도우심을 구했으며 현지는 낭랑한 음성, 유창한 영어로 입을 열기 시작했다.

"여러분! 여러분은 목적지에 가려고 티켓을 사시고 이 기차를 타셨지만 한번 왔다 가는 이 세상에서 영원한 나라인 천국으로 가는 티켓은 사셨나요? 천국행 티켓은 값이 없답니다. 무료로 사실 수 있는 천국행 티켓은 바로 이 고난주간 후에 여러분과 나를 위해 죗값으로 십자가에서 죽으시고 부활하신 예수님, 그 몸을 주신 예수님을 믿는 것입니다. 믿기만 하면 구원을 받습니다.

저는 이 시간 여러분께 아무것도 요구하지 않습니다. 오직 우리를 위해 죽으신 예수님을 전할 뿐입니다. 내가 믿고 나의 삶에 기쁨과 변화를 주셨으며 생명되신 주님을 여러분께 소개합니다."

또박또박 주님을 전하는 그 순간 우리 부부는 계속해서 기도를 드렸다. 처녀의 몸으로 부끄러움을 이기고 예수님을 전하는 딸의 말이 끝나자 여기 저기서 'Thank you' 소리와 함께 손뼉치는 소리가 들려오고 그리고는 달려와서 동양인 처녀를 너도나도 껴안아 주는 것이 아닌가?

자리에 앉은 현지는 기도를 하고나서 이렇게 말했다. 아침에 '자메이카' 역 휴게실에서 엄마가 영어도 잘 못하면서 예수를 외치고 나온 뒤에 마음에 찔림을 받았다고 했다. 더구나 딸도 "네가 사람 앞에서 나를 시인하면 나도 하늘에 계신 내 아버지 앞에서 너를 시인할 것이요, 네가 사람 앞에서 나를 부인하면 나도 하늘에 계신 내 아버지 앞에서 너를 부인하리라"는 말씀이 생각나서 견딜 수 없었다고 하는 것이었다.

주님은 우리에게 늘 말씀으로 찾아와 주시고 순종하게 하신 후에 주시는 이 큰 기쁨을 맛보지 않은 자가 어찌 알 수 있으랴! 모든 인간의 죄를 한 몸에 지시고 그 무서운 심판을 받아 숨을 거두시는 주님의 고통은 도저히 무지한 인간의 머리로는 헤아릴 수 없는 은혜요. 깨달을래야 깨달을 수조차 없는 그 사랑과 그 은혜를 받은 우리를 사용해 주신 주님께 어찌 감사하지 않으랴! 더욱 겸손한 마음이 자신을 도사리고 더욱 작게 만들어 주님안에 한 점이 되어버린 우리는 비록 차도 없이 쓸쓸한 밤거리를 걷고 있지만 하나님의 나라가 우리 마음에 있기에 부족함이 없었다.

"겸손과 여호와를 경외함의 보응은 재물과 영광과 생명이니라."(잠 22 : 4)

사람 앞에서 주님을 시인하고 전한 현지의 장래를 맡아주신 주님의 상급이 얼마나 큰 것이었는지를 앞으로 독자들과 함께 나누기 위해 주님께서는 나에게 펜을 쥐어 주셨는지도 모른다.

> 하나님의 지혜에 있어서는 이 세상이
> 자기 지혜로 하나님을 알지 못하는 고로
> 하나님께서 전도의 미련한 것으로 믿는 자들을
> 구원하시기를 기뻐하셨도다.
>
> 고전 1 : 21

폐업 감사예배

콩나물 꼬리를 잘랐다. 자신의 모든 못된 버릇을 떼어버리듯이 기도하면서… 엉뚱한 생각이 들었다. '칭찬에 대해서' 칭찬! 참 좋으면서도 묘하고 무서우면서도 경계할 단어다. '도가니는 은을, 풀무는 금을 연단하거니와 칭찬은 사람을 시련하느니라'는 잠언의 말씀처럼 과연 나는 칭찬을 하면서 또 받으면서 얼마나 많은 죄를 지었는가?

　하나님의 영광보다 사람을 기쁘게 하므로 숨겨진 자신의 유익을 챙길 일! 이는 아첨의 죄가 아닌가? 아첨하는 혀는 끊어진다고 했는데… 용서를 비는 마음이다. 칭찬을 받을 땐 또 어떠했는가? 칭찬을 받으면 자신이 한 줄 착각하고 순간 우쭐했다가 깜짝놀라 하나님께 영광을 돌린 적은 또 얼마나 많았는지… 사단에게 마음을 빼앗길까봐 칭찬이 남에게 돌아가는 것을 기뻐할 수 있도록 기도해야 했고 주님의 은혜로 조금이나마 나로 나된 것이 전적인 하나님의 은혜임을 고백하는 것이다.

"내가 차려놓은 상을 남이 좀 먹으면 어때?" 언젠가 오빠에게 들은 말인데 왜? 우리 인생은 자신이 차려놓은 상을 남이 먹으면 배가 아픈 것인가? 또 남이 차려놓은 상을 먹으면서 불평하는 것은 또 무엇인가? 토기를 만든 토기장이의 권한을 빼앗으며 다른 토기보고 하는 말이 너는 왜 그렇게 생겼냐고 말하는 이 거만한 마음이 자신 스스로 해를 당함을 모른채 자기자신을 달달볶고 고문하며 사는 인생들이니 말이다.

85년도 일기속에 숨어있는 자신이 보인다. 내딴에는 잘한다고 했던 일들이 고작 남편을 정죄하고 죄인 취급하고 있었다. 기도할 수 없었던 남편의 마음이 어떤 것이었는지, 그나마 일터에서 성경을 읽는 것만으로 십자가를 붙들어야 했던 아픔마저 짓밟아 버리고는 왜 울부짖지 않느냐며 마치 남편의 울음을 보아야만 직성이 풀릴 것 같았던 억지는 모세를 원망하던 이스라엘의 피가 유전된 탓인지도 모르겠다. 진정 부부의 온전한 사랑과 섬김이 이루어지기 전에 정죄하고 판단하면서도 복만 받으려 했던 욕심이 무너져 버린다. 끝없이 반복되는 하나님의 용서 안에서 죄없는 콩나물 꼬리를 야무지게 잘라내며

"난 부서져야 해! 깨져야 해! 철저히 죽어야 해!" 자신을 치고 때리는데 전화벨이 요란하게 울렸다.

"여보세요?"

"여보."

남편의 음성이다. 함께한 수많은 세월이 음성의 고조와 음색만으로 이젠 서로가 무엇인가를 직감할 수가 있었다.

"왜 그래요? 무슨 일인데요. 빨리 말 좀 해요. 빨리…."

"가게에 도착해 보니까 밖에서 가게문을 잠궈 버렸어요."

임대료가 400달러 정도 밀려 있었는데 건물주인이 가게문을 잠궈 버

렸다는 것이다.
 "할렐루야! 여보, 잘됐어요. 그 문은 건물주인이 잠근 것이 아니고 하나님께서 잠그셨어요. 이젠 신학교 들어가는 거예요. 네?"
 할렐루야! 준비나 했던 말처럼 단숨에 쏟아져 나왔다. 이 순간을 얼마나 기다리고 기다렸었는가? 빨리 망하기를 위해 기도했다면 누가 믿겠는가마는 완전히 바닥에 내려앉는 순간이야말로 하나님께 합격하는 순간이요, 죄값을 치루는 순간임을 어쩌랴! 마지막 사업이 무너졌는데 무슨 힘이 그리도 솟더란 말인가? 설명할 수 없는 홍분된 기쁨이다. "하나님 감사합니다." 울어야 할 날 웃음이 나오고 슬퍼해야 할 일이 기쁜 것은 무슨 이유일까?
 "여보 곧 갈께요."
 그날따라 본교회 목사님이 안계셔서 K전도사님을 모시고 달려가서 자물통을 부수고 들어섰다. 손때 묻은 자국마다 주님께 매맞은 사랑의 흔적이어서 눈물이 핑 도는데도 내일 일이 걱정도 안되는 놀라운 평화가 임하는 것은 또 웬 일인가?
 K전도사님과 우리 부부는 기도실로 들어가 자리를 잡고 앉았다. 벽에 붙어있는 기도제목대로 열심히 기도했던 이 기도실이 결국은 망한 것 같으나 이제야 물고기 뱃속에서 토해지는 순간이 아닌가 하는 생각이 들었다.
 마태복음 5 : 12절의 '심령이 가난한 자'의 복에 대한 말씀을 들으며 폐업 감사예배를 드렸다. 두손을 하늘을 향해 높이 들고 할렐루야를 부르면서 하나님의 프로그램 속에서의 세번째 사업! 고난의 헤엄치기에 종지부를 찍고는 미련없이 모든 것을 버려둔 채 그곳을 떠났다.
 후에 필라델피아에 계신 L목사님이 우리를 보고 웃으시며 말씀하셨다. "개업 감사예배는 보았어도 폐업 감사예배는 못봤는데 이거야 참…." 완전히 망해 손털면서도 감사예배를 받으신 하나님! 얼마나 대단한 분이신가 말이다. 닥쳐올 위기 앞에 바퀴벌레와 쥐새끼만이 반겨주는 셋집에 들어선 우리 부부는 고달픈 여행에서 돌아온 것같이 온몸이 나른했다.

"내 진작 주의 길을 갔더라면 당신과 아이들을 이렇게 고생시키진 않았을 것을. 미안하오. 여보, 나 위해 기도해 주구려."

남편이 바닥에 주저 앉으며 입을 여는데 말끝을 흐리며 격정을 누르지 못하고 두 눈에는 눈물이 고였다. 물고기 뱃속! 얼마나 고달팠을까? 드디어 법괘를 어깨에 소중히 메고 요단강에 발을 들여 놓으려는 순간 눈물과 회개의 오병이어를 주님께 드리는 남편! 우리 부부는 서로 부둥켜 안고 울면서 상처받고 상처입은 서로의 마음을 위로하며 간절히 기도를 드렸다. 억지로라도 그렇게 보고 싶었던 남편의 눈물! 주님께 헌신하는 고귀한 눈물! 우린 얼마를 울었는지….

서랍을 열고 꺼내는 흰 봉투 속에 신학교 입학원서가 들어 있었다. 언젠가 P목사님이 "아무리 기도해봐도 두 분은 주의 종이 되어야 한다"며 갖다 주신 것이었는데 바로 그 다음날이 원서 마감날인 것을 보고 우리 부부는 깜짝 놀라지 않을 수 없었다. 원서 마감 하루 선에 사세 문을 잠궈버리신 하나님을 어떻게 생각해야 하는가?

그분은 분명히 우리의 삶을 운전하고 계셨던 것이다. 또 희안한 일은 남편이 신학교에 입학하자 G목사님을 통하여 뉴욕「두란노 서원」에 총무로 취직이 되었다. 무엇을 먹을까 무엇을 입을까 걱정하며 믿는 자를 부끄럽게 하시는 사건이 수시로 일어날 때마다 철저하신 하나님을 찬양치 않을 수가 없었고 연약한 믿음이 죄송스러울 뿐이다.

출근을 며칠 앞둔 어느날 무심코 남편에게 말을 건넸다.
"여보 출근하는 날 무슨 옷을 입고 가죠?"
"우리가 고난을 당하는 동안 당신이 내 옷 산 적 있소? 겨울옷은 있으니 그거라도 입고 가야지 뭐."
차라리 묻지 말 것을 하는 생각에 무참해진 내가 다시 물었다.
"양복 한 벌에 얼마나 할까요?"
관심조차 없이 살았던 우리가 알길이 없었다.
"난 목이 가늘고 손발이 길어서 맞는 것도 없겠지만 아마 300달러 정도는 하지 않을까?"
아무 대책이 없던 우리는 더이상 말을 할 수가 없었다. 이 대화를 들은 사람도 없었고 누구에게 말한 일도 물론 없었을 뿐 아니라 양복달라는 기도조차 못하고 지나쳤는데…. 출근하는 날 아침 7시에 전화벨이 울렸다. 받아보니 교회성도인 젊은 애기엄마다. 구수한 경상도 사투리가 섞인 정이 넘치는 목소리로
"있잖아예. 성령님께서예 장로님 양복을 한벌 해드리라케예 그런데예 돈이 엄썼거든예 오늘 아측에는예 마 할라카믐하고 하지 말라카믄 말라케예 겁이나 죽겠어예 마침 돈이 생겼거든예 가지고 갈꺼라예!"
"뭐라고? 애기엄마!"
채 말도 하기전에 대답도 필요없다는 듯이 일방적으로 전화를 끊어버리는 것이다. '이것이 웬 일이며 은혜란 말인가?' 하나님께서 우리 부부의 대화를 들으신 것이다. 그리고는 수많은 사람중에 그녀에게 명령하신 것은 하나님만이 하실 수 있는 일이 아닌가?
눈물이 핑돌았다. 이토록 함께 살아서 역사하시는 하나님을 잊어버리고, 대화조차도 기도로 받으시는 하나님을 귀머거리로 착각하고, 일

을 행하시는 여호와를 주무시는 분으로 만든 불신앙의 불효를 저지르고 사는 나는 문득 겁이 났다.

하나님과는 말을 많이하고 사람과는 유익이 되는 말만 해야겠다고 생각하는데 조금 후 젊은 애기 엄마가 꼬마들을 데리고 들어섰다. 묵한 접시, 떡 한 접시 그리고 흰 봉투를 내려 놓고는 바쁘다며 서둘러 돌아갔다. 섬김으로 주님의 형상을 드러낸 그녀! 돌아가는 작은 예수를 보며 봉투를 뜯으니 300달러가 들어 있었다. 액수까지 맞추어 주신 것이다. 그나마 100달러를 다른 곳에 쓰고 망설이며 말도 못한 채 조바심으로 기도하던 내가 300달러짜리 양복을 195달러에 샀으니 이 어찌 기적이 아닐 수 있는가?

여호와 이레의 하나님은 우리의 필요를 멋있게 채워 주시면서 "마음에 근심하지 말라. 하나님을 믿으니 또 나를 믿으라"고 말씀하신다. 오늘도 우리의 믿음을 키우시기 위해 주님은 졸지도 아니하시고 주무시지도 아니하시며 역사하심을 아는가?

항상 기뻐하라 쉬지말고 기도하라 범사에 감사하라
이는 그리스도 예수안에서
너희를 향하신 하나님의 뜻이니라.

살전 5 : 16-18

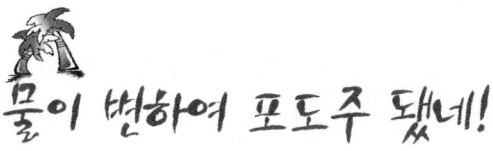

요단강에 발을 들여 놓았다고 하여 하루아침에 위기를 다 모면하는 것은 아니어서 힘든 세상에서 열심히 뛰고 달려도 뿌옇게 일어나는 먼지처럼 여전히 힘에 겨웠다. 두 아들을 캐나다에 보내기로 작정하고 캐나다에서 풍요하게 살고있는 큰언니에게 도움을 청했다. 아이들을 맡아 주었으면 하는 요청을 쉽게 받아 주어 우선 캐나다에 있는 학교선택과 전입을 위한 절차를 밟아 성적표와 필요한 것들을 보냈다.

캐나다를 떠난지 오랜 세월이 지나 캐나다 영주권마저 말소되어버린 처지여서 유학생 비자를 신청했고 순조롭게 받아냈다. 보내준다는 비행기 표를 염치없이 기다려야하는 처지라 잔뜩 주눅이 들어있으면서도 무척이나 의지하고 있었다. 현중이의 캘거리 대학 전입허가와 대중이의 고교 전입허가를 받아놓고 떠나 보내기 수일 전까지 이제나 저제나 기다리고 있었으나 연락이 없어 급한 터에 전화를 걸었다.

"언니, 유학비자도 받았고 비행기표만 기다리고 있는 중이에요."
잠시 침묵이 흘렀다. 당황해서 다급하게 전화를 받고 있는지 확인하려고 재차 불렀는데 별안간 쌀쌀한 음성이 들렸다.
"너희 애들 비행기표하고 나하고 무슨 상관이야?"
이게 웬 일인가? 청천벽력같은 대답이다. 완전히 딴 사람의 소리다. 아주 낮으나 차디찬 음성! 귀를 의심했으나 의심으로 끝났으면 얼마나 좋으련만 분명 현실로 받아들여야 했다. 핑! 머리가 도는 것 같더니 가벼운 현기증에 수화기를 놓아버렸다.
"여보, 언니가 애들 비행기표를 해줄 수 없데요." 얼떨결에 들은대로 쏟아놓았다.
"그럼 애들 못보내는거지 뭐."
남편은 고개를 떨구며 무능한 자신이 미운지 힘이 빠지는 모습이다. 남의 돈을 갚지 않고는 공부도 시킬 수 없다면서 책 한 권도 제대로 못 사주던 부모에게 한 번도 등록금을 왜 안주느냐, 책을 안사주느냐고 반문하거나 떼를 쓰는 일이 없이 잘 참아주던 아이들이 또 헤어져야 하는 아픈 마음을 달랠 사이도 없이 꿈이 사라지는 순간에도 말없이 앉아있었다.
동그래진 눈에 약속을 어기는 어른들 세계가 싫은지 분이 서려있는 듯 했고 무슨 생각에 잠겼는지 혹 무슨 기도를 했는지 하나님은 아시리라.
"현중아 너희 둘 책값이 얼마나 될까?"
"한 400달러쯤 들겠죠."
"한달 생활비는 얼마나 들까?"
"아마 300달러는 필요할거예요."
"그럼 학비는?"

"일을 찾아야죠."
 그순간 번개같이 스치는 생각에 정신이 번쩍 들었다. 정신없이 소리치며 흥분한 나는 외쳤다. "아니야, 보내는 거야! 보내구 말구. 기도하고 이루어진 것은 하나님의 뜻이야. 하나님은 지금 하나님만 의지하는지 그것을 보고 계신단 말이야. 믿음을 보여달라고 하시는 것이야. 믿음을… 코에 호흡이 떨어지면 한날의 도모가 소멸되는 인생을, 인생을 의지하지 말라고 했어! 맞아 하나님만 믿고 의지하는 거야. 하나님만, 내가 왜? 사람을 의지해 사람을! 싫어 싫어 사람을 의지하지 않을래!"
 "여보, 여행사에 10일 후에 갖기로 하고 비행기표 두 장을 부탁해 보자구요. 허락되면 하나님께서 길을 여실거예요. 네?"
 너무나 완강하고 의심없는 확신이 가득 찬 행동에 남편은 전화를 걸었고 허락을 받아냈다. 하마터면 사람을 의지하라는 사단의 꼬임에 넘어갈뻔 했지만 말씀을 생각나게 하신 성령님의 도움으로 승리할 수 있었던 일이다. 하나님께서는 큰언니에게 냉대를 받지 않으면 무(無)에서 유(有)를 창조하시는 하나님을 믿지 못하는 작은 믿음을 큰 믿음으로 키울 길이 없으셨던 것이다. 오직 믿음으로 순종하며 요단강에 발을 들여놓았을 때 요단강 물은 갈라지기 시작했다는 사실이다. 20분쯤 지났을까. 전화가 왔다.
 "여보세요" 낯익은 음성이다. S집사였다.
 "우리집에 잠깐와요. 빨리"
 와중에 무슨 일인가 싶어 달려갔다.
 "이것 받아요. 애들 책값이에요."
 그는 고무줄로 허리를 단단히 감은 돈을 내미는 것이 아닌가?
 "아니, 어떻게 이걸…."

"하나님이 주시는 거예요."

S집사는 돈을 건네며 웃었다. 아이들을 갑작스레 보내게 되어 이 사실을 아는 사람이 별로 없었건만 절친했던 S집사의 세심한 배려에 눈시울이 뜨거웠다. 염치없이 받아가지고 집에 와서 열어보니 놀랍게도 조금 전에 현중이와 대화했던 책값 400달러이다. 하나님은 자녀들의 음성에서 잠시도 떠나시는 일이 없음을 믿는가?

또 전화가 울리고 플러싱 Y집사가 현중이를 보내달란다. 생활비라며 준 봉투에 300달러가 들어 있었다. 하나님께서는 왜 우리가 말한 액수대로 주셨을까? 의심 많은 인간의 불신을 아셨기에 액수까지 맞추시다니… 또다시 전화벨이 울리고 현중이를 부른 사촌누나가 KFC(켄터키 프라이드 치킨)에서 만나 1,000달러를 주더란다. 그날에 하나님은 두 아들에게 필요한 모든 것을 채워주셨다. 믿음으로 오직 하나님만 의지하고 순종할때 놀라운 경험을 또 다시 하고 간증케 하시는 하나님을 아는가?

드디어 두 아이를 캐나다로 떠나보내는 날 저녁이었다. 캐나다 영주권도 없어 찾아가 볼 수조차 없는 기약없는 이별의 공항의 눈물이었다. "엄마." 달려와서 안겨서는 "사랑해" 하고는 눈물을 닦고 돌아섰다가는 다시 안겨 울고 울다가는 돌아서고 엄마 품에 안겼다가 아빠 품으로, 아빠 품에서 누나 품으로, 누나 품에서 사모님 품에 그리고는 다시 엄마 품에 안겨 우는 막내를 붙들고 함께 울고 또 울었지만 눈물로 범벅이 된 엄마와 아이들이 더 이상 울며 안아보는 것도 허용되지 않은 채 그들을 아픔으로 떠나 보내야 했다. 과묵한 큰아들은 홀로 돌아서서 눈물을 삼키며 현실을 애써 받아들이려는 모습에 뼈가 녹는 듯 아팠다.

실신할 듯 집에 돌아온 우리는 깊은 잠에 빠져버렸다. 잠이 깨어났을땐

자정이 넘은 시간으로 캐나다에 도착할 시간이 지났기에 전화를 걸었다.
"여보세요?"
"네."
생소한 음성이나 언니에게 늘 들어 누구인지 알 것 같았다.
"예, 여기 미국입니다. 제가 현중이, 대중이 엄마예요. 잘 좀 부탁해요. 아이들은 도착했나요?"
"아니요."
"네? 무슨 일이 생겼나요?"
"모르겠는데요. 저도 걱정이 되는군요." 무슨일이 일어났단 말인가? 사방 연락을 해 보았으나 알길이 없었다. '아니, 공중에서 무슨 일이라도?' 여기까지 생각이 미치자 온몸에 힘이 빠지고 중심을 잡을 수가 없었다. "여보! 현지야!" 아직도 잠에 빠져있는 남편과 현지를 소리쳐 불렀다. 끊임없이 일어나는 크고 작은 사건에 또 다시 박동이 격렬하게 뛰었다.
"여보, 아이들이 캐나다에 도착하질 않았대요. 무슨 일이 있는 것은 아닐까요?"
우리는 모두 바닥에 무릎을 꿇었고 손에 손을 잡고 울며 부르짖기 시작했다. 동생들을 부르며 울부짖는 누나! 아이들 이름을 부르며 애절하게 매달리는 어미! 높아진 남편의 음성! 전심으로 간구하는 통곡의 소리는 마치 더욱 열심히 애쓰고 힘써 간절하라는 단어들을 모조리 표현해도 모자라는 듯 했다. 격정이 가시고 기도가 끝나자 남편과 현지는 방으로 들어가는데 좀 더 매달리지 않고 들어가는 남편의 등이 왜그리 미운지….
인간이 순간 순간 짓는 죄를 쌓아본다면 산인들 감당할 수가 있겠는가? 나는 창가에 다시 꿇어앉아 필사의 기도를 시작했다. "사랑의 하나님 아버지! 아이들이 어디 있는지 무엇을 하는지 저는 볼 수 없지만 아버지는 보시잖아요? 살려주세요. 소식을 안 주시면 한달이라도 이 자리에서 안떠날겁니다. 기도하는 중에 목숨을 거두어 주셔도 좋아요…"

얼마나 울부짖었는지 기도를 마치니 먼동이 터온다. 불안했던 마음이 씻은 듯 가시고 방언과 통변이 터져 나오는데 "물이 변하여 포도주가 되며 슬픔이 변하여 기쁨이 되니 천하를 얻은 듯 기적을 보리로다. 주의 지팡이와 막대기가 안위하시리니 내평생 주를 기억하여 찬송할찌라. 할렐루야! 위대하신 하나님의 이름이 영광을 받으시리로다."

오른손을 올리고 덩실덩실 춤을 추다가 별안간 "아버지, 현중이 대중이 목소리 들려주세요." 귀가 터져라 소리를 질렀다. 동시에 전화가 울렸다. 큰 아들이었다.

"엄마, 기적이 일어났어요."

흥분과 기쁨에 넘치는 환희의 목소리다. '할렐루야, 그러면 그렇지'

"무슨 일이니?"

대중이 목소리로 바뀌었다. 이야기인즉 캐나다 공항에 내려 입국수속을 받고 나가려는데 담당 여직원이 여권을 다시 보더니 '왜? 영주권이 죽었니?' 하더란다. 형이 대답하기를 '우리는 크리스천인데 주일을 지키려고 부모님따라 미국에 갔다가 오래되어서 영주권이 죽었다'라고 했단다.

심각하게 듣던 그녀가 하는 말이 이 공항에서 유학비자가 영주권으로 바뀐 일이 꼭 한번 있었다면서 유학비자로 학비를 어떻게 감당하느냐며 공항 이민국 대기실에서 기다리고 있으라는 말에 두 형제가 기도해야겠다는 생각이 들어 시멘트 바닥에 꿇어앉아 기도를 시작했고 하나님께서는 그 여직원을 통해 이민담당 총 책임자에게 이 사실을 전하게 하시고 긴급회의를 열게 하셨을 뿐 아니라 시멘트 바닥에 무릎을 꿇고 두손을 높이들어 하나님께 매달리는 두 아이의 기도하는 모습을 총 책임자로 보게 하셨고 결국은 유학비자를 취소시키고 꿈에도 생각조차 할 수 없었던 캐나다 영주권을 주신거다.

이 크고 비밀한 일이 하나님의 계획에 있었다니… 그분은 뉘시기에 우는 자의 위로와 슬픈 자의 기쁨이 되시는가 말이다. 설명을 듣는 동안 눈물이 앞을 가려 "할렐루야"란 말밖에는 할 말이 없었다.

"대중아, 보았지? 하나님의 기적을! 물이 변하여 포도주가 된거야. 이 기적을 평생 잊지말고 살아야 해 알았어?"

"네! 엄마."

"방백들을 의지하지 말며 도울 힘이 없는 인생도 의지하지 말지니 그 호흡이 끊어지면 흙으로 돌아가서 당일에 그 도모가 소멸하리로다."(시 146 : 3-4)

너무 감사해서 눈물이 펑펑 소리를 내는 것같다. 내 어이 이토록 좋으신 하나님을 잊으며 그 위대하신 이름을 증거하지 않으랴! 주일성수 하겠다고 들어선 뉴욕 재이민의 고통의 값을 이렇게 멋있는 기적으로 상급을 내리신 하나님은 우리가 주님께 손톱만큼 충성하면 산더미의 기쁨으로 갚아 주신다. 오! 할렐루야. 주님을 사랑합니다.

호흡이 있는 자마다 여호와를 찬양할지어다. 할렐루야.

시 150 : 6

돼지 저금통

지난 밤부터 날리던 눈발이 한밤 사이에 엄청나게 쌓였다. 첫눈 설경의 아름다움은 붉은 죄를 흰눈같이 해 주신다는 사랑의 약속을 담은 채 말없이 조용한 미소를 던져준다.

경건회를 마치고 기도를 끝낸 후 펜을 들었다. B목사님에게 제직 세미나 때 배운 말씀들을 크고 딱딱한 종이를 구해서 붉은 색깔의 펜으로 정성들여 기록해 가지고는 화장실과 장롱문과 부엌과 좁은 복도벽에 붙여 놓았다. 온 집안에 꽉 차버린 말씀을 읽고 또 읽고 암기하면서 비록 재물은 다 없어졌어도 말씀만은 도둑 맞을 수가 없다고 다짐해 보는 마음이다.

옛 사람에게 물으며 열조의 터득한 일을 배우라는 말씀을 위시해서 벽에 붙어있는 말씀들이 살아서 숨쉬는 듯 듣고 믿고 행하라고 소리치고 있었다. 성령님께서 주시는 생각대로 백지에 경건의 제1호라고 썼다. "자존심이 형편없이 짓밟힐 때 더 낮아지고 깨어지자 그리고는 말씀에 불순종 할 때마다 못된 버릇을 고쳐가기 위해서 하루씩 또는 한끼 두끼씩 굶는다"고 썼다.

다음은 경건의 제2호라고 쓰고 "타인이 우울할 때 영향을 받아 우울하던 내 모습이 변하여 오히려 예수님의 영향을 끼쳐서 소망을 심어주는 환경의 변화를 일으키자"고 썼다. 과연 여생을 마칠 때까지 경건의 연습이 몇 호까지 나아갈까? 하루씩 혹은 두끼씩 굶어가며 철저히 옛 사람이 죽는 연습에 임했지만 당장 남편의 주급만을 가지고는 이자 갚기도 버거워 입술이 부르트고 몸이 아파도 움직여야 하는 상황에서도 여전히 자존심은 살아 자신을 우롱하는 것이다.

시장 리어카에 냄비세트를 싣고 무릎까지 푹푹빠지는 눈길도 아랑곳 없이 냄비세트를 팔기 위해 리어카를 끌고 나서야 했다. 혼자 사는 웬 남자가 냄비세트를 사겠다는데 무섭기도 하고 부끄러운 자존심이 머리를 들었다. "가기 싫어, 정말 가기 싫단 말이야." 창피한 생각과 가기 싫다는 욕심이 소리치는 것이다. 주님과 함께 십자가에 죽었다면서! 주님과 함께 다시 살아났다면서! 다시 산 자신은 간 곳 없고 죽었다는 옛 사람이 소리치다니… 만삭되지 못해 난 자! 미숙한 자신을 보면서 주님 때문에 울어야 했다. "주님 아직도 이 모양이기에 주님이 절실히 필요해요."

결국은 부족하기에 더욱 애처럽고 사랑해 주시는 주님의 힘을 얻고 담대히 리어카를 끌고 나섰다. 경건의 1호 자존심 버리기 실천인 경건의 연습인 것이다. 방향을 바꾸려 할 때면 리어카가 균형을 잃고 쓰러지는 바람에 냄비세트가 나동그라지곤 했다.

혹한에 꽁꽁 언 손을 품에 넣고 녹여 가면서 무겁기가 한이 없는 상자를 들어 올리면서 평소 15분 거리를 40분 동안이나 허덕여야 했다. 냄비세트 사용법을 가르쳐 주려고 간단한 요리라도 하려면 적어도 30분 이상은 머물러야 했다. 행여나 중년의 홀아비가 엉뚱한 짓이라도 할까봐 얼마나 식은땀을 흘렸는지… 입속으로는 "주여"를 불러대면서 상기된 얼굴엔 얼마나 딱딱한 표정을 지었는지 이빨이 맞부딪히는 것만 같았다. 여차하면 도망치려고 문쪽만 쳐다보던 공포의 시간! 공연히 괜한 사람을 못된 사람 취급하며 죄를 지었다.

　이동식 가게, 움직이는 상점. 오라는 곳은 없어도 눈치가 보이고 싫다고 해도 염치없이 뛰어 다니며 귀찮게 굴어야 하는 세일하는 사람들! 그들중에 하나가 된지 오래다. 가게세를 낼 필요도 없고 뇌신경의 버튼만 누르면 움직이는 이동식 가게가 나의 이름이다. 하기야 미국에서는 아들을 낳으면 운동선수가 아니면 세일을 시킨다는데….

　세월이 흘러 딸은 뉴욕 기숙사에서 아들들은 캐나다에서 야간 아르바이트를 구해 밤새 일을 마치고 들어와서는 두어 시간 눈부치기가 무섭게 학교로 달려간다는 소식이다. 어쩌다 보내온 빼빼 말라버린 사진을 보면 마음이 아프다. 두려움과 떨림이 밀려오고 눈물과 기도로 마음을 달래야했다. 끊임없는 온 식구의 고난 속에서도 주의 말씀만이 우리의 능력이었음을 고백한다.

　아이들이 떠나간 후에 가지고 있던 가정집기들을 거실에 늘어놓고는 물건 하나하나에 가격 꼬리표를 붙여 놓았다. 돈을 벌어야겠다는 생각도 있었지만 삶을 정리하고 싶고 모두가 귀찮았다. "주님이나 어서 오셨으면…" 하는 말이 믿음안에서 영원한 소망을 담고 나와야 하지만 고달프고 힘든 삶을 끝내는 하나의 방편으로 주님을 기다리는 형편없는 자신을 본다.

늘어놓은 집기들을 빚 대신으로 가져가기도 하고 돈 몇 푼에 팔려 하나 둘씩 내 곁에서 떠나간다. "자, 가거라 어차피 나그네 인생! 본향을 떠나 유리하는 삶! 모두가 떠나고 언젠가 본향집에 나 또한 떠나 갈테니까…."

그러나! 나그네된 이들에게 나그네가 돌아갈 본향집으로 가는 길되신 주님을 선물하려고 받는 고난이기에 아프다고 소리치는 마음을 달래며 다가서는 주님 발자국에 힘을 얻고 "고난이 유익이라"고 외치는 것이다. 내 발자국 주님 발자국! 주님 발자국 내 발자국! 힘에 겨워 쓰러질때면 내 발자국 간 곳 없고 보이는 것은 오직 주님 발자국인 것이다. 왜? 주님이 안고 가시니까….

가격꼬리표가 달린 물건들을 보면서 사모님이 비명에 가까운 소리를 질렀다.

"아니, 이게 웬 일이래. 장로님 가정에 고난이 너무 길잖아? 아유!" 훌쩍훌쩍 나대신 울어주는 사모님! 흩어진 물건들을 정리하며 눈물을 닦는다. 저녁노을이 찾아온 차가운 밤! 모두가 가버린 어수선한 거실에 홀로 사금파리(주 : 사기그릇의 깨진 조각) 주워모으듯 흩어진 물건들을 모으며 물끄러미 바라보던 나의 눈에 아주 작고 조그만 돼지 저금통이 눈에 띄었다.

언젠가 교회건축을 한다는 광고가 있던 날이다. 집에 돌아온 막내가 방에 들어가더니 좀처럼 나오질 않았다. 살며시 문을 열고

"뭘 하니?"

쳐다보지도 않은 채 하던 일을 계속하는데 침대 위에는 돼지저금통이 열려있었고 저마다 딩구는 동전들을 일일히 세고 있는 중이었다. 잠깐 힐끔 쳐다보고는 작업을 계속한다. 막내가 하고 있는 일에 대한 이

유를 알 것 같았다. 잠시 후 계산을 마치고는
"엄마, 172달러예요. 이것을 무명으로 건축헌금 하세요."
"고맙다. 대중아!"
눈시울이 뜨거웠다. 점심값 단돈 2달러가 필요해도 엄마 앞에서 말을 못하고 화장실에서 편지를 써서 슬며시 앞에 놓던 막내가 저금통을 몽땅 털어 건축헌금으로 드리기 위해 지체하지 않고 행동으로 옮기는 믿음이 고마웠다. 막내에게는 자신의 마음 모두를 담은 큰돈인 것이다.
"대중아! 구제는 은밀한 중에 해도 건축헌금은 본이 되어야 하니까 이름을 쓰자 응? 장로님 아들이…."
"아니요, 그래도 난 이름 쓰는 것 싫어요." 빙그레 웃으며 아들을 자랑하고 싶었던 엄마의 마음을 싫지 않게 거절한다.
"그래 알았어. 대중아! 정말 고마워 하나님이 기뻐하실거야."
그때 함께 기도하던 생각에 팔다남은 집기중에 눈에 띈 대중이의 또 다른 조그만 돼지저금통을 보는 순간 생생히 살아나면서 울컥 보고싶은 생각에 뼈가 저려오고 눈물이 터져 발버둥치며 보고 싶다고 소리소리 지르면서 어린아이 같이 울어대고 말았다. 새처럼 날개가 있다면 멀리 멀리 날아가서 다시는 헤어지지 않고 싶었다.
한참을 소리치면서 울어대다가 세미한 성령님의 음성이 들렸다.
"왜 우느냐? 내가 내 아들을 캐나다로 공부시킬려고 보냈는데 네가 왜 우느냐? 내가 만일 내 아들을 이곳 나 있는 곳 하늘로 불렀더라면 어쩔뻔 했느냐? 왜 우느냐?"
소스라쳐 놀라 흐트러져있던 마음과 몸을 추스리고 무릎을 꿇었다. 눈물이 씻은 듯 가셨고 육정으로 울던 눈물이 회개의 눈물로 바뀌었다.
심방을 다녀와 보니 화제로 불타버린 집과 두 아들로 절규하던 독일

실레지아 태생의 벤야민 슈몰크 목사의 "내주여 뜻대로"란 찬송가가 생각나며 소름이 끼쳐왔다. "용서해 주세요. 아버지! 자녀들을 말로만 하나님의 자녀라 했습니다. 그리고는 내 것이라 했습니다. 이 못난 것을 용서해 주세요."

그때 받은 마음의 평화와 자녀를 하나님께 뚝 떼어 버린 마음을 지금까지도 변함없게 하신 하나님의 권위에 찬 음성이 나를 지배하는 한 나는 자녀가 있는 모든 성도들에게 외칠 수가 있는 것이다.

"여러분! 여러분의 자녀는 여러분의 것이 아니고 하나님의 것이라고…."

자식은 여호와의 주신 기업이요 태의 열매는 그의 상급이로다.
시 127 : 3

바보들의 행진

브라질 이민 중반기에 들어서면서부터 하나님의 은총 속에 행복했던 시절. 세 아이는 모두 상파울루에 있는 앙글로라고 하는 사립학교에 다니면서 구김살없이 마음껏 뛰놀고 공부도 잘했다. 딸아이가 고등학교 2학년때 상파울루 대학 입학통지를 받았지만 기쁨에 젖을 시간도 없이 다시금 엄마의 재이민병에 희생양이 되어 서부 캐나다 캘거리라는 곳으로 이주하게 되었다.

미국에서 대학을 입학하기 위해서는 반드시 소유해야 하는 고교졸업장과 S A T(Scholastic Aptitude Test : 대학 진학 적성 시험)시험점수와 토플점수, 그리고 영주권을 필요로 했다. 대학이 요구하는 4가지 중 하나도 갖추지 못한 현지에게 대학입학이란 허공에서 뜬구름을 잡는 일이 되고 말았다.

고등학교 2학년에 다시 편입한다면 3년이나 늦어지는데 유난히도 공부를 하겠다는 현지의 일념은 조금도 굽힐 수 없었고 그가 오로지 할 수 있는 일은 좋으신 하나님 아버지께 매달리는 일 뿐이었다.

매일처럼 자신의 앞을 가로막은 벽을 헐기 위해 울부짖던 현지가 초췌하게 무릎을 꿇고 울던 모습은 지금도 이 어미의 마음에서 지울 수 없는 영상으로 남아있는데… 어미마저도 전능자의 손에 딸을 맡길 수밖에 없는 무능함에 몸부림을 치던 어느 날이었다.

"엄마, 여기서 그리 멀지 않은 곳에 G E D(General Educational Development : 검정고시)를 준비하는 학교가 있는데 3개월 코스래요."

"한 일년쯤 있으면 영주권이 나오겠지. 그때 하면 안되겠니?"

딸의 인생을 망칠뻔 했던 무성의한 대답이 지금도 생각하면 소름마저 끼치는 것은 14년이 지난 지금까지도 우리는 영주권을 취득하지 못했다는 사실이다. 미국 영주권을 받을 수 있었던 기회가 있었으나 인터뷰에서 불법체류를 시인한 연고로 법을 어긴 죄목이 붙어서 영주권뿐 아니라 비자조차도 받을 수 없게 된 것이다. 하기야 그것 마저도 뉴욕을 우리의 훈련장으로 사용하기 위해 사방을 막아 놓으신 하나님의 계획이었음을 감사하는 마음이다.

드디어 딸이 막무가내로 졸라대며 3개월 코스 검정고시 공부를 마치고 졸업을 하게 되었는데 우리 모두가 놀란 일은 지금까지 졸업한 3,000여 명의 학생들 가운데 현지가 최고 득점을 차지했다. 눈물로 보채는 어린 딸에게 하나님께서 안겨주신 첫번째 선물인 최고득점! 이것은 하나님께서 하신 일이다.

현지는 마침내 G E D 점수 하나를 들고 대학을 찾아 나서겠다는 것이다. 냉정하기 그지없는 미국이 어떤 곳이기에 그들이 요구하는 것들

(ＳＡＴ 시험점수와 토플점수 그리고 영주권)이 하나도 없이 달랑 ＧＥＤ 점수 하나를 들고 가겠다는 말인가? 그러나 날마다 부르짖으며 매달리는 우리 모녀의 마음엔 하나님이 못할 만큼 어려운 일은 없다는 믿음으로 꽉 채워진 채 말도 안되는 바보들의 행진을 시작하기로 했다. 끊임없이 구하고 찾고 두드리며 오직 주님만 바라보며 나아가는 눈물의 행진인 것이다.

"현지야, 성령님은 너와 동행하셔. 네 입술을 주장해 주실꺼야. 엄마는 네가 돌아올 때까지 엎드려 기도할게. 능력주시는 자 안에서 너는 모든 일을 할 수 있어. 알았지?"

"엄마!"

우리 모녀는 서로 꼭 부둥켜안고 간절히 기도를 드렸다. 눈에 보이지도 않고 손에 잡히지도 않는 것을 잡으러 가는 것이다. 어려서부터 「불가능은 없다」라는 로버트 슐러의 저서를 구해 읽히면서 하나님의 무한하신 능력을 심어주려고 애썼지만 막상 딸이 ＧＥＤ 점수 하나만 가지고 생면부지의 대학 학장을 만나러 갈 수 있었던 것은 오직 믿음을 심어주신 하나님의 은혜 때문이다.

눈물을 소매 끝으로 닦고 문밖을 나서는 딸의 뒷모습을 보며 나는 수님 앞에 무릎을 꿇었다. 그칠 줄 모르고 흐르는 뜨거운 눈물의 열기 속에 "아버지, 아버지가 이루시지 못할 일은 없잖아요? 현지가 얼마나 공부하고 싶어하는지 주님은 아시잖아요? 도무지 말도 안되는 일인 줄 알기 때문에 매달리는 거예요. 인간의 힘이나 세상 법으로는 도저히 말도 안되는 일인 줄 알기 때문에 말이예요. 아버지 기적을 보여 주세요. 기적을요." 무려 다섯 시간을 매달렸다.

그 옛날 여호수아 시대에 태양이 기브온 위에 달이 아얄론 골짜기에 머물러 있던 때도 아니건만 시간이 멈추어 있는 것만 같았다.
"엄마!"
단숨에 달려온 듯 숨가쁘게 품으로 달려든다.
"현지야, 어떻게 됐어 응?" 다급하게 물으니 딸이 말하기를 달리는 기차 속에서도 잠시도 기도를 쉴 수가 없었다고 했다. 막상 면회를 신청하고 이유를 묻는 여직원에게 설명을 했으나 단번에 거절을 당했단다.
"영주권 있어요?"
"없어요."
"SAT점수 있어요?"
"없어요."
"그럼, 고교 졸업장과 토플점수 있어요?"
"없어요."
"아니, 여기가 어딘 줄 알고 왔단 말이에요? 장난하는 거예요?"
직원은 미치지 않았냐는 표정을 지으며 총장도 학장도 만날 수 없다고 거절하더란다. 쌀쌀한 그녀의 거절이 하나님의 의지를 꺾을 수도 따돌릴 수도 없었던 것은 이미 필사의 각오가 있었음이리라. 딸은 죽을 각오로 그곳을 떠나지 않고 창구에 자리가 비기만 하면 졸라대기를 몇 시간.
"한 번만 만나 보게만 해 주세요. 당신은 만나게 하는 것까지만 도와 주세요."
한사코 집요하게 실랑이를 벌리는 동안에 창구의 여직원은 두 손을 들고 말았단다. 절대로 물러서지 않겠다는데야 하나님께서 이기게 하신 것이 아닌가?
드디어 대학학장과 마주 앉았다.

"무슨 일로 왔지?"
학장의 물음에 또박또박 말을 시작한 현지는
"공부하고 싶어요. 저는 영주권도, ＳＡＴ 점수도, 토플점수도, 고교 졸업장도 없어요. 그래서 학장님을 찾아온 겁니다."
현지는 최고득점을 받은 ＧＥＤ 점수를 내 놓으면서
"학장님, 학장님은 하실 수 있어요. 저를 입학시켜 주세요."
학장은 눈물로 매달리는 동양인 처녀가 너무 당돌하고 기특하여 한참을 생각하다가
"우리 학교는 법을 어길 수도 없고 이런 예가 한 번도 없었습니다."
"학장님, 저는 정말 공부하고 싶어요. 이 학교를 빛내는 우수한 학생이 될께요. 학장님, 학장님도 딸이 있지요? 저를 딸로 생각해 주세요. 학장님은 반드시 할 수 있어요. 저는 크리스천입니다. 불가능을 가능케 하시는 하나님만 믿고 왔어요."
현지는 울고 학장은 부드럽게 거절해서 보내려고 애쓰는 실랑이 속에
"학장님, 토플이 뭡니까? 외국인 학생의 영어테스트 점수가 아닌가요? 그렇다면 지금 저와 학장님은 영어로 말하고 있잖아요. 학장님이 인정하시면 되잖아요."
오직 공부하겠다는 집념으로 매달리는 가냘픈 동양인 처녀의 애절한 소원 앞에 하나님은 결국 학장의 눈에 사랑의 눈물을 주셨고 총장을 만나게 되었으며 소정의 절차를 지시받고 뉴욕 퀸스대학 총장의 배려로 입학 허락을,그것도 당일에 받아내게 하신 것이다. 내딸 현지는 하나님의 기적같은 선물 소식을 엎드려 있는 어미에게 전하려고 얼마나 마음이 바빠겠는가? "할렐루야!" 하늘을 향하여 소리쳤다.
하나님의 능력 앞에 법이 무너진 진학의 기적이다. 하나님의 능력을

의지한 겨자씨만한 믿음이 대학총장과 학장의 마음을 녹이고 말았다. 무에서 유를 창조하신 하나님, 그분은 자신의 계획대로 현지가 진학할 수 있도록 두손을 들어 은총을 내려 주셨다. 딸이 내디딘 요단강은 비로소 갈라지기 시작했다. 그분은 모든 것을 이루시는 능력의 주시요., 사랑과 긍휼을 먹이시는 나의 왕, 우리 모녀의 왕이신 것이다.

믿음은 바라는 것들의 실상이요. 보지 못하는 것들의 증거니….(히 11 : 1)

우리는 하늘을 향해 두손을 마주잡고 높이 들면서 우리의 모진 가난과 고통 속에 밝은 불을 켜주신 주님께 부르짖었다.

"주님, 점수까지도 복음을 증거하는 데 쓰이게 해 주세요…." 말도 안 되는 바보들의 행진을 멋지게 책임져 주신 아브라함의 하나님이 우리의 하나님이심을 진정으로 믿는가?

> 아무것도 염려하지 말고 오직 모든 일에
> 기도와 간구로 너희 구할 것을
> 감사함으로 하나님께 아뢰라.
>
> 빌 4 : 6

하늘의 별을 딴 동양인 장학생

인간은 아마도 극한 상황에 다다르면 치사할 정도로 용기가 솟나 보다. 아니 철면피가 되는가 보다. 하나님의 도우심으로 현지의 대학 진학은 해결됐으나 첫번 등록금부터 마련할 길이 없어 우리는 더욱 지칠 줄 모르는 기도의 행진을 계속해야 했다. 생각다 못해 고심하던중 두어 번 사용했던 양털이불을 만지작거리다가 이것이라도 팔아야 겠다고 마음먹고는 평소에 사랑하는 Y집사님을 찾았다.

딸 아이의 첫 등록금 마련을 위해 덮던 이불을 들고 온 딱한 마음을 헤아린 Y집사님 부부가 나를 부끄럽지 않게 마음을 써 준 그분들의 사랑이 현지에게 주신 첫 입학금이 되었다. 하나님이 학업을 책임지셨다는 신호등인양 푸른등을 밝게 비추어 주시며 격려해주셨다. 아내에게 3,000달러를 가져오라는 Y집사님이나 곧 순종하는 아내! 그들의 얼굴 표정 어디에서도 불만이라든가 귀찮아하는 기색조차 찾아볼 수가 없었다. 타인을 돕는 일에 헌신적인 그들 부부야말로 창조주 하나님이 부부를 지으신 목적, 하나님의 모양과 형상을 닮은 아름다운 섬김의 모습 그대로였다.

하나님은 우리의 삶 속에 귀하고 아름다운 만남을 허락하실 때마다 '하나님이 하게 하심'을 보여 주시며 범사가 주의 손에 있음을 찬양케 하셨던 것이다. 봉투를 가지고 돌아온 나는 딸과 함께 무릎을 꿇고 손을 포개 봉투에 얹고는 기도도 하기 전에 우리는 이미 울고 있었다. "현지의 앞날을 열어주신 아버지 감사합니다. 이 학업의 요단강 건너기까지는 절대로 요단강 물을 합치지 말아주세요…."

의사가 되기까지 8년의 기나긴 학업의 길에 깔아야 할 지폐! 그 숱한 등록금! 누구를 의지할건가? "아버지, 감사해요! 정말 고마워요!" 줄줄 흐르는 모녀의 눈물. 누군가가 "눈물이 무어냐"고 물어온다면 "마음이 녹아 내리는 물"이라고 대답하고 싶었다. 기도가 끝나자

"엄마, 주님 영광 나타낼께요. 열심히 공부해서 엄마 아빠 기쁘게 해 드릴께요!"

"그래, 현지야. 하나님이 널 얼마나 사랑하시는지 알지?"

볼을 꼬집어 주며 눈물 범벅이 된 채 우리는 하늘을 향해 두 손을 높이 들고 하나님을 찬양했다. 단칸방에서 다섯 식구가 생활하여 방해 받지않고 공부할 곳이라고는 화장실 밖에 없다고 생각한 현지는 밤이면 아예 이불을 들고 화장실로 들어가는 것이다. 변기뚜껑을 책상삼고 차디찬 세면 바닥에 이불을 깔고는 밤을 낮삼아 줄기차게 승리를 향한 학업의 싸움이 시작되었다.

밤새껏 좁디좁은 부엌에서 재봉틀을 돌리다 눈물의 기도 소리에 화장실 문을 열면 변기 앞에 엎드려 훌쩍거리는 현지! 연약한 어깨가 들

먹이는 딸을 보는 밤이면 나도 재봉틀 앞에 엎드려 울며 매달린다. 그런 밤이면 흡사 초상난 집 같았지만 주님은 모녀의 눈물 한방울도 땅에 떨어뜨리지 않으시고 응답하셨음을 소리높여 주님을 자랑하고 싶은 심정이다.

돈벌이 대신에 공부를 택했다는 아픔으로 늘 부모에게 미안해 하던 현지가 이렇게 말했다.

"엄마, 미안해요. 조금만 참아 주세요. 나중에 의사가 돼서 호강시켜 드릴께요."

아니 누가 누구에게 미안하다고 하는가? 현지는 하나님의 은혜로 뛰어난 성적을 내기 시작하더니 도무지 대학에서 있을 수 없는 4학기 연속 만점을 기록해 학교 입학을 허락한 학장의 총애를 듬뿍 받고 또 교내 기독학생 모임과 그리고 다방면에서 두각을 나타내기 시작해 4년동안 등록금 전액면제 장학생으로 선발되었다.

당시에 미국 뉴욕 27개 대학을 대상으로 한 학교에서 100명씩의 우수학생을 선발하고 모두 2,700명 가운데 장학금 지불에 적합한 학생을 선발하기 위해 각 학교측의 교수 추천서 검토및 성적은 물론 다방면 활동에 이르기까지 면밀하고 엄중한 심사가 진행 되었다. 2,700명 중 9명을 추려내는 경쟁은 치열했다. 마지막 관문인 8명의 심사위원 앞에 서야하는 인터뷰 날이 다가왔다.

온 식구가 기도를 쉴 수가 없었던 것은 영주권 미소지자에게는 "론" (Loan : 장학금 융자)을 한 푼도 받을 수가 없는데다가 등록금이 그중 싼 학교를 택했지만 등록금조차 갑절이 필요하므로 기적이 아니고는 학업을 계속할 수가 없었기 때문이다.

빚더미에 허덕이던 부모에게서 노트와 책 한권은커녕 최소한의 배고

품을 면할 빵값조차 타기 힘들었고 토큰 하나를 줄이려고 무수히 걸어야 했던 현지에게 등록금은 꿈이요. 사치였기에 줄기찬 기도 싸움은 계속되어야 했던 것이다.

옛날 허리춤에 책보를 질끈 동여매고 걷던 할아버지 시대는 사람들이 타고 갈래야 타고 갈 자동차조차 없었다지만 비행기가 날고 지하철이 달리며 자동차의 행렬이 길을 메워도 주머니가 비어있는 이들에게는 문명의 혜택이 전혀 없던 옛시대를 살다간 사람들처럼 두발 자가용을 이용할 수밖에 없다.

2,700명 중 27명에 합격한 현지가 인터뷰를 하기위해 집을 나서기 전 품에 안기며 "기도해 줘요, 떨려!" 하며 상기된 얼굴로 작은 몸을 잠깐동안 부르르 경련을 일으키는 것이다. 만일 떨어진다면 대학 한 학기로 끝나는 인생이 되겠지? 그렇다면 의사의 꿈은 어디서 찾을 것인가? 염려도 되었을 것이다. 그러나 기도의 중요성을 아는 현지는 소망이 이루어짐을 믿고 늘 기도부탁을 하여 마음이 뿌듯했다.

"현지야. 기도하자!"

우리 모녀는 무릎을 꿇고 눈물로 간절한 소원을 아뢰었다.

"현지야! 이젠 됐어. 어서 가. 이번에도 네 입을 주장해 주실거야. 그리고 심사위원들이 너를 좋아하게 될거야, 잘 될거야, 꼭 될거야. 하나님이 더 급하시단 말이야. 너 공부 시키시려고 알았어? 네가 올때까지 기도할께. 너는 훌륭한 의사가 될거야!"

현지는 그제서야 웃으며 집을 나선다. 심사결과 발표가 한달 후에 있단다. 하루가 천년같고 천년이 하루같은 한달이 지나고 영예의 Bill Zeller 장학생으로 선발된 합격자 9명을 발표했는데 동양계는 유일하게 현지가 합격한 것이다. 할렐루야! 하나님은 또다시 현지에게 기적의 꽃다발을 안겨주셨다. 오! 주여!
　뉴욕 Daily News 신문과 그리고 뉴욕 Times 지, 한국신문들이 잇달아 그 기사를 싣기 시작했다. 신문사에서 인터뷰 요청이 들어오고 신문기자들이 찾아오기 시작했다. 그때마다 단호하게
　"이 모든 것이 하나님의 은혜예요, 하나님의 은혜라는 것을 싣지 않으면 인터뷰를 거절하겠어요!"
　하나님의 은혜가 아니면 어떻게 2,700명 가운데 9명에 들어갈 수가 있단 말인가? 기사가 날 때마다 하나님의 이름이 빠진 적이 없으니 이 어찌 복음을 위한 점수가 되기를 간구한 기도, 예수님의 영광을 드러내는 점수가 되게 해달라며 울던 기도의 응답이 아니고 무엇이겠는가? "할렐루야!" 온 식구에게 축제의 감사예배는 고난 중에 주신 하나님의 큰 상급이었다. 4년간 등록을 책임져 주신 하나님은 의과대학을 향한 꿈을 키우며 끊임없이 도전하게 하셨다.
　대학교 2학년이 되면서부터 1학년 수학과 화학을 가르치며 적은 보수지만 학교측으로부터 수고비를 받으면 동생들의 떨어진 운동화, 청바지를 사입히며 기뻐하던 누나와 그를 따르는 동생들! 우리의 가난속에 행복했던 많은 날들이 솜처럼 피어 오르곤 했다. 매 학년마다 계속해서 장학금을 차지하는 1위자리를 고수하여 현지를 입학시킨 학장과 총장이 늘 사랑해 주고 기뻐해 주었다. 결코 돈이 없어 비굴해지지 않기를 빌며 불의와 타협하거나 범죄하지 않기를···.
　오직 예수님 때문에 풍요로운 삶을 살아 주기를 매일처럼 기도하던 어느날, 현지가 다니는 대학 강당에서 김장환 목사님과 아들이 함께 복음을 전하고 있었는데 김목사님의 아들을 보는 순간 문득 김목사님의 사모님이 외국인이라던 말이 생각났다. 은혜를 받기 위해 머리 숙인 나

의 입에선 나도 모르게 "하나님 아버지, 복음을 위해서라면 현지도 외국인에게 주겠어요. 하나님의 뜻이라면요." 꿈에도 생각해 본 적이 없는 일이요, 소름끼치도록 싫은 말인데 하나님께서 왜 얼토당토 않은 고백을 시키시는지 이유를 모르겠다.

근심 속에 돌아온 나는 다음날 본교회 사모님께 물었다.

"사모님, 만일 복음을 위해 막내 아드님을 하나님께서 외국인과 결혼시키신다면 주실거예요?"

잠시 침묵을 하더니 대답한다.

"나는 줍니다. 복음을 위해서라면 주고 말고요. 내 아들입니까? 하나님 아들인데…."

나는 속으로 역시 '믿음의 사람은 다르구나' 라고 생각했다. 그후 까마득히 잊고 있었는데 이삭이 리브가를 만난 것처럼 현지가 중국인인 영준이를 만났을 때 영준이와 현지는 장래가 촉망되는 한 학급 동료였다.

하나님은 영준이의 도움으로 현지를 의과대학에 공부시키신 것이다. 어미의 관심과 기도 속에 모란이 피어나듯 아지랑이처럼 행복을 불러오던 때에야 왜 주님이 나에게 그런 고백을 시키셨는지를 알았다.

네가 복을 받음이 만민보다 우승하여….

신 7 : 14

주님! 하늘계좌 열어주세요!

차비도 식비도 줄 수 없는 텅빈 남편의 주머니를 바라보며 모래 위를 걸으면서도 웃고 기도하며 찬양할 수 있는 여유가 있었다면 누가 부으신 은혜인가? 그러나 일찍 일어나고 늦게 누우며 수고의 떡을 먹어도 손의 수고가 도무지 견고해지지 않게 하시는 하나님의 강훈련 속에서 선수되어가는 영과는 반비례하여 육의 고통은 계속되었다.

굽이 달아 리듬이 깨진 걸음걸이에 청바지의 낡은 엉덩이 부분을 가리려고 길게 입어야 했던 싸구려 블라우스와 버터만 발린 사각형 식빵! 그것마저 넉넉히 먹을 수 없는 아픔을 안고 밤 11시가 되어서야 공부를 마치고 학생들을 가르치고 집에 들어서는 딸의 헬쑥한 얼굴을 대하게 된다. 그 앙상한 모습을 보면서도 불쌍히 여길 수 있는 감각마저 마비되어 있음을 깨달은 것이 바로 글을 쓰는 요즈음이었으며 그때 나에겐 감각세포마저 죽어가고 있었다.

무너진 사업, 사라진 돈, 빚더미의 생계 위협 속에 오직 기쁨은 주님 뿐이며 세상도 자신도 환경도 자녀마저도 처다 보면 쓰러질 것 같아서 오직 위만 바라보며 기도의 숨을 뿜어내야 했다.

입고 싶고 쓰고 싶은 세월을 모조리 빼앗긴 현지의 처녀시절 보상은 곤고한 날수대로와 달수대로 기쁘게 해주실 주님안에 있기에 인내할 수 있었으며 몇 번이나 영양실조로 쓰러졌었다는 말을 좋은 날 성공한 훗날까지 가슴에만 묻고 있었던 현지가 행복한 가정을 이룬 후에야 그때의 아픔을 더듬으며 하는 말이

"엄마, 난 가난이 정말 싫었어!"

혼자서 아픔을 감당했던 아량이 넓은 현지가 눈물을 글썽였다.

"그러니까 하나님이 너에게 복주시잖아!"

고통 중에도 부모의 마음에 결코 돌을 던지지 않으려고 애써준 마음이 살갖을 저미듯 아파왔다. 세월이 멈추지 않고 흐르는 것이 은총중에 은총이어서 어느덧 4년이 흘러 현지의 졸업식이다. 사각모를 쓴 현지가 화학 최우수상을 비롯해서 "Five Era Capa" 라는 각 대학 우수졸업생 다섯명씩 올라가는 기록이 미국 기네스북에 보존된단다. 이것이 웬 은혜인가?

학생모집 학교 소개지, 잡지 표지 얼굴로 선정되고 무자격자였던 현지를 특채 시켜준 학장이 눈에 넣어도 아프지 않은 듯이 학교 명예를 높였다며 끌어 안고는 떨어질 줄을 모른다. 그 날의 환희와 감격은 지난날 고생의 떡을 배불리 먹었던 모든 아픔을 쓸어 가면서 우리에게 만족이란 단어를 선사해 주셨던 것이다. 할렐루야!

누굴까? 누구일까? 누가 우리의 아픔과 눈물을 가져가 버렸는가? 누굴까? 누구일까? 알았네. 알았네. 나는 알았네. 그분이 누구인가를⋯

골고다 언덕의 십자가! 나 때문에 죽어주신 그분! 그분인 것을… 알았네. 알았네. 나는 알았네. 그분이 누구인가를… 나의 주 나의 왕 나의 사랑 주 예수님, 그분이 유행하던 재앙을 쓸어버렸다네….

마치 현지가 주인공인양 모두의 부러움을 한몸에 받고 환희로 가득 찬 졸업식은 막을 내렸지만 크리스쳔인 우리들의 고난학교 졸업식장엔 어떤 광경이 벌어질 것인가? 성경안에는 고난학교 졸업생 명단으로 꽉 차 있어서 순종의 우등생들과 불순종의 낙제생들이 저마다 행위의 열매를 먹은 흔적이 낱낱이 기록되어 있지 않은가? 과연 나는 몇 점짜리 학생일까? 우리의 고난은 신앙을 키우시는 하나님의 채찍이라는 사실을 알기에 채찍과 싸우는 정신병자는 될 수가 없어서 채찍을 드신 하나님의 손, 주님의 발 앞에 엎드리는 얍복강의 밤새기를 계속해야만 했다.

현지에게 소위 일류라는 예일 콜롬비아 의대에서 장학금을 약속하며 입학원서를 제출하라는 연락이 와서 원서를 제출했더니 영주권이 없다는 이유로 입학을 거절당했다. 미국에서 약대와 의대는 영주권이나 시민권이 없으면 지원을 할 수가 없다. 여리고 성벽이 너무나 높아 또 다시 장애물 넘기가 시작 되었다.

이른 새벽마다 현지가 잠자리를 빠져 나가길래 몰래 뒤를 밟았더니 현지는 어두운 골목을 지나 집에서 약 15분 거리에 위치한 교회를 향해 걷고 있었다. 이른 새벽 뉴욕의 어둡고 위험한 거리를 걸어가는 다부진 걸음걸이가 그 무엇도 전혀 두렵지 않은 느낌이었다.

당시 우리 교회에는 새벽제단이 없었던 때였다. 제단 옆 구석에 쪼그리고 앉더니 조용히 찬송을 부르기 시작했다.

"주님의 뜻을 이루소서, 고요한 중에 기다리니, 진흙과 같은 날 빚으사 주님의 형상 만드소서…"

찬송 끝절은 이미 눈물로 범벅인 채 흐느낀다. 벌써부터 새벽마다 홀로 제단에 엎드려 주의 도움을 구하며 간절한 소원을 드렸건만 이 어미는 이제야 알게 되었다. 흐느끼는 가냘픈 어깨를 주님은 또 어루만져 주고야 말았다.

"두려워 말라. 내가 너와 함께 함이니라. 놀라지 말라. 나는 네 하나님이 됨이니라. 내가 너를 굳세게 하리라. 참으로 너를 도와 주리라…." (사 41 : 10)

현지는 뉴욕 브루클린에 있는 브루클린의대에 원서와 지난날 대서특필되었던 미국신문과 모든 상장을 첨부해서 제출했고 당연히 영주권이 있겠지라는 직무처리 실수(?)가 현지를 무난히 합격시킨 것이다.

착각이든, 눈을 가려 주셨든 하나님은 현지에게 또 다시 기적을 안겨 주셨다. 영주권도 없이 합격되었다는 것이 밝혀진 것은 바로 의대졸업을 앞둔 의사면허시험에서 합격한 때였고 이 사실에 온 학교가 떠들썩했지만 그때는 이미 약혼자의 배려로 결혼신고와 함께 영주권을 발부받아 의사면허를 받을 수 있었으니 시간의 주인이신 하나님이 때와 시를 맞추신 놀라운 간섭이 아닌가!

새벽을 깨우던 현지의 기도소리가 주님의 구체적인 관심속에 응답되어 일을 행하시는 여호와이심을 보여주셨다. 할렐루야! 모든 영광은 오직 하나님께….

현지의 의과대학 합격소식을 들은 온 식구는 기쁨과 교차되는 등록금 마련에 또다시 고통을 맛보아야했다. 어떻게 할 것인가? 동생들이 누나를 위해 무릎을 꿇었고 우리 부부는 기도하며 뛰었으나 사면이 막혀 위만 볼 수밖에 없었고 우리 모녀는 필사의 기도를 시작했다. 주님 십자가에 달리신 금요일 밤이면 모녀는 넓디 넓은 교회 바닥에 나일론

이불을 깔고 각기 제단을 향해 엎드렸다. 온 세계가 고요히 잠든 칠흑 같은 밤에….

"아버지 천년만년 기다리셔도 우리 힘과 우리 능력 가지고는 합격할 수가 없어요. 주님! 골고다 주님의 십자가 보혈로 합격시켜 주세요. 지체 마시고 결제해 주세요. 제발 하늘 계좌를 열어주세요! 몸부림치며 절규하는 어미곁에서 흐느끼며 하나님을 부르며 우는 딸! 우리 모녀는 부둥켜 안고 울고 있었다. 어미는 딸이 불쌍해서 울고, 딸은 엄마가 불쌍해서 울고, 울고 또 울다보면 어둠이 가고 먼동이 터 오는데 퉁퉁부은 눈자위는 쓰라리고 아프며 나일론 이불에는 모녀가 밤새흘린 눈물이 흥건히 고여 있어서 모녀의 고통을 짐작할 수 있었다.

동이 트고 우리의 마음도 밝아 온다. 기도의 수저에 믿음의 식사를 담아 먹여 주심인지 평안으로 배불린 영혼에 햇빛이 비쳐온다. 주여! 제발! 마음에 나아만 장군의 영음이 들려온다. 나를 보라. 요단강물에 여섯번 들어갔다가 나왔을 때도 문둥병 헌데는 그냥 그대로 있었단다. 아니 붉은 흙탕물에 더욱 심해 보였지! 난 낙심할 수밖에 없었단다. 그러나 마지막 한 번이 기적을 낳았지! 낙심치 말고 한 번 더, 한 번 더, 부르짖으라구 계속, 계속 앉았지? 나아만 장군이 손뼉치며 권장하는 소리다.

이번엔 또 엘리야가 소리친다. 일곱번 기도한 후에야 손바닥만한 작은 구름이 떴단다. 능력없는 너 자신이나 환경의 위기를 보지 말란 말이야. 문제만 보면 쓰러져 마귀에게 속는다구! 오직 십자가에 너의 눈을 고정시키라구 알았지? 계속해서 기도해! 이제 곧 소나기가 쏟아질 거야. 소나기가. 알았어?

믿음의 선진들이 저마다 소리치며 용기를 주기 위해 말씀으로 다가

온다. 주님은 고난학교 우등생들을 말씀으로 보내주시며 우리를 세워 주시고야 말았다.
"현지야, 하나님의 멋진 기적을 또 보고 찬양하게 될거야."
"네, 엄마 믿어요. 꼭 믿어요."
우리 모녀는 소금물에 절인 듯 따가운 눈을 억지로 뜨면서 함께 웃었다. 주님은 우리를 또 웃게 하실거야! 언제나 웃게 해 주셨으니까… 그러나 기적은 요행이 아닌 것이다. 믿음으로 순종할 때 얻어지는 열매가 기적이기에 밭갈고 씨뿌리고 거름주는 노력없이 열매만 구할 수가 없어서 우린 세상 끝날까지 믿음으로 기도할 것을 다짐하면서 내일을 보고 웃는 것이다.

**너는 내게 부르짖으라. 내가 네게 응답하겠고
네가 알지 못하는 크고 비밀한 일을 네게 보이리라.**
렘 33 : 3

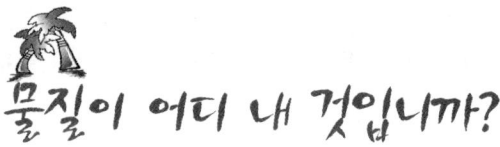

물질이 어디 내 것입니까?

8월 24일 의대 첫 등록 마감일을 사흘 앞둔 날이다. 방문을 살며시 열면서 현지가 들어선다. 눈동자가 빨갛게 충혈된 모습이 이미 몹시 울었던 모양이다.

"현지야, 왜 그래? 무슨 일이야?"

"엄마!"

"말해 보라니까…."

등록일 사흘을 앞둔 어미 마음은 벌써 갈기갈기 찢어진 천조각인데….

"엄마, 나 대학 다닐 때 가난했던 ㅇㅇㅇ알지?"

"응, 그런데."

"방금 전화가 왔는데 4,000달러를 마련해 놓았다며 등록에 보태 쓰래! 어디서 났느냐구 물어도 대답을 안해줘!"

소리내어 운다. 자신의 유익을 위해 가난한 친구의 큰 희생이 너무 마음 아픈가 보다.

"아니, 너 혼자 먹기에도 모자라던 빵을 나누어 먹을 정도로 가난하다던 그 친구 말이야? 그가 그 큰 돈을 어떻게?"

기가 탁 막혔다.

"엄마! 왜 하나님은 부자는 다 놔두고 가난한 내 친구 주머니를 털어서 나 공부를 시키는 거야 응?"

볼을 타고 흐르는 눈물을 닦을 생각도 없이 막 울어댄다. 하나님은 왜? 이렇게 응답하셔야 했을까?

"현지야, 이후에 네가 훌륭한 의사가 되어서 돈벌면 어떻게 써야할 것을 가르쳐 주시는 것이야."

이젠 엄마가 운다.

"현지야. 왜? 하나님이 엄마, 아빠 주머니를 말려 널 공부시키는 데 힘들게 하시지?"

복바쳐 우는데 현지가 눈물을 닦으며 하는 말이

"엄마, 아빠 주머니로 공부시키면 내딸이다, 내딸이다 할까 봐 그래."

"정말 그렇구나!" 우린 와락 껴안은 채 두 손을 높이 들고 "할렐루야!"를 부르며 울었다. 몇 해 후에야 알아낸 사실이지만 그 친구는 자신의 중고차를 팔아 현지의 첫 등록금의 대부분을 감당해 주었다는 눈물겨운 사랑의 이야기다. 하나님께서는 엘리야의 첫구름을 뜨게 하시므로 일을 시작하신 것이다.

"엄마, 나머지 3,000달러는 어떻게 해요?"

"현지야, 구름이 떴으면 소나기가 온다. 시작하신 분이 끝맺지 않으시겠니? 걱정 말고 나가 있어!" 큰소리는 쳤지만 난감했다. 그러나 하나님이 누구관대 못할 일이 있다더냐? 바닥에 무릎을 꿇었다. "아버지 가난한 현지 친구의 주머니를 여신 하나님 아버지! 믿음으로 하늘계좌에서 뽑아 쓸 수는 없나요?" 눈물이 바닥에 뚝뚝 떨어진다. 불현듯 어느 여집사님의 얼굴이 확 스쳐가는 것이다. 언젠가 삶은 밤 보따리를 내밀던 집사의 얼굴이다. 나는 떨리는 손으로 다이얼을 돌렸다. 신호가 떨어지자 K집사의 특이한 사투리가 들려온다.

"여보세요, K집사예요."

"집사님, 저예요."

금방 목소리를 알고서 반색하며 반겨주었다.

"웬 일이세요?"

"현지가 의대에 들어갔는데 등록일 사흘을 앞두고 현지의 가난한 친구가 등록금중 4,000달러를 마련했다고 전화가 왔는데…."

여기까지 단숨에 말을 이었지만 더 이상은 계속할 용기를 잃었다. 눈물에 젖은 음성이 꽉 목이 매여 버리자 그녀가 말을 받는 것이다.

"제가 기도중에 세번 응답받았어요. 현지 등록금 3,000달러를 마련해 놓고 전해드릴 방법을 찾고 있던 중이예요."

"오! 하나님" 비명을 지를 뻔했다.

"뭐라고요? 집사님?"

나는 내 귀를 의심했다. 아니? 그러면 하나님께서 액수까지 맞추어 용의주도하게, 이럴 수가 있는 것인가? 기적의 연속이다. 기적!

현지같은 학생 등록금 주는 것은 아무나 받는 은총이 아니예요."

"집사님 고마워요. 이 은혜 안 잊을께…."

"아니예요. 하나님께만 감사하세요. 물질이 어디 내 것입니까?"

금요일 밤 그녀가 흰봉투에 빳빳한 지폐를 담아 아무도 모르게 건네주었다. 오늘날도 믿음의 사람들, 주님의 숨결을 뿜어내는 사람들이 제자를 낳는 제자의 삶을 살고 있다는 사실이다. "내 것입니까?"의 신앙이 그녀의 것만 되어서야 되겠는가? 오, 주여! 고맙습니다.

믿음으로 기적을 구해놓고도 막상 기적이 일어나면 엄청난 주님의 능력 앞에 놀라버리는 자신이 부끄럽다. 주님의 위대하신 능력과 신묘막측한 사랑이 너무 커서….

"구하라, 그리하면 이루리니 너희 기쁨이 충만하리라."는 말씀의 약속이 이루어짐을 받고 어찌 하나님의 기적과 능력과 사랑을 숨겨 두고 외치지 않을 수가 있는가 말이다. 복음을 전하지 않음이 내게 화라고 말한 사도바울의 심정을 조금은 알 것 같다. 모든 기적이야말로 주 예수를 증거하라는 명령이 아니고 무엇이겠는가? 할렐루야!

첫 학기가 지나고 두번째 학기가 돌아왔다. 등록금의 등록일자가 넘어가 버리면 수업을 들을 수가 없는 것은 당연지사이지만 현지는 서무과 직원이 질식할 정도로 끈질기게 날짜를 미뤄가며 강의를 들었다. 속으로는 울고 겉으로는 강하게 포장하면서 하나님께 매달리는 딸! 현지는 결코 중단하지 않았고 하나님도 중단치 않으셨던 것이다. 2학기부터는 기숙사비까지 포함하여 10,000달러가 넘는 엄청난 금액이다.

한국에서 부흥강사로 오셨던 B목사님을 모시고 가던 차 속에서 예쁜 카드와 함께 현지 등록금에 보태라면서 사례를 몽땅 두고 가셨으며 2차 등록일 2주를 앞두고 같은 그룹 학생이 중학교 때부터 의대가면 쓰려고 모아놓은 6,000달러를 건네 주면서 후에 갚으라고 말한다. 이 사실을 안 다른 학생이 부모에게 공부하고 싶어하는 현지의 딱한 사정을 말씀 드리니 그 부모는 사인만 한 백지수표를 건네면서 나머지를 지불하라고 했다.

하나님은 주의 종, 가난한 친구, 학교동기, 또 여집사들의 주머니를 사랑으로 열게 하시고 이곳 저곳에서 구해 주시면서 돌고 도는 세상의 물질은 주인이 없음을 가르치시는 것이다. 오직 물질의 참 주인은 하나님이시기에 누가 감히 그분의 명령을 불복할 수 있단 말인가?

하나님께서는 아무 주머니를 여시는 분이 아니라 복받을만한 이들의 주머니, 회개한 주머니만 골라 쓰시는 것이었다.

어느날 기도원 안내를 해주던 어느 전도사님이

"장로님 댁에선 현지가 제일 먼저 하나님께 합격했어요."

"고마워요! 참 전도사님 딸들 너무 귀여워요. 사랑하시죠?"

멋적어서 그냥 던진 말에 전도사님은

"나는 그 애들을 사랑하기 때문에 사랑하지 않아요! 내가 그 애들을 사랑하지 않는 것이 그 애들을 사랑하는 것이니까요.!"

아리송한 말 같지만 이 말은 하나님보다 자식을 더 사랑할 수 없다는 표현, 하나님의 질투를 이길 재간이 없다는 표현으로 그 속에 숨어있는 그분의 깊은 신앙을 보며 내 것으로 받아 들였다.

그후로 창조주 하나님께 삼남매를 던지는 연습을 계속할 수 있었던 것은 현지를 너무도 멋있게 책임져 주신 하나님을 만났기 때문이리라. 우리가 우리의 것으로 쥐고 있는 한은 하나님은 절대로 일하지 않으신다는 사실을 아는가?

3학기부터는 더욱 놀라운 일이 일어났다. 아예 등록 마감일도 되기 전에 누군가가 1,000달러짜리 우편환 10장과 현찰 2,000달러 도합 12,000달러를 지불해서 등록해 버린 사실이다.

도대체 이것이 왠 은혜며 왠 기적이란 말인가? 주님은 현지와 함께 숨쉬고 현지와 함께 동행하심을 역력히 보여주셨다. 현미경이 필요한 현지에게 현미경을 두 개 샀다며, 또 책을 살 때마다 두 권씩 사서 한권을 갖다주며 책갈피에 용돈까지 조심스럽게 몰래 넣어준 청년! 그의 부모가 바로 현지의 등록금을 납부해 준 분들인 것을 알게 되었다.

졸업 때까지 등록금과 기숙사비를 모두 치뤄주면서도 싱글거리던 청년! 책 한 권 사주지 못해 우는 우리 부부의 할 일을 하나님은 그 청년에게 명령하신 것이다. 그 청년의 별명이 스마일인데 하나님이 현지를 위해 준비하신 중국인 청년 노영준이다.

현지가 학교 친구들과 스키장에 간다며 허락을 받으려고 말을 건네 왔으나 단번에 거절을 해 놓고는 기도도 안해보고 한 대답이 꺼림칙 해서 무릎을 꿇고 하나님께 물었다. 마음 속에서 스키장에 가게 하시는 분이 하나님이며 그 하나님이 영혼을 구하려고 스키장에 선교사로 파송하신단다. 아프리카의 고원지대만이 선교지가 아니라 우리가 생활하는 매일의 삶 그 모두가 선교지라고 하시는 것이다.

나는 기도를 마치고 현지를 불러 마주 앉았다.

"현지야, 선교사 파송 예배를 드리자"

현지는 무슨 말인가 싶어 어리둥절하더니 곧 알아듣고는 무릎을 꿇고 단정히 앉는 것이다.

"하늘에 가득찬 영광의 하나님, 온 땅에 충만한 존귀하신 하나님, 생명과 빛으로 지혜와 권능으로 언제나 우리를 지키시는 하나님…." 찬송가 53장이 끝나고 이 좋은 선교의 기회를 최대로 활용할 것을 당부하고 3박 4일의 여정속에 친구들이 하기 싫어하는 식사당번이나 허드렛일을 기꺼이 하기로 하고 예배를 마쳤다.

눈발이 휘날리는 백발의 스키장! 영화나 잡지에서 본 설경의 이상세계 바로 그 곳에서 흩날리는 눈처럼 부족한 나의 사랑하는 딸의 수고로 세 친구의 영혼을 구했던 것이다. 피곤에 지쳐 입술이 부르터서 왔지만 영혼이 잠에서 깨어난 세명의 친구들! 그중 하나가 스마일이라는 별명의 '노영준'인 중국인 청년. 그가 바로 현지를 공부시킨 장본인이요, 지금의 남편이 될 줄이야….

"주님의 뜻을 이루소서" 지금도 새벽을 깨우던 현지의 찬송소리가 들려오고 있어 나도 함께 불러본다.

**나의 하나님이 그리스도 예수안에서
영광 가운데 그 풍성한 대로 너의 모든 쓸 것을 채우시리라.**

빌 4 : 19

영준이의 갈비뼈는 현지야!

하나님 아버지! 자녀들이 공부하는 것을 보는 기쁨만은 내게서 빼앗아 가지 말아주세요…. 칠흑같이 캄캄한 한밤중에 비참했던 울부짖음도 딸 현지의 의대졸업이 가까워질수록 아침안개처럼 사라져 가고 있었다. 틈틈히 타이프를 쳐주고 번 돈이라며 동생들의 필요를 채워주던 어느 추수감사절이었다. 예배가 끝난 후 조용히 엄마곁에 다가서더니

"엄마, 난 오늘 하나님께 너무 감사해서 막 울었어요."
그리고 보니 눈자위가 눈물로 얼룩져 있었다.
"왜 또 울었어! 왜 자꾸 우는 거야.응? 이 울보야!"
애써 웃기려 했지만 현지는 눈물을 찍어내면서
"엄마, 이것 받으세요." 가지런한 두손으로 흰 봉투를 내미는 것이다.
"뭔데 그래?"

"엄마 아빠를 주신 하나님께 너무 감사해서 눈물이 자꾸만 나와요. 하나님께는 감사헌금 드렸구요. 이것은 엄마 아빠에게 감사하는 거예요. 두 분 좋은시간 가지세요."

대답할 사이도 없이 볼에 키스를 하고는

"나, 기숙사 들어가요."

사랑의 냄새가 물씬 나는 편지와 함께 50달러가 들어 있었다. 하늘과 땅, 바다, 구름, 천체, 지구 온 공간에 "엄마, 사랑해!"라는 소리로 꽉 차 있는 듯 했다. "현지야! 사랑해." 현지가 사라진 쪽을 바라보면서 울음이 터져 나오는 것이다. 등록금은커녕 책 한 권, 옷 한 벌도 못사준 엄마가 왜 좋다는 것인가?

왜? 라는 말은 아예 숨겨버리고 살아온 딸이 엄마 아빠 불쌍하다며 뿌린 눈물의 그릇이 저 하늘 주님 곁에 놓여 있겠지! 하나님 아버지 나 같은 죄인에게 분에 넘친 딸을 주셨어요. "정말 고마워요. 주님!" 현지가 언젠가 어버이 날에 찬송가 304장을 펴들고는 '엄마 이 찬송은 내가 엄마께 드리는 고백이에요.' 라고 하는 것이다. 우리는 그날 그 찬송을 같이 부르며 조용히 울었다.

"어머니의 넓은 사랑 귀하고도 귀하다. 그 사랑이 언제든지 나를 감싸줍니다. 내가 울 때 어머니는 주께 기도 드리고 내가 기뻐 웃을 때에 찬송 부르십니다."

며칠 후 집에 온 현지가 어색하고 부끄러운 어투로 엄마를 부르더니 "엄마, 영준(미국명 : 윈슨)이가 결혼하자구 해요."라고 말한다. 언제부터인지 꼭 영준이와 결혼할 것 같은 예감에 사로잡힐 때마다 몇년 전 "복음을 위해서라면 외국인에게 딸을 주겠어요."라고 기도한 생각이 들곤 했기 때문에 나는 딸의 말에 별로 동요되지가 않았다.

그냥 멀거니 잠시 딸을 쳐다보면서 얼마 전 현지가 기숙사에서 2주 간이나 심한 몸살과 감기로 고생할 때 하루도 거르지 않고 죽을 쑤어다 먹여준 영준 엄마에 대한 이야기를 그것도 엄마 걱정한다고 회복이 다 된 후에 들려 주었는데 중국인 영준 엄마의 정성이 너무 고마워 눈시울을 적셔야 했던 일이 생각났다.

매주 토요일이면 거의 7, 8명의 아들 친구들을 집으로 불러 힘든 공부한다고 저녁을 사준다는 영준 아빠와 또 다른 친구의 등록금도 납부해 준 적이 있다는 식구들의 아름다운 열매들이 저마다 "영준이의 갈비뼈는 현지야"라고 속삭이는 듯 했다. 현실로 받아들이면서도 왠일인지 한국인이 아니라는 사실에 도망가는 마음은 어쩔 수가 없었지만 하나님의 뜻이라면 거역할 마음은 추호도 없었다.

아담 부부가 자기 중심적인 이기심으로 자연을 헤치고 수고하여 나뭇잎 치마를 만들어 입어 보았지만 수치를 가리려던 뜻은 자신들의 욕심을 이루지 못했던 것처럼 수없이 나뭇잎 치마 만들기를 계속해도 자신의 욕심대로 될 수가 없는 일이라면 일찍 나뭇잎 치마를 벗어버리고 하나님이 주시는 순종의 가죽치마를 받아 입는 지혜가 필요한 것이 아니겠는가?

"그래, 현지야. 엄마는 이미 복음을 위한 하나님의 뜻이라면 순종할 각오가 돼 있어! 혹 하나님께서 계획한 중국을 향한 영혼 구원의 뜻이 계신 줄도 모르니까. 그런데 아버지가 받아들이가 힘들겠지. 엄마도 기도가 없었다면 힘들었을 거야. 현지야! 너 정말 영준이를 사랑하니? 혹 은혜를 갚으려는 결혼은 아니야?"

현지는 고개를 숙이고 있더니 한참만에 입을 열었다. 아마 자신에게 물어보고 있었는지도 모른다.

"엄마, 영준이 부모님이 아니었으면 의사가 될 수가 없었던 것은 사실이지만 엄마가 늘 범사에 하나님을 인정하라고 하신 말씀을 기억하고 살았어요."

하나님의 뜻이란 암시를 은근히 강조하면서 똑부러지게 사랑한다는 말은 하지 않는다. 그러나 아무도 모른다해도 딸의 얼굴과 마음이 이미 사랑을 하고 있다는 사실을 엄마라는 직감으로 알아낼 수가 있었다.

"그래, 기도하자. 하나님이 허락하실 거야!"

공부에만 전념하던 현지가 나이가 들면서 '엄마, 나도 애인이 있었으면 좋겠어. 외로워.' 하면서 마음을 열어놓을 때면 '아버지 현지가 외롭대요. 신랑 주세요. 네?' 라며 속으로 기도하던 때가 엊그제 같은데 그 딸이 사랑을 한다.

언젠가는 일곱 가지 신랑감 후보 자격을 쓴 종이를 가지고 오더니 '엄마, 난 이런 사람을 신랑으로 달라고 기도해요.' 라며 부끄러워하던 모습을 보면서 읽어보니 유독 눈에 띄던 구절이 있었다. '예수님 믿는 것은 물론이고 자기 자신보다 머리가 훨씬 좋아야 한다' 라는 문구이다. 그런데 영준은 강의시간에 아무도 대답을 못하는 어려운 문제 모두를 그가 대답한다. 아무도 대답을 못하고 있으며 교수까지도 영쥰을 쳐다 보는 연고로 조교수라는 별명이 붙었다.

현지는 타인에게 모든 기회를 주고 아무도 못하는 것을 풀면서도 드러나지 않는 그의 모습에서 겸손한 마음을 본다고 했다. 한번은 맨해튼에 있는 어느 건물 앞에 친구들을 기다리게 하고 잠시 들어간 사이에 현지는 무심코

"이 빌딩 주인은 참 좋겠다."

부러운듯이 옆에 있는 친구에게 말을 건넸단다. 가난이 너무 싫어서

이 빌딩이 좋아보였나보다.

"너, 몰랐니? 이 건물 영준네꺼야."

현지는 속으로 깜짝놀라며 매사에 결코 자랑치 않는 그가 조금씩 더 좋아지고 새로운 자랑거리가 남을 통해 알게 되어 물으면 그게 무엇이 그리 대단하냐고 오히려 반문하는 그가 좋아진 것이다.

"엄마, 영준은 책에다 빨간줄 하나 치는 일이 없어요. 항상 새책 그대로 있어요." 빨강 파랑 검은줄을 치고 또 치면서 머리에 기억하려고 애쓰는 자신과 비교하며 신기하단다.

시험 때 필요한 부분을 못찾아 쩔쩔매면 무슨 책 몇 페이지를 보라고 해서 찾아 보면 영락없이 그 자리에 있는 것이다. 책을 펴고 눈으로 보기만 하면 머리에 입력되는 기계같단다. 현지도 남들이 부러워하는 머리라 했으나 뛰는 놈 위에 나는 놈이 있다더니 자신의 조교수라며 웃던 일이 생각나서 "결혼 조건에 맞는구나" 하면서 나는 싫지않은 마음이었다.

의대에서 펜싱 등 운동할 것 다하고 주말엔 집에 가서 실컷 놀다가 월요일에 덜렁덜렁 학교에 나타나는 위인이 영준이라며 하나님이 주신 365일이 적다고 밤을 세우는 동료들을 의아해 하면서도 늘 웃어서 적이 없다고 했다. 친구들의 시험에 필요한 문제들을 풀어주고 세심하게 도와준다고 그의 머리를 부러워 하더니만 결국 신랑 자격 가운데 머리좋은 남자를 만날 것이라는 현지의 말대로 자기에게 필요한 남자를 택했구나 싶어 감사하면서 도 제눈에 안경이지 싶었다. 가끔 딸애에게 편지를 쓰곤 했던 나는 어느 날 써 놓았던 편지 한 부분을 옮겨본다.

현지야! 저번에 너를 보내놓고 혼자서 바보처럼 울어댔단다. 생각해

보면 감사한 것 밖에 없는데 말이야. 너를 주신 하나님은 언제나 너로 인해 기쁨과 행복을 주셨고 시달리던 마음에 웃음을 주셨는데 코흘리개, 기저귀, 우유병 잡았던 작은 손, 강보에 쌓여 새근새근 잠자던 아기! 현지가 사랑을 알고 시집을 가겠다는데 용돈은커녕, 점심값도 못주고 책 한 권 사주지 못한 엄마 자신이 미워서 울고 있단다.

그래도 엄마는 울보가 아니라 네게 짝을 주신 하나님을 찬양하고 복을 빈단다. 못한 것, 못준 것보다 엄마가 있는 것으로 기뻐하는 현지야! 네가 흘리는 사랑의 눈물이 엄마의 마음을 뜨겁게 적셔 줄 때마다 엄마는 강하게 무릎을 꿇을 수가 있었단다. 현지야 사랑해. 넌 행복할 권리가 있어! 예수님 때문에‥‥.

어쩌다 점심값을 줄 수 있을 땐 봉투에 하나님 말씀과 편지를 넣어준 것은 세상을 이길 힘을 주고 싶은 어미의 작은 정성이었던 것이다. 어느날 시원한 공기를 마시며 고속도로를 달리다가 아빠의 눈치를 보면서 조심스럽게 말을 꺼냈다.

"여보, 영준이가 현지와 결혼하자고 했대요…."

"뭐야?"

단번에 소리치는 아빠! 너무 큰 쇼크였나보다.

"안돼! 중국인 사위는 절대 안돼. 말도 꺼내지 말아."

"아니, 그렇게 쉽게 말하지 말아요. 만일 하나님 뜻이래도 안되요? 왜 하나님께서 지구상에 수많은 사람을 다 놔두고 영준이가 현지 공부를 시키게 하셨냐구요. 너무 고집부리지 말아요."

"뭐야? 이 여자가?"

핸들을 확 꺾어버리며 액셀러레이터를 심하게 밟아버리자 차가 휘청

거리더니 쏜살처럼 나아가는데 사고가 나는 줄 알았다. 차라리 죽고 싶은 모양이다. 사랑하는 딸을 외국인에게 성큼 내어줄 아버지가 있을까만은 어쩌랴! 겁에 질린 나는 무조건 빌었다.

"여보, 다신 아무 말 안할께요. 결혼 안시키면 되잖아요? 진정해요. 용서해줘요. 네?"

우선 싹싹 빌어야 했다. 딸을 향해 키워온 꿈이 사라지기까지 수고의 세월이 얼마나 걸려야 하는건지… 하나님은 이일을 어떻게 풀어 가실 것인가? 그러나 사람에게 방법이 없다고해서 하나님도 방법이 없는 것은 아니잖는가? 집에 온 딸과 마주 앉았다.

"현지야, 6개월을 작정하고 우리 기도만 하자. 알겠지? 아빠가 너무 힘드신가 봐. 그래도 하나님 뜻이면 하나님께서 좋은 환경으로 인도해 주실거야. 아빠가 스스로 너를 불러 허락하면 하나님 뜻으로 받자. 아빠가 축복하고 기뻐하는 결혼이 되도록 조심하면서 하나님을 기다리자구. 알았어?"

현지는 평소에 아빠를 무척 존경했기에 떨고 있었다. 참새처럼 떨고 있는 현지를 품에 안았다. 과연 하나님은 6개월 안에 무슨 일을 하셨는지 기대하시라….

**하나님이여! 우리가 주께 감사하고 감사함은
주의 이름이 가까움이라.**
시 75 : 1

5부
고난의 길을 향하여

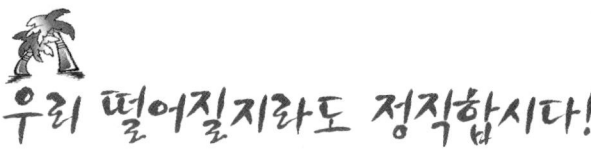

우리 떨어질지라도 정직합시다!

기숙사에 있는 딸이 온단다. 이사한 후 처음 오는 날이기에 우리 부부는 너무나 기쁜 것이다. 궁핍하지만 아이스크림과 빵, 우유와 콜라도 샀다.

"여보, 열쇠를 만들어 주어야죠."

"그럼, 만들어 주고 말고."

기쁨으로 열쇠를 만들어 주자는 부부의 대화 속에 하나님 아버지가 생각났다. 무조건 이토록 기쁘게 열쇠를 주고자 하는 인간의 부녀관계는 천국을 마음놓고 열고 들어 오라고 구원의 열쇠를 준비하신 하나님의 사랑을 연상케 했다. 하나밖에 없는 독생자 예수를 우리에게 내어주신 아버지께서 천국을 여는 열쇠는 예수님이라신다.

주께 오는 자를 반기시는 하나님 아버지의 사랑처럼 현지를 기다리는 남편은 자못 어린아이처럼 기뻐하며 아이스크림이 녹는다고 성화가 대단하다. 이토록 사랑하는 딸이 외국인에게 시집을 간다니 살맛을 잃어 버릴만도 했다. 이민 당시 뉴욕에 거주한 한인들이 농장에서 일하며 영주권을 다투어 받던 때 가짜라는 소문도 있었으나 그보다 농장에서 언제부터 일을 했는가? 월급은 얼마를 받았는가? 무엇을 재배했는가? 심지어는 농장 가는 길에 무슨 건물이 있는가? 꼬치꼬치 묻는다는데 아무리 기도를 해 보아도 알고서야 거짓으로 대답할 수가 없었던 우리는 영주권을 받지 못한 아픔이 있었다.

때마침 2년 전에 고용계약 영주권을 신청했던 일이 있었는데 캐나다 주재 미 대사관에서 인터뷰를 받으라는 통보를 받았다. 미국에서의 체류기간이 오랜 연고로 캐나다 영주권마저 죽어버린 우리는 만일 캐나다에 가려고 미국을 떠났다가 인터뷰에 불합격하게 된다면 미국에서도 캐나다에서도 살 수가 없게 되는 것이다. 그렇게 되면 한국으로 돌아가는 길 외에는 대안이 없었다.

그러나 인터뷰를 포기할 수도 없어서 무조건 하나님만 의지하고 다시 못들어 올지도 모르는 미국에 딸만 두고 캐나다로 향했다. 두 아들은 이미 지난해 미국에서 도저히 공부할 수가 없어서 캐나다로 들어가 살고 있었다. 약속된 시간에 캐나다 주재 미 대사관을 찾아갔다.

영주권 신청자는 우리 부부와 미성년자로 자동 신청된 막내 대중이 이렇게 세 사람으로 우리는 초조한 마음으로 차례를 기다렸는데 마음은 왜 그렇게 떨리는지 기도를 한시도 쉴 수가 없었다. 머리를 숙이고 한참을 기도하던 대중이가 고개를 들더니 하는 말이

"우리 떨어질지라도 정직합시다!"

우리 부부는 멍청해져서 아들을 바라 보다가

"그래 그러자." 라고 대답했으니

만일에 담당자가 미국에 불법체류 한 적이 있느냐고 물어본다면 그렇다고 대답해야 하고 그렇게 되면 100% 불합격이란 사실을 알기 때문에 착잡한 심정이었던 것이다. 차례가 되어 안경을 낀 미국인 영사 앞에 셋이서 나란히 앉았다. 아니나 다를까 첫 질문에 미국에서 불법으로 산 적이 있느냐는 것이다. 정직하기로 작정한 우리는 거침없이 씩씩하게 'Yes!'라고 합창을 했다. 그 영사는 기가 막히다는 표정을 하더니 가서 기다리란다. 자리로 돌아온 우리는 요행을 바라는 어리석은 바보들이 분명했다. 불법 체류를 인정해 놓고 요행을 바라다니….

한참을 기도하던 대중이가 또 다시 고개를 들더니
"아버지, 저는 아무래도 발표가 나기 전에 미국 영주권을 포기한다고 해야겠어요."
"왜 그래?"
의아해하는 우리에게 설명하기를 '지난해 캐나다에 들어올 때 공항에서 기적을 주신 하나님 앞에서 공항 책임자에게 캐나다에서 살겠다'고 약속을 했다는 것이다. 그러므로 미국 영주권을 신청한 것은 미성년이어서 자동으로 신청되었어도 지금이라도 포기하고 서류를 기각시키지 않으면 거짓말을 한 것이 되므로 하나님이 기뻐하시지 않는다는 것이다.

창구를 향해 걸어가는 아들의 모습이 얼마나 당당해 보이는지 대중이를 사로잡은 위대하신 하나님을 보는 듯 뿌듯했지만 아쉽기도 했다. 창구 직원이 세번씩이나 반복해서 정말 포기하겠느냐고 물으며 알 수 없다는 듯 고개를 양옆으로 흔들었다. 얼마 후 우리를 부르더니 미안하지만 미국 정부가 영주권을 줄 수 없다며 불합격을 통보했다. 하늘이 무너지는 듯 앞이 캄캄했다.

캐나다 공항에 들어올 때에 여권과 비행기표까지 모조리 빼앗겼다. 캐나다 영주권이 죽었으므로 만일 미대사관 인터뷰에 불합격된다면 재판을 거쳐 한국으로 송환되는 길밖에 없다고 하면서 캐나다에도 미국에도 살 수 없었기 때문에 이젠 당황할 수밖에 없었다.

"미안해요, 나 때문에 이렇게 되었어요." 막내 대중이가 모든 것이 자신 때문이라며 괴로워하는 것이 아닌가?

"아니야, 대중아 넌 하나님 앞에서 참 잘했어. 무슨 하나님 뜻이 있을 거야."

우리는 아래층 구석에서 할렐루야를 불렀다. 가도 가도 고난은 버티고 서있었으며 지칠줄 모르는 현실과의 싸움은 계속되는 중에 재스퍼에 살고 있는 언니가 올라오고 두 아들이 사는 조그만 아파트에서 우리는 온 밤을 세워 기도하며 작업을 시작했다. 우리의 거짓없는 이민생활을 큰아들을 시켜 타이프를 치기 시작했다.

주일을 지키겠다고 캐나다를 포기한 미국 불법 체류에서부터 희비의 이민사가 남편의 입에서 나올 때마다 우리는 울고 웃었다. 날이 밝자 언니와 함께 우리 부부는 공항을 찾아 나섰다. 오직 하나님만 의지하고 공항 책임자와 면담중에 우리의 이민사를 읽기 시작한 책임자의 눈에 눈물이 고였다.

그는 말하기를 정말 사정은 딱하지만 특별한 배려로 캐나다 영주권이 회복된 아들 대중이까지 미국 영주권 신청에 들어 있다는 것은 계획적이라고 판단되기 때문에 도저히 도울 길이 없다는 것이다. 불현듯 어제 미대사관에서의 일이 생각나서 소리를 높여

"선생님, 우리 아들은 미국 영주권을 포기하고 서류를 기각시켰어요. 지난해 선생님께 캐나다에서 살겠다고 했던 약속을 지켰어요." 내 이야

기에 책임자가 밝은 표정으로 미대사관 서류를 급히 뒤적이고 전화로 확인하더니 잠깐 휴식시간을 갖겠다며 모두 나가 있으라는 것이다. 일 년 전 현중이와 대중이가 꿇어 앉았던 시멘트 바닥에 언니와 나를 다시 꿇어 앉히신 하나님! 그분은 우리의 눈물을 받았던 것이다. 할렐루야! 드디어 우리를 다시 부른 책임자가 '모든 것을 참작해서'라고 말을 시작하자 안된다는 말이 나올까봐 지레 짐작한 언니가 No, No, No를 연발하면서 당신은 할 수 있다고 울면서 사정을 하니 그만 그 책임자도 눈물을 흘리더니 '캐나다 영주권을 살려주겠다.'는 것이다.

"미련한 자는 죄를 심상히 여겨도 정직한 자 중에는 은혜가 있느니라."(잠 14 : 9)

어제 대중이가 정직하게 행한 일이 우리의 캐나다 영주권을 살리기 위한 전주곡이 될 줄이야… 하나님은 살아서 역사하시고 기적을 베푸셨던 것이다. 할렐루야! 대중이가 하나님 앞에 약속을 지켜 미국의 영주권을 포기하고 서류를 기각시킨 것은 캐나다 영주권을 살려 주시려고 준비시킨 하나님의 세밀하신 간섭과 놀라우신 하나님의 사랑이었다.

어제 미대사관에서는 정직해서 떨어졌으나 오늘 캐나다 공항에선 어제의 정직한 때문에 합격되다니… '너희가 정직하면 내가 유쾌하리라' 하신 말씀이 생각났다. 하나님의 생각을 인간의 두뇌로 어찌 따를 수 있으랴! 할렐루야! 모든 것이 합력해서 선을 이루신 하나님 앞에 인간의 무력함을 인정하면서 남편이 드디어 "뉴욕에 들어가게만 된다면 현지를 불러 결혼을 허락하겠다."는 결심을 하게 될 줄이야….

6개월안에 우리 모녀의 기도가 이렇게 응답되었던 것이다. 캐나다 영주권의 의미는 캐나다에 살라는 것이었으나 미국에서 신학 공부를 마쳐야 하는 우리는 여권과 비행기표를 받아들고 또 다시 고심에 빠져야 했다. 그러나 이전에 받았던 캐나다 국경 통과 비자로 나이아가라를 거쳐 무난히 미국에 들어오게 되었다. 생각해 보니 만일 캐나다 공항에서 여권을 압수 당하지 않았다면 미 대사관에서 여권, 미국비자에 암호를 적었을 터이고 그렇게 되면 미국에 들어올 수 없었을 것이다. 캐나다 공항에 들어올 때 여권을 빼앗긴 것 마저도 하나님의 섭리였다.

미국에 무사히 들어올 수 있었던 것은 현지를 불러 결혼 승락을 하게 하시고 남은 고난의 때를 채우게 하시려는 하나님의 뜻이 계셨기 때문이리라. 울며 안타까워 하던 현지에게 하나님은 부모뿐 아니라 더 좋은 선물, 결혼 허락이라는 아름다운 기쁨을 더하신 것이다. "현지야, 행복해라. 아빠가 기쁨으로 결혼을 허락하는 거야!" 할렐루야! 영준과 현지는 의대를 졸업하고 콜롬비아 대학병원에 나란히 레지던트로 합격한 후 동료들의 부러움 속에 인생의 화촉을 밝혔던 것이다.

"호흡이 있는 자마다 여호와를 찬양할지어다."(시 150 : 6)

협주단의 은은한 선율이 흐르고 신랑 신부가 엮어지는 찬란한 아침에 색시를 싸가지고 간다더니 영준은 현지를 싸가지고 가버렸다. 아빠와의 고별 댄싱을 출 때 하늘거리는 웨딩 드레스가 하나님을 찬양하며 소리치는 것 같다. "난 예수님 때문에 행복해요."라고… 주례를 맡았던 P목사님이 하시는 말이 "새벽이면 쪼그리고 울던 현지에게 이렇게 화려한 은총이 기다리고 있었을 줄 누가 알았단 말이요."하시는 거다. 현지야! 넌 행복해야 해. 넌 행복할 권리가 있다구… "예수님 때문에…."

게으른 자의 길은 가시 울타리 같으나
정직한 자의 길은 대로니라.

잠 15 : 19

밤이 지나고

90년 5월 15일은 교회에서 어버이 주일로 지켰다. 새벽기도를 가려고 나서는 우리 부부는 거실 벽 위 거의 전체가 '어머니 날'이라고 쓴 큰 글자로 꽉 차있는 것을 보았다. 어젯밤엔 없었는데 아마도 우리 부부가 잠든 후에 삼남매가 몰래 장식한 모양이다. 아기를 인은 커다란 엄마의 그림 옆에는 아빠가 섭섭할까봐

"아빠, 오늘은 어머니날이니까 아빠는 조금만 기다리세요." 라고 아빠에게 위로의 글까지 써 놓고는 그 밑에 현지, 현중, 대중이라고 쓴글은 한글이 서툴러서 삐뚤거렸고 다른 옆에는 "엄마, 사랑해요." 라고 쓰여 있었다.

세 아이의 이름을 보는 순간 어쩌다 준 점심값 1달러 2달러를 모은 현중이는 하나님의 말씀 듣는데 사용하라며 워크맨을 엄마에게 드릴 선물로 샀다는 현지의 귀뜸이 생각났다.

엄마를 사랑하는 마음 때문에 한창 나이인 큰아들이 굶었었다니….
혹심한 가난으로 감각없이 움직이는 인형처럼 어미의 눈물에 소금처럼 엉겨 붙어 손가락으로 눈곱을 떼듯 만지면 사각거리며 부서져 내리는데 비록 고깃덩이 육의 욕구는 채워주지 못했어도 자녀를 위한 어미의 눈물의 의미를 알고 마음을 읽어주는 그들을 주신 하나님이 너무나 감사해서 또 눈물이 흐른다.
때로는 잠들어 누운 아이들 옆에 무릎을 꿇고 기도하다보면 아이들 얼굴에 떨어진 눈물이 그들의 잠을 몰아내고 함께 엉겨 울던 일 하며 품에 안겨 울고 있는 딸에게
"현지야! 울자. 실컷 울자고. 마음이 시원할 때까지 말이야."
환난 중에는 눈물이 우리의 친구였다. 환난 중에도 순종하는 자녀들에게서 하나님께 순종하는 법을 배울 수 있었고 자녀들의 시상식 파티에 불려 다니면서 그 누구도 차지할 수 없는 기쁨과 행복을 갖게 하신 하나님은 늘 우리와 함께 계셨다.
삶에 시달려 공연한 일을 가지고 현지에게 짜증을 내면 말없이 돌아섰다가는 다시 돌아서며 찬송을 부르던 딸을 잊을 수가 없다. "찬송을 부르세요, 찬송을 부르세요. 놀라운 일이 생깁니다. 찬송 부르세요." 엄마의 화풀이를 찬송에 담을 수 있었던 순종의 열매를 하나님은 현지의 결혼생활 가운데 갚아 주셨다.
"엄마, 항상 웃는 시댁 식구들 웃음 속에 지난날 우울했던 아픔이 눈 녹듯 사라졌어요."
"그래, 너를 너무 잘 아시는 하나님께서 너의 아픈 상처를 치유해 주시려고 주신 식구들이야."
"그런가봐요."

우리는 즐겁게 웃을 수 있었다. 화를 낼 줄 모르는 딸의 시아버지와 남편은 가족사이에 낙천주의자란 별명이 붙어있었다.

한번은 우리 부부와 함께 밥상에 둘러앉아 식사를 하다가 사위가 그만 물컵을 잘못 건드려 물이 쏟아졌다. 잠시 후에 딸의 시아버지가 먼저 웃기 시작하더니 한 사람씩 따라 웃는 것이다. 물 쏟은 장본인도 웃는데, 나는 딴 세계에 온 것 같이 얼떨결에 웃어버렸던 적이 있었다. 온 식구가 화를 내거나 인상을 쓰는 대신에 무슨 재미있는 만담프로를 보며 웃는 것 같았으니… 밥 먹다가 물 쏟은 것이 무엇이 그리 웃을 일인가! 행복하고 화목한 그들을 보며 '여기가 천국이구나' 라는 생각이 들었다.

며느리 대신 앞치마를 두른 시아버지가 병원에서 힘들었다고 한사코 며느리를 의자에 앉히고야 설거지를 하며 싱글벙글하는 것이다. 밤이 지나고 낮이 온 것이다. 하나님이 하시는 일을 누가 막으랴? 틈만 나면 건강해야 한다며 친정아버지가 좋아하는 간식거리에서부터 알뜰살뜰 챙겨든 비닐보퉁이를 몇 개씩 받쳐들고는 남편과 함께 친정을 찾아 온다. 올 때마다 시어머니가 곁들여 주신 귀한 식품들을 늘어놓으며 받는 우리보다 주는 딸 부부가 더 기뻐하는 모습은 누가 주고 누가 받은 자인지 모르겠다. 마치 주기 위해 태어난 것처럼 옆에서 싱글벙글거리는 사위의 웃음이 더 한층 분위기를 돋우어 준다.

다달이 집세까지 책임지고는 덜덜거리는 우리 자동차 바꿀 걱정에 온통 시댁식구 모두가 우리 집 살림에 온 사랑의 마음을 쏟으니 우리가 우리 살림을 하는 건지 그들이 우리 살림을 하는 건지 어리둥절할 수밖에. 색시가 좋으면 처가 기둥보고도 절을 한다더니….

잡채와 오이소박이를 좋아하는 사위를 위해 음식을 만들 때면 손발이 나는 듯 기쁘고 즐거웠다. 음식을 장만하여 시부모와 친지들을 불러 함께 기뻐하는 날! '띵호와 띵호와 워 짱 쾌일러' 하는 코맹맹이 중국말에 영어와 한국말이 뒤섞인 파티에 우리 모두의 마음도 사랑으로 하나되어 얼마나 웃었는지… 지난날 뼈 속 깊이 스며든 고난의 독소가 얼마만큼은 빠져나가는 듯했다. 찬송만을 영어로 통일해 부르며 참 좋은 분들이라는 말이 잘 어울리는 분들로 가족의 우애가 따뜻하게 느껴지는 대륙의 큰 마음들을 보는 것 같았다.

어느 날 임신한지 몇 개월이 된 딸이 왔다. 바쁜 병원생활에 지쳐 있었으나 웃음을 잃지 않고 있었다. 피곤에 지쳐 집에 오면 문을 열고 따뜻하게 맞이해주는 시아버지의 사랑스런 웃음에 모든 피곤이 눈녹듯 풀어진단다. 시아버지를 아빠라고 불러 누구를 말함인지 분간해야 했다. 슬며시 질투가 날 정도로 낳아준 엄마 아빠처럼 따르고 사랑받는 모습이 흐뭇하다.

"현지야, 따로 살고 싶지 않니?" 현지는 깜짝 놀라며 하는 말이
"엄마, 무슨 말을 그렇게 해요? 우린 함께 사는 것이 얼마나 좋은데, 엄마는."
"아니야, 그냥 물어 본 거야. 정말 너 복 받겠다. 얘."
"엄마, 나보다 시부모님이 얼마나 힘드시는데…."
"정말 행복하니?"
"응, 정말 행복해요."
"요것아, 하나님 은혜 잊지마, 알았어?"
"나도 알아요."
입을 쑥 내미는데 전화벨이 울렸다.
"여보세요." "나 Mr's Lo예요."

"현지야, 전화 받아, 시어머니야."

그새 못 참고 며느리를 찾는구나 하는데 한참 대화를 주고받으며 현지가 여러 번 '땡큐' 하는 것이다. 전화를 끊더니 와락 껴안으며

"엄마, 시어머니가 나 임신했다고 엄마에게 드릴 밍크 오버코트 사 놓았대요."

"뭐? 밍크코트?"

바닥에서 헤매던 나에게 하나님께서 이번에는 밍크코트를 주시다니… 현지가 더 좋아한다. 엄마에게 기쁜 일이 생길 때마다 너무 좋은 모양이다. 며느리가 사랑하는 엄마를 그들도 사랑하는 것이다. 밍크코트보다 더 귀한 건 서로서로 사랑하게 하신 하나님의 은혜가 아닌가?

"사랑하는 자들아 우리가 서로 사랑하자 사랑은 하나님께 속한 것이니 사랑하는 자마다 하나님께로 나서 하나님을 알고."(요일 4 : 7)

태어나지도 않은 손녀 덕을 본 셈이라서 복중에서 성령 충만하기를 빌었더니 똑똑하고 머리카락과 눈망울이 새까맣고 피부가 뽀얀 아기가 태어났다. 아기의 이름은 '스테파니'라고 지었단다.

아기 옆에서 기타를 치며 복음송을 불러주는 나의 입에서 축복이 터져 나왔다.

스테파니야! 이름만 불러도 넌 하나님의 딸이요. 복음의 증거로구나. 너로 인하여 복받을 자가 무수히 줄을 섰는데 너를 밴 태가 복되고 너를 기르는 어미의 젖이 복을 받았구나. 요게벳의 젖이 모세를 길렀고 유니게의 젖이 복되어 디모데를 낳았듯이 네가 먹는 젖 속엔 주의 교양과 말씀이 있어 너를 기쁘게 하는구나.

할머니 할아버지의 기도소리가 새까맣고 조그만 머리에서부터 발끝까지 두루두루 감싸고 네 마음에 하수같이 흐르는 십자가의 보혈이 해

같이 빛나니 새벽 이슬인들 따를 수 있으랴.

여호와의 영광이 두루 빛나고 주의 것으로 풍요하며 따를 자가 없도다. 너를 축복하는 자가 축복을 받고 너를 해하는 자가 떠나가 없어지니 주가 네 안에 네가 주 안에 있음이로다.

손이 깨끗하며 마음이 청결하고 뜻을 허망한데 두지 않고 거짓 맹세치 않으므로 여호와를 유쾌하게 하는 자가 되리로다. 네 장막이 흥하며 후손이 복을 받으며 네 기도가 하늘에 오르니 하나님의 효녀요 부모의 효녀라. 평강과 장수의 복이 네 것이로다. 여호와를 찬송함이 만물보다 승하며 네 입술의 열매라. 너를 보는 자마다 여호와를 찬송할지라.

아기를 꼭 껴안고 축복했다.

자녀들아, 너희 부모를 주 안에서 순종하라.
이것이 옳으니라.
네 아버지와 어머니를 공경하라. 이것이 약속 있는 첫 계명이니
이는 네가 잘되고 땅에서 장수하리라.
엡 6 : 1-3

진작 하나님만 의지하고 살 걸!

솜털을 밟고 나는 듯 천사들의 발걸음이 기도의 향을 올릴 때마다 우리의 삶 속에는 아름다운 기적의 이야기가 소복이 쌓이는 것이다. 멸시의 밥덩이를 먹으면서 찢어졌던 마음이 아물고 깨졌던 조각이 모여 작고 작은 그릇으로 지어져 가고 있는 우리! 피문은 양각 나팔을 불 때 넘어지지 않는 믿음을 주시려고 시난날 휘둘러 주신 채찍에 몽둥이가 어찌 그리 감사한지….

1990년 4월! 폐업 감사예배를 드린 그해 겨울이 지나고 따스한 봄이 찾아 왔을 때이다. 자그마한 사무실 겸 판매사업장 하나 갖기를 소원하며 기도하면서 찾고 있었다. 뉴욕 플러싱 145번가 쯤에 인적이 드물고 상가라기엔 걸맞지 않은 엉성한 거리의 막다른 골목에 조그만 음식점이 보이는 철문이 내려진 빈 상점이 있었다. 철창 사이로 보이는 천정은 덜렁 떨어진 채 먼지와, 이사하고 내버려둔 듯한 집기가 보인다.

누가 준 마음일까? 순간 "나의 사무실이야. 나의 사업장이라구…" 하면서 반사적으로 손을 얹고 사업장으로 주시기를 간절히 기도했다.

가진 것은 전혀 없었지만 웬 일인지 이 가게를 주시는 과정에서 이루어질 기적을 보면서 당시 교회건축을 앞두고 건축위원장으로 기도로 준비하던 남편에게 큰 믿음이 주어질 것이라고 믿어지는 것이다.

알고 보니 우리보다 먼저 세 사람이 이 가게를 얻으려고 한단다. 포기하지 않고 기도하는 마음에 내 앞에 100명이 서 있으면 어때 그건 사람 순서지… 하나님 순서에 첫번째라면 사람 순서가 무슨 상관이냐는 믿음의 소리에 조금도 요동할 수 없는 마음이었다.

며칠 후 토요일 또 가보자고 조르자 마지못해 나서는 남편과 그곳에 도착해보니 누군가 철문을 닫은 채 수리를 하고 있었다.

"여보, 그것 봐. 다 틀렸어. 수리하잖아. 벌써 나간 거야."

웬 일일까? 남편의 말에도 마음을 누군가 꼭 붙들어맨 듯 조금도 흔들리지가 않았다. 식당에 들어가 권사님을 찾으니

"아이 참 연락을 못했어요. 저번에 저 가게를 꼭 얻고 싶다고 하시기에 그 가게를 사무실로 쓰던 전 주인이 식사하러 들렀을 때 장로님댁 형편과 그 가게를 얻고 싶어한다고 자세히 말씀을 드렸더니, '그래요. 그럼 가게 손좀 봐드려야겠군.' 하더니 정말 수리를 하고 있는 거예요."

전화를 막 하려던 참이었다는 것이다.

친분도 없는 우리를 위해 스페인계 두 사람과 한국인 한 사람을 써서 천정과 벽을 수리하고 있다니… 어안이 벙벙한 일이었다. 전 주인의 마음을 감동시키시고 일을 시작하게 하신 하나님! 하나님 때문에 의기 양양할 수 있었던 일이요, 사업장을 주신 하나님의 첫번째 역사였던 것이다.

"봐요, 가게 안나갔잖아요? 사람을 시켜 수리까지 해주시는 하나님

보셨죠?"

사실 여부를 확인하려고 건물 주인을 찾았다. 모든 것은 사실이었을 뿐 아니라 더욱 놀라운 일은 우리보다 앞서 그 가게를 얻으려던 세 사람은 거절당하고 우리에게 준다는 것이다. 할렐루야! 얼마나 기뻤는지… 결국 하나님의 순서로 첫번째라면 사람 순서엔 맨 끝이라도 무슨 상관이랴. 계약금을 한푼도 주지 못한 채 5월 10일 3,000달러를 주기로 약속하고 계약서를 받아 쥐었다.

행여나 이 글을 읽고 맹목적인 신앙을 가지라는 것은 아니다. 구원에 이르는 믿음은 물론이지만 나의 경우에는 기적을 보는 믿음이 왔을 때는 반드시 기적이 일어났다는 사실이다.

"지금까지 인도하신 하나님! 이 가게를 주신다는 또 한 번의 표적으로 오병이어를 주셔요. 오병이어를요."

간구한 기도가 1990년 4월 23일 이루어졌다. 한국을 방문했던 타교회 G집사가 고국에 갔을 때 내 여동생으로부터 캐나다에서 공부하는 아이들에게 주라며 1,000달러를 가져왔다. 아이들에게 양해를 구한 후 십일조를 드리고 나머지를 가지고 진열장을 짤 목재 771달러를 지불하고는 엎드려 간구했다. "아버지 일할 사람 보내주셔요. 일할 사람…." 간곡한 기도를 한 다음날인 1990년 4월 24일 기도가 이루어진 것이다. 언니와 친분이 있는 G집사와 L집사가 사정을 알고 수고를 자청해 주셨으며 다음날인 25일 캐나다에서 대중이가 방학 동안 일한 임금의 선불을 보낸다는 전화를 받았다.

하나님께서는 매일같이 기적을 주시며 우리에게 믿음을 심어 주시면서 교회건축을 재촉하시는 듯했다. 기도 중에 '건강의 집'이라는 가게 이름을 받았으며 간판은 C권사님이 자비로 감당하시겠다고 했다. 쉴 사이 없이 말씀으로 만나 주시는 하나님을 체험할 수 있었다.

'두려워 하지 말고 믿기만 하라.', '의인은 믿음으로 살리라. 전진하지 아니하면 내가 기뻐하지 아니하리라.', '믿음은 바라는 것들의 실상이요 보지 못하는 것들의 증거니라.', '할 수 있거든이 무슨 말이냐 믿는 자에겐 능치 못함이 없느니라.'

믿음의 말씀들로 온 마음을 가득히 채워주시니 하나님만을 의지하고 앞서 행하시는 기이한 일들을 보며 찬양하는 재미로 탄복하는 나 자신을 볼 수 있었다. 진작 하나님만 의지하고 살 걸… 하나님을 의지하는 이 재미를 누리지 못한다면 무슨 맛에 산단 말인가? 결국 하나님은 이 못난이를 예수님을 통해서 합격시켜 주신 것이다. 산 위에 올라가 소리를 치고 싶었다. 그분의 기이한 행적과 기사를, 그분의 능력을….

1990년 5월 10일. 약속한 3,000달러를 준비치 못한 채 개업예배를 드리는데 K여집사가 3,000달러짜리 계를 모아 자신이 탄 첫 곗돈을 가지고 달려왔다. S여집사가 인도한 그녀를 가난이 뚝뚝 떨어지는 우리 집에서 식사를 나누며 복음을 전해 예수님을 영접케 했다. 그후 그녀는 신앙의 족보로 나를 자신의 할머니라며 알뜰살뜰 살펴주고 사랑을 쏟았다. 그러한 터에 나의 난처한 사정을 S집사에게 듣고 전화를 준 적이 있었다.

"있잖아요, 그까짓 돈 걱정 마세요. 내가 우리 영감을 졸라서 평생 식모살이 해 준 값으로라도 받아낼께요."

초신자가 시험들까봐 만류했을 뿐 아니라 추호도 받고 싶지 않았는데 다음날 풀죽은 목소리로 "영감이 말을 안 듣는다"며 욕을 퍼부어 대더니만 결국은 3,000달러짜리 계를 모아 곗돈을 들고 의기양양하게 들어서서 내놓는 게 아닌가? 타인을 위해 수고하고 희생하는 열정을 누가 주었는가?

하나님께서는 기적 속에 또 한 명의 사람을 동원하신 게 아닌가. 나는 그날 끝까지 포기하지 않으시고 사랑하시는 주님 때문에 많이 울어야 했다. 친분이 전혀 없었던 L.A에 거주하시는 휘슬러 L사장의 도움도 이렇게 시작되었다.

"전화로 인사드립니다. 아무도 도울 사람이 없는 완전히 망한 사람이지만 아무것도 묻지 마시고 물건을 좀 대주셔요. 크리스쳔이란 이름을 더럽히지 않을께요."

기도하며 당돌하게 시도한 대화에 하나님이 함께 하셨던 것이다. 예쁘게 꾸며놓은 조그마한 가게를 들어서면 아늑한 방 같기도 하고 기도실 같기도 하고 먹고, 쉬고 싶은 깔끔한 방 같았다. 물건 하나 놓는 자리 마저도 주님께 맡길 수밖에 없는 것은 내 힘으로는 아무것도 할 수 없음을 일러주신 성령님의 은혜인 것이다.

"여보, 개업예배 드린다고 전화해야지요?"

"그만두어요. 부끄럽지도 않아요? 네 번씩이나 망하고… 몇 분이나 오겠어요?"

망하는 데 있어서는 특혜라도 받은 깃처럼 손만 내민 철서하게 망했던 지난날이 생각되었던 탓이리라. 나는 다시 엎드렸다.

"하나님 아버지! 염치없지만 가게가 꽉차도록 사람들을 보내 주셔서 남편을 깜짝 놀라게 해 주세요. 그리고 부끄럽지 않게 큰 화분 하나 보내주세요. 초라하지 않게요."

계속해서 놀라운 일이 일어났다. 개업예배 서너 시간을 앞두고 천장에 닿을만한 '축 개업'이라고 쓴 화분이 실려 오는 것이 아닌가. G집사라고 써 있었다.

"여보, 기도했는데… 정말 큰 화분을 보내셨어요. 하나님께서요… 여보! 성도님들이 몰려와요!"

즐거운 비명이 터져나왔다. 구름같이 모여드는 성도님들과 누군가가 보낸 축하 화분들이 놓일 곳을 찾아 헤매야 했고 축하객들은 들어설 곳이 없어 밖에서 웅성거리며 서야 했으니 사람의 생각이 어찌 하나님의 마음을 따를 수가 있으랴!

P목사님으로부터 신명기 8장의 말씀을 받았다. 고통 중에 붙들고 몸부림치던 그 말씀. 예수님 때문에 억세게 팔자 좋은 사랑에 싸여 사는 여자라는 고백을 할 수밖에… 맑고 깨끗한 축복의 모습들이다. 할렐루야 찬양이 울리고… 하나님만 의지하는 재미로 살리라. 그리고 열매를 맺으리라! 누가 하나? 하나님이 하신다.

기적을 보며 교회를 짓는 큰 믿음 얻기 위해 뿌린 눈물과 중심의 마음을 기쁘게 보신 하나님께서 뉴욕에 훗날 250만달러를 들여 아름다운 교회를 세우신 것이다. 생각하면 웃지 못할 일 중의 하나로 기도하며 그때의 광고문을 생각해 보았다.

"아내들이여! 피곤에 지쳐 있는 남편에게 지압효과가 뛰어난 자석침대를 드리지 않으시렵니까? 천연식품 보약제는요?

남편들이여! 사랑하는 아내들이 무엇을 원하는지 아시나요? 우리 아내들은 무공해 건강냄비, 신비의 독일 압력솥, 매직믹서 갖기를 소원합니다. 건강이 쏟아지는 소리가 건강의 집에서 들려오네요. 여보! 사다 주세요. 당신과 아이들의 건강을 위해서요. 네?"

신문에 광고를 내려고 문구를 써 놓고는 광고비 1,000달러를 마련해 신문사에 가기 전날 밤 교회에 밤새 꿇어앉았다가 광고비를 강단에 올려놓고 말았던 일로 남편이 "여보, 광고비는 신문사에 갖다 주어야지…" 혀를 차며 답답해하는데 나의 머리 속에는 "주님이 광고해 주시면 안되나?" 주님을 피곤케 해드렸는지는 모르지만 하여간 사업은 승승장구했다. 그 복이 주의 길을 가도록 한몫을 단단히 했다.

  가게인지, 교회인지, 식당인지 밥이든 국수든 삶아내며 함께 먹고 마시며 찬송과 기도와 예배의 뜨거운 열기가 보글보글 끓어 갈라졌던 부부가 화합하고 영혼이 구원을 얻는 영육의 '건강의 집'. 지금 생각해보면 분명히 선교사역 훈련소로 주셨던 것이다.

너희는 두려워 말고 가만히 서서
여호와께서 너희를 위하여 행하시는 구원을 보라.
출 14 : 13

주님이 빼라시면 또 빼세요!

고국방문 왕복표 대상자로 혜택을 받고 전도여행에 올랐다. 서울에 살고 있는 교육계 S재단 이사장 부인이며 S유치원 S원장이 나의 동생이다. 영화배우 김지미를 닮았다는 외모의 아름다움보다 더 아름다운 것은 그 마음 속에 계신 성령님을 닮은 열매가 얼마나 아름다운지….

어느날 새벽기도를 가려고 준비하는 나의 옆에서 다소곳이 앉아 손가방에 잔돈들을 열심히 집어넣고 있었다.

"아니? 새벽기도 가는데 왠 돈을 챙기니?"

나는 새벽길에 도둑이 염려스러워 한 말인데 얼굴을 치켜들지도 않은 채 하는 말이다.

"언니, 누가알어? 이른 새벽에도 이 돈을 필요로 하는 사람들이 길에 있는지…."

도둑을 염려하는 나의 육신의 생각과 하나님의 것으로 하나님의 필요를 채우려는 동생의 영적인 선한 마음과는 차원이 틀렸다. 다행히 얼굴을 들지 않아 달아오른 나의 얼굴이 들키진 않았지만 오늘도 그녀가 한 말이 나를 교훈하고 다스리는 것이다. 잘 아는 단골 미장원 미용사가

"S원장님 언니 되세요? 제가 이곳에 취직된지 둘째날 제게 머리를 하시던 원장님께 저의 아버님이 돌아가셨다고 했더니만 슬며시 일어나 화장실에 갔다오시더니 저의 손에 돈 봉투를 쥐어 주면서 '위로가 될지…' 하시던 그날 얼마나 울었는지 몰라요."

헤어져 있던 세월 가운데 주의 목전에 살았던 모습이 주님의 편지처럼 나의 품에 안겨오는 것이다. 애써 동창모임을 만들어 간증을 하게 하고 유치원 선생들에게 복음을 접할 기회를 마련하는 것은 말할 것도 없고 구원받은 사람들이나 개종해야될 불교신자까지 찾아 복음을 전하거나 성경공부를 시키게하고는 무릎을 꿇고 옆에 앉아 '아멘', '아멘' 하는 모습은 혈육을 넘어선 그리스도 안에 보혈의 비밀이 아니고 무엇이랴. 영혼을 구원하자고 조르는데는 두손을 들 지경이다.

영혼구원에 나름대로 열심이라 생각한 교만이 부끄럽기만 했고 내가 가져간 신앙홍보물을 기사에게 시켜 수없이 복사해 만나는 사람마다 전해 주는 모습이 대견하여 그녀를 굴복시킨 주님께 영광을 돌리는 마음이다.

연예인 교회를 섬기는 나의 동생인 원장이 천마산 별장을 여전도회 집회에 빌려준 어느 날. 장장 2-3시간의 버스 운행 중에 버스 안에서 간증집회가 무르익어 함께 울고 웃으며 나의 삶 속에서 역사하신 주님을 증거한 적이 있었다. 앞자리에 앉은 원장과 100세를 바라보며 1세기를 살아오신 백발의 친정 어머니께서 흐느끼시는 눈물은 내가 겪은

아픔을 헤아리지 못하고 지난 세월을 미워하며 내가 아파했던 수많은 고통을 한순간에 체휼하는 사랑의 모습 그대로였다.
"언니, 그렇게까지 고통스러운 줄은 몰랐잖아? 왜 말 안했어."
동생이 안타까워했지만 그녀 역시 어려운 시절을 보내고 있었던 때였다. 뉴욕의 본 교회는 그 당시 건축이 한창이었다. 교회 건축이 본격적으로 의논도 되지 않았던 때에 애틀랜타에 계시는 K목사님을 모시고 집회가 한창이던 첫날, 강단에서 설교하시며 땀을 닦으시더니 별안간
"이거, 교회 좀 지으라고. 교회. 원 교회라고 콧구멍만해 가지고 되겠습니까?" 하며 호통을 치시는 것이다. 까르르 웃는 이도 있었지만 나는 성령님께 강타를 맞은 듯 정신이 번쩍 들었다.
다음날 새벽기도회 때 맹인 처녀가 두드리는 피아노 소리에 맞추어 "내게 있는 모든 것을 아낌없이 바치네."라는 찬송이 울리는데 어린 시절부터 많이 부른 찬송이었으나 그 순간의 찬송가 가사는 비수가 되어 마음을 수술하고 있었다. 구원의 감사에 젖어 온몸을 다스려도 모자라 견딜 수 없는 헌신의 눈물속에 "주님, 제게 요구하시는 헌신이 무엇인가요? 말씀해 주세요. 내게 있는 것이라면 다 드릴게요." 온 성도들이 떠나가라 소리소리 지르면서 통성 기도 속에 지금껏 지니고 있었던 패물! 목거리와 반지. 나에게 남은 것이라고는 아니 값나가는 것이라고는 그것이었는지 주님이 요구하시는 것이다.
어떤 큰 힘에 이끌려 목걸이를 풀고 반지를 빼어들고 강단으로 걸어 갔다. 강사 목사님 손에 드리면서 이것이 오병이어가 되어 교회를 짓게 해달라며 온 마음도 함께 드리는 눈엔 폭포수 같은 눈물이 흘렀다. 축사하고 기도하시니 여기 저기서 쪽지가 올라오는데 3만달러, 1만달러, 5만달러 결국 그날 밤 집회에 도합 38만달러가 바쳐졌다.

하나님이 세상을 보신즉 사람들의 마음 대부분이 돈에 있으므로 마음을 찾으시려고 우리에게 물질을 요구하심이 아니겠는가? 버스 안에서 이런 저런 간증을 듣고 돌아온 동생이 침대에 앉아 쉬는 내게 다가오더니

"언니, 눈좀 감아볼래?"

말없이 눈을 감았더니 나의 손을 잡고 반지를 끼우는 것이다.

"언니, 언제든지 주님이 빼라시면 또 빼도 돼." 눈을 뜨고 보니 눈에 들어온 반지는 한 두푼 짜리가 아닌 1캐럿이 넘는 반짝이는 다이아 반지였다. 그런데 그것을 또 주님이 빼라시면 빼라는 것이다. 잊을 수도 사라질 수도 없는 이 한마디가 그대로 이루어졌다.

뉴욕으로 돌아온 후에 1캐럿이 넘는 색상 좋은 다이아 반지에 매료되어 화장실에 들어가 남몰래 보고 또 보는 자신을 보면서 "너도 별수 없구나." 멋쩍게 웃으며 여자들이 패물에 마음을 뺏기는 이유를 알 것 같았다. 마침 그때는 자금사정으로 교회 건축이 중단된지 5개월이 되었던 때였다.

패물이란 금줄 하나까지도 다 바친 터인지라

"엄마는 내가 해군 금줄 하나만이라도 남기지…"하며 울상으로 원망스런 눈을 하던 딸을 보면서도 등록금, 책하나 안 사주며 먹이고 입히는데까지 인색하면서 성령님 음성만 들리면 물질이든 예물이든 바치고 있었으니 꼭 그렇게 해야 한다는 것이 아니라 특별히 바치는 은사를 받았던 것이 틀림없다.

"○○○는 작정헌금을 왜 안내지? 돈도 있고 자기 할 것은 다하면서…" 은연중에 불평하는 마음. 나는 이런데 너는 왜? 라는 못된 습성이 고개를 든 것이다.

입 밖으로 나타내지 않은 마음의 교만에 나는 자신의 모습을 보지 못했던 어느 수요일 밤 나와 변론하자는 성령님의 음성에 끌려 텅빈 교회당에 홀로 남았다. 기도가 나오질 않아 뒤척이던 나의 입에서 드디어 회개가 나왔다. 건축이 중단된 것은 저의 죄 때문입니다. 드디어 울면서 다이아 반지를 빼놓고 하나님 앞에 편지를 쓰기 시작했다.

저는 오랫동안 하나님의 징계와 고난을 주님과 함께 견디어야 했습니다. 가장 힘들었던 것은 계속되는 고난을 오래 견디는 것이었구요. 목사님과 성도님들에게 입은 사랑에 글을 쓰는 제 눈엔 눈물이 앞을 가립니다. 사랑의 빚도 지고 물질의 빚도 졌습니다.
차라리 실컷 욕이라도 해준다면 이토록 마음이 아프지는 않을 터이나 주님의 사랑으로 참아주시는 분들로 인하여 빚을 갚아야 한다는 강박관념으로 혼자 있을 때 머리가 터질 것만 같아 힘들어하는 나 때문에 주님의 마음을 얼마나 아프게 했는지요….
저는 얼마전 아름답기가 그지없는 크고 아름다운 다이아 반지를 동생으로부터 선물 받았습니다. '언니, 언젠가 주님이 빼라시면 또 빼세요' 하며 반지를 끼워줄 때 우린 예수님 때문에 얼싸안고 울었습니다.
여인의 마음을 매료시키기에 충분하고 넘치는 패물! 크고 탐스럽고 값진 것을 누리고 싶은 욕심은 그래도 십자가 앞에 포기할 수가 있었지만 건축보다도, 팔아서 빚의 일부라도 갚고 싶은 유혹이 너무 커서 성전 건축보다 그것을 우상으로 가지고 있었습니다.
몇 번이고 성령님이 깨우쳐 주셨지만 나는 성령님께 불순종했습니다. 사르밧 과부에게 다가선 엘리야의 "먼저"라는 손을 보면서 물질에 깨끗한 자가 되어 주의 이름을 소리치고 싶었지만 자신의 옥합은 깨지 않은 채 성전 건축이 완성되기를 바라는 파렴치한이요, 야간과 같은 나를 성령님은 그냥 두시지 않으셨습니다. 실족하는 것을 허락지 않으셨습니다. 겉으로 보기에는 아름다운 보석이지만 그것은 암덩어리였기에 드디어 성령님의 수술을 받고 고통의 감옥에서 해방되었습니다.

다이아 반지가 우상으로 있던 그 자리에 주님이 앉으셨습니다. 주님께 이 패물을 드립니다. 온 교회가 옥합을 깨는 소리로 가득찰 때 교회된 우리도, 건물도 완성되겠지요.   불효자 ○○○ 드림.

강단 위에 올려진 반지와 무명의 편지를 낭독하시는 목사님의 음성이 막히던 그날 밤 160,000 달러가 헌금되어 건축이 다시 시작되었다. 가지고 싶었고, 누리고 싶었고, 빚을 갚고 싶었던 것이 나였기에 자랑할 수조차 없는 일. 오직 주님이 하신 일임을 밝힌다.

헌데 이게 웬 일인가? 주님이 역사하신 일을 보라! 우리의 형편을 알게 된 며느리가 될 아기가 결혼 반지는 링 반지로 족하다며 다이아 반지는 안 받겠다고 친정 어머니로부터 연락이 왔을 때 나의 입에서 토해낸 기도였다. "나의 형편을 너무나도 잘 아시는 하나님 아버지, 다이아 반지를 안 끼겠다니까 끼워주고 싶어요. 아버지 밀리에게 끼워주실 수 없나요?" 눈물로 단 두번 간구했는데….

타교회 전도사 사모를 만났다.

"캐나다에 갔다 오셨다구요?"

"네, 힘들었지만 하나님께서 며느리감을 주셨어요. 생머리에 링만 끼고 결혼하겠데요. 참 이상하게도 다이아 반지를 안 끼겠다니까 더 끼워주고 싶네요…" 후에 B집사로부터 전화가 걸려왔다. 흥분된 목소리로 "있잖아요? 우리 집에서 만난 전도사 사모가 자신의 결혼 다이아 반지를 밀리에게 주겠대요…."
"무슨 소리야? 싫어요. 부부 결혼 반지를 왜?"
사흘을 구별하고 금식하며 간구했다.
"하나님 아버지 그 전도사님 사모 제정신 좀 들게 해주셔요. 너무 고맙지만 싫어요. 정말 싫어요…."
금식 후 B집사에게 또 다시 전화가 걸려왔다.
"있잖아요? 기적이 일어났어요."
전도사 사모가 제정신이 돌아왔나 싶어 "할렐루야" 했더니 "진짜 할렐루야"란다. 전도사 사모가 자신의 결혼 반지를 같은 교회에 출석하는 보석상 주인에게 깨끗하게 닦아줄 것을 부탁했고 사정을 알게 된 보석상 주인이 사모님은 이미 하늘의 상을 받으신 것이라며 사모님의 결혼 반지를 되돌려주었다.
보석상 주인이 나의 며느리 결혼반지는 자신이 선물하고 싶다며 아주 예쁜 색상의 다이아 반지와, 스브박힌 링 반지 세트를 만들어 그 전도사 사모 손에 들려 나에게 보냈으니 이 어인 일인가 말이다.
그들에게 복을 비는 나! 이름도 성도 몰랐던 보석상 주인 H집사. 그 분에게 성령님께서 나의 며느리 반지를 명령하실 줄이야 꿈엔들 알았겠는가? 기적 중에 이런 기적도 있는 것인가 말이다.
나는 하나님으로부터 며느리의 결혼반지를 받았을 때 아들의 돕는 배필이 밀리라는 한국인임을 확신케 하셨던 것이다. 뿐만이랴! 중단되었던 건축에 바쳤던 반지를 다른 이들이 바친 예물과 함께 건축이 끝난 후 제값을 못받게 된 보석들을 본인들에게 다시 사라고 했으니 딸이 다시 사서 아름다운 이야기의 증거라며 나에게 다시 돌려주었으니….
이 무슨 일인가 말이다. 물위에 던지라 여러 날 후에 도로 찾으리라.

던졌더니 되돌려 주시는데 며느리의 결혼반지가 이자로 붙어오다니…. 억세게도 복받은 여인. 더 이상 무슨 말을 하랴! 나의 삶의 기쁨이요. 능력이신 주님을 어찌 증거치 않으랴!

> 항상 우리를 그리스도 안에서 이기게 하시고
> 우리로 말미암아 각처에서
> 그리스도를 아는 냄새를 나타내시는
> 하나님께 감사하노라.
> 고후 2 : 14

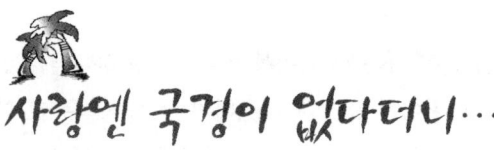
사랑엔 국경이 없다더니…

엎드렷! 새벽 2시경 적막한 흑암중에 나직하면서도 불복할 수 없는 명령이 떨어졌다. 우리 부부는 손에 든 소형 가방을 땅에 던지고 듬성듬성 물이 고여 질척이는 풀밭에 사지를 납작 펴고 엎드렸다. 굴곡진 풀밭 사이를 이잡듯 뒤지는 서치라이트 불빛이 머리 위로 지나가는 것이 보였다. 가슴이 조이고 숨막히는 순간이다. 마치 결사적으로 적을 피하는 사병의 동작처럼 같은 동작을 반복하면서 3미터가 족히 넘는 절벽을 향해 돌진했다. 전진 명령이 떨어지면 잽싸게 달리다가 엎드렷하는 명령이 떨어지면 죽은 듯 엎드려야 했다.

캄캄한 밤에 불빛이라고는 오직 서치라이트밖엔 없으나 만일 그 불빛이 우릴 잡아내기만 하면 우리 부부는 영창 신세를 져야 한다. 판매 우수자에게 부상으로 주는 한국 왕복 비행기표를 2년간 쟁취한 내가 살짝 갈 정도로 범사에 그를 인정하라 그리하면 네 길을 인도하시리라'는 말씀에 푹 빠져 살던 나는 한국 왕복 비행기표를 하나님께서 왜 나에게 주셨겠느냐고 남편에게 물었다. 나갔다가 못 들어올 수도 있다는 남편의 사려가 깊은 생각과는 달리 이 비행기표를 주신 분은 하나님이시며 하나님께서는 나를 통해 구원받을 영혼을 고국에 준비하셨으니 가야한다는 것이다.

내일 일은 내일 걱정해야 한다는 못 말리는 삶의 도전에 남편도 나도 손을 들고 순종하기로 했던 것이다. 지난해 첫번째 전도여행 나들이 때 캐나다를 거쳐 순탄하게 국경비자로 들어왔던 일에 영향을 받은 것도 사실이었다.

"만일 오늘이라도 생명이 끝난다면 천국에 들어갈 확신이 있나요?"를 외치면서 천국의 비밀을 전하기에 열심이던 우리 자매에게 적잖은 열매를 주셨다. 심지어 택시를 타고 가다가도 운전기사에게 예수 믿고 교회 나가겠다는 대답을 받아내고 동생과 친분이 있는 분들과 보석상 여주인과의 성경공부에서도 성령의 역사는 계속되어 한 영혼 한 영혼이 살아나는 기쁨에 듣든지 아니 듣든지 친척들에게도 외쳐댔다.

후에 동생은 95년도 연예인교회 총동원 전도주일에 전도왕이 되었다. 동생이 즐겨 사용한 전도구호는 "우리 교회는 성령이 충만해요. 찬양이 넘쳐요. 목사님을 한 번 보면 또 다시 보고 싶어질 거에요. 구원은 착한 행위에 있지 않고 믿음으로만 얻을 수 있어요"라고….

신나는 예수 증거에 지칠 줄 모르는 동생과의 아름다운 추억을 뒤로 하고 고국을 떠나 다시금 캐나다 공항에 도착했다. 착잡한 마음으로 공항을 나서는데 환영객 중에 우뚝 솟아 오른 얼굴이 있었다. 유난히도 키가 큰 남편이 캐나다 토론토 비행장으로 마중을 나오다니… 싱겁게 웃고 있는 남편에게 달려갔다.

"아니 웬 일이에요? 현중이 결혼준비는 어떻게 하고 국경을 넘어 왔어요?"

그때가 캐나다에서 공부하던 큰아들이 결혼식을 올리려고 신부와 같이 신부 부모가 있는 뉴욕에 와있는 중이었기에 만일 두 사람 모두 국경을 못 넘는다면? 생각이 여기에 미치자 아찔해지는 것이다.

"국경비자는 살아있는데 뭐."

그러나 국경 초소에서는 살아있는 국경비자가 잘 보이지 않는다며 지문을 찍고 다시 버스를 태워 캐나다에 내려 놓는 것이 아닌가? 덩그러니 캐나다에 다시 떨어진 우리 부부는 다가오는 결혼식 날짜를 바라보며 안타깝게 기다리고 있을 결혼 당사자들은 물론 딸과 대중이, 모든 교회 식구들의 애간장이 녹아 내리는 초조함 속에 결국은 안내자를 따라 우리 부부는 한밤중에 국경을 넘기로 계획을 세웠다. 후에 본 교회 P목사님이 그때를 회상하며 명언을 남기셨는데 "사랑엔 국경이 없다더니 국경은 왜 넘어가셨소?"라고 말해 함께 웃었다.

결혼식 날은 점점 다가왔지만 우리 부부는 이틀 밤이나 국경을 넘는데 실패하고 말았다. 혼이 나간 듯 넋을 잃은 아들과 며느리를 보고 있는 온 교회성도가 함께 울며 부모없이라도 결혼식은 올려 주어야겠다고 목사님은 청첩장을 쓰시고 사모님은 전화를 잡고 함께 우시는 것이다.

부상으로 받은 비행기표가 원망스럽기도 하고 범사에 하나님을 인정하는 믿음으로도 하나님의 뜻을 분별하기 어려웠지만 좋으신 하나님 아버지가 무에 그리 짓궂어 신부 신랑에게 부모없이 결혼식을 치르게 하시랴는 믿음을 붙들고 새벽을 깨우는 눈물을 주께 드리며 부르짖고 또 부르짖었다. "내가 그리스도와 함께 십자가에 못박혔나니 그런즉 이제 내가 산 것이 아니요 오직 내안에 예수께서 사신 것이다" 이 찬송을 얼마나 눈물로 부르고 또 불렀는지… 가나 혼인잔치의 포도주가 되어서라도 아들의 결혼식장에 있을 수만 있다면? 눈물에 젖은 우리가 밀입국 안내자를 만나 한밤중에 치른 영화의 한 장면같은 실제는 지금 생각하면 하나님께서 미리 겪게 하신 선교훈련이라는 생각이 든다.

절벽을 뛰어내려 미국이 보이는 철길로 들어서서 마치 도둑 고양이처럼 벽에 붙어 거미처럼 걷다가 발을 잘못 디뎌 부스럭 소리만 나도 소스라친다. 부딪치고 겪어야할 현실 앞에 심장이 멎는 것만 같아 숨을 쉴 수가 없는 것이다. 이게 무슨 꼴인가. 국법을 어기고 기어다니고 있으니….

어쨌든 그냥 미국에 들어가야 한다는 일념 속에 움직이는 동물과 같은 모습이다. 미국 초소 근교까지 재빨리 다녀온 안내자가 다시 절벽을 올라가라고 다그치길래 남편이 손을 잡아주고 안내자가 받쳐주는 힘에 아슬아슬하게 불빛을 피해 올라섰다. 내려갈 때야 그래도 수월했지만 그 높은 곳을 어떻게 오를 수 있었는지… 안내자의 말에 따르면 며칠 전 마약을 소지한 밀입국자의 체포로 인해 삼엄한 경계 때문에 불가능하다는 것이다.

다음날 밤 한 번 더 시도했으나 실패로 돌아가고 말았다. 하늘이 노랗다는 그 표현을 내가 체험하게 될 줄이야. 범사에 하나님을 인정하다가 국경 넘어에서 예식장에 있는 신부 신랑의 눈물만 바라보게 되는 것은 아닌지? 어느 도로 옆의 집에서 멍멍대는 개팔자가 얼마나 부러운지… 새끼 품은 개팔자가 자식을 품을 수 없는 사람 팔자를 비웃는 것만 같았다.

며칠을 묵을 수 있도록 베풀어주신 ○○○집사님의 배려로 또 다른 안내자를 만났다. 그는 우리를 차에 태우더니 8시간을 달려 인적이 드문 국경 근처의 어느 작은 마을 식당에 내려 놓았다. 옆에서 식사를 하고 있는 사람만 봐도 우리 부부를 잡으러 온 사람같이 보여 안절부절 할 수밖에 없었다. "정말 죄짓고는 못 살겠구나!" 하나님이 지으신 땅에 누가 국경을 만들어 자유롭게 다니지도 못하게 하는가 싶었으나 이것도 하나님께서 하심이 아닌가?

얼마 후 험상궂게 생긴 트럭 운전사가 우리 부부를 운전석 뒷자리에 태우고는 사방을 나무합판으로 막았다. 움직일 수도 없는 공간에 넣고 못질을 하는데 관 속의 시체가 생각났다. 얼마를 달려갔는지 관솔 구멍으로 내다 보니 국경 다리를 건너고 있었다. 초소에서 트럭을 세우더니 국경경비대 대원이 트럭 뒷문을 열고 들여다보는데 질식할 것만 같았으나 와들와들 떨며 소리도 못내고 얼마나 주님만 찾았는지….

초소를 통과하여 낯선 곳에 차가 멈추고 합판의 못을 빼내더니 내리라고 할 때 우리 부부는 초주검이 되었으나 드디어 미국 땅을 밟고 서게 된 것이다. 아직도 사방을 살피며 누구에게 쫓기듯 마음이 오싹오싹 조여 왔지만 뉴욕행 고속버스에 몸을 싣고서야 큰 숨을 내쉴 수가 있었다. 미국 땅을 밟기 위해 얼마나 많은 돈을 지불했으며 갖은 곤욕을 치러야 했는가? 그러나 하나님의 천국에 들어가기 위해서는 오직 믿음이 필요한데 그 믿음마저도 하나님의 선물이고 보니 이 아니 은혜인가! "오, 할렐루야 감사합니다." 이제서야 아들 결혼식에 참여케 하신 하나님께 눈물을 흘리면서 감사하며 살을 꼬집어보았으나 현실이었다.

결혼 일주일 전 주일아침 예배 직전에 뉴욕에 내린 우리 부부는 땀에 젖어 형편없는 모습으로 교회로 직접 달려갔다. 반가운 얼굴. 사랑하는 교우들과 기쁨의 만남! 그 감격을 어이 다 말할 수가 있겠는가? 서로 껴안고 우는 것이다. 그냥 생략하려했던 약혼식을 모 식당에서 간소하게 치르던 날. 보석함 속에는 간단한 선물과 함께 밤새 기도하며 내가 직접 쓴 "사랑하는 자여 네 영혼이 잘됨같이 네가 범사가 잘되고 강건하기를 내가 간구하노라."(요삼 1 : 2)를 써넣었다. 어미의 축복하는 진심을 헤아린 아들이 얼마나 흐느끼는지… 신부 아버지께서 마치 아들의 약혼을 축하하는 하나님의 축전처럼 현중이의 캘거리 의대 합격 통지서를 내놓았다.

마침내 교우들의 사랑과 부모의 축복 속에 하나님께서는 그들의 손을 잡고 화촉을 밝혀 주셨다. 신방을 차리러 캐나다로 출발한지 어언 2년이 넘은 알뜰한 학생 부부에게 아기가 태어났다는 소식이 왔다. 예쁜 꽃과 그림을 보며 찬송과 좋은 음악을 듣고 좋은 생각과 남편과의 사랑 속에 태아와 대화하면서 아기가 낳기까지 아기교육을 위한 8권의 책을 읽었다는 며느리의 이야기를 아들에게서 전해 듣고 혼전에 부부 세미나를 다녀오게 한 안사돈이 얼마나 고마운지….

밤 9시가 되면 갓난아기를 목욕시킨 후에 뉘어 놓고는 부부가 아기 앞에 앉아서 아빠가 성경을 읽고 10분 정도 아주 진지하게 설교를 하는 것이다. 아기가 못 듣는 것 같지만 다 듣는다는 것이다. 후에 가보니 이젠 그림 성경을 펴놓고 이쁘기 설교를 히며 그림을 짚으면 한 살찌리가 Baby Jesus(아기 예수님)라며 자기도 손가락으로 짚는 것이다. 예배가 끝나고 아빠와 함께 아기 방에 들어가면 이번에는 엄마가 안고 아기의 장래 배우자를 위한 기도까지 하는 것이 아닌가? 기도가 끝나면 벌써 훈련된 모습으로 손가락을 물고 잔다.

아침 8시가 되기 전에는 아무리 울어도 들여다보지도 않고 결국 8시가 되어야 그들의 환호소리와 함께 만남의 시간을 갖는다. 아무리 울어도 우유 먹일 시간을 지키며 사랑으로 달래며 인내로 길러주는 모습.

2살이 되자 기도하기 전에는 밥을 못 먹게 하여 밥상에 앉으면 "기도할래, 밥먹게."라고 말한다. 음식 이름을 하나씩 부르고는 "아멘" 하는 아기의 식사기도에 식탁은 즐겁고 서로의 실수를 덮어주는 모습을 아기에게 보여준다. 내가 집회하러 간다니까 아기가 따라간다며 칭얼대자 며느리는 무릎을 딱 꿇고 아기에게 눈높이를 맞추고 어찌나 자세히 설명을 하는지 잘 못 듣지만 엄마의 사랑에 아기의 마음이 가라앉는다.

좋은 책자와 건전한 장난감 선택과 신선한 소풍 장소 선택은 물론 아기가 먹고 있는 케이크를 일부러 달라고 하여 먹으며 아주 고마워 하면서 주는 습관, 나누는 기쁨을 가르친다. 사진과 비디오를 통해 할머니 할아버지를 친숙하게 하며 아기를 인격적으로 대해주고 존중해 주는 모습들이 일일이 담겨진 비디오를 만들어 우리 부부에게 보내는 큰며느리, 무척 보고 싶지만 주님께 매인 몸이라 그들을 주신 하나님께 감사하며 열심히 사역하는 것만이 그들에게 주는 선물임을 알기에 오늘도 남미의 뜨거운 열기 속을 달리는 것이다.

사랑하는 자여 네 영혼이 잘됨같이
네가 범사에 잘되고 강건하기를 내가 간구하노라.
요삼 1 : 2

남미를 향해…

때로 자녀들에게 엽서와 편지를 띄운다. 바다를 굴러가는 하얀 돛처럼… 때로는 전파를 통해 대화를 주고받는다. 음반을 두드리는 청아한 노래처럼… 하얀 종이 위에, 새카만 전화선에 무엇을 실어 보내는 걸까? 짧고 긴 사연들이 있지만 오직 한마디 사랑한다고….

주님도 우리에게 기나긴 사연의 편지(성경)를 보내셨는데 한많은 사연과 숱한 이야기가 들어있지만 눈을 닦고 가만히 들여다보면 사랑한다는 오직 한마디밖에 없다. 꼭꼭 숨어 계신 주님을 만나기만 하면 여름 장마처럼 쏟아지는 눈물을 누가 막으랴! 십자가의 사랑이 너무나 커서 우주를 덮고도 넘쳐흐르기에 보낸 이의 사랑을 아랑곳없이 헤매던 자신을 보는 것이다. 주님의 사랑을 무게로 달 수가 없어서 "나는 불효자야." 주님 앞에서 울어버린다. 주님의 사랑을 알았다기엔 너무나 형편없지만 가슴을 타고 흐르는 사랑에 잘못 살아버린 지난날을 씻으며 마음을 찢는다.

  지난 세월 아내로서 남편에게 외쳐댔던 한마디가 있었다면? 내 마음 좀 알아달라고 왜 내 마음을 읽지 못하느냐였지만 남편 역시 아내에게 말없이 외쳤던 한마디가 있었다면 내 마음도 알아달라, 내 마음도 읽어달라가 아니었겠는가? 철없이 흘러간 세월 속에 서로가 너는 내가 되라고 고집을 했었지만 내가 네가 되겠다고 애쓰진 않고 나만을 고집하던 마음엔 형체 없는 고문을 집행한 가해자인 자신을 자신에게 고발하는 것이다.

  "아내들이여 자기 남편에게 복종하기를 주께 하듯 하라"는 말씀을 통해 보이는 남편에게 복종하며 보이지 않는 하나님께 순종하는 법을 일러주시는 주님의 숨어있는 마음을 보면서 주님! 그러기에 주님이 필요해요! 용서와 사랑을 먹여 주세요. 상한 심령에 다가오는 또 다른 아픔이다.

  이민 초기, 가난이 물러가자 딴에는 최선을 다해 주님께 충성한답시고 가난과 질병과 외로움에 떠는 교우들을 심방한다며 어린 삼남매에게 과자봉지를 던져주고는 밖으로 나다니던 세월! 엄마와 같이 있고 싶어서 울어대던 어린 것들이 "나는 엄마가 필요해! 과자봉지보다 엄마랑 같이 있고 싶단 말이야. 엄마는 나빠. 내 마음에 구멍을 뚫어 놓았어. 사랑을 배우기도 전에 사랑을 빼앗아 버렸단 말이야. 난 엄마랑 있고 싶다고…." 콧물 눈물에 젖어 잠이 든 어린 삼남매의 마음에 수놓아진 이 말들이 지금껏 어미 가슴에 못질을 한다.

  그러나 좋으신 주님은 아이들끼리만 있었어도 잠시도 그들을 떠나지 않으셨음을 증명하시면서 멋지게 보상해 주신 것이 아닌가? 동생들을 돌보느라 사랑이 모자라도록 쏟아 부어야 했던 현지의 멍든 가슴에도,

어미랑 같이 있고 싶어 울던 현중이 대중이의 아팠던 가슴에도 세상이 감당못할 기적 속에 큰 기쁨을 주신 것이다.

외롭게 사역에 동참한 희생을 멋있게 보상해 주시며 나를 향해 "너는 아무것도 할 수 없었어. 내가 했잖아!"라고 속삭이신다. 딸과 사위와 큰 아들을 의사로 만드시고 좋은 배필을 만나게 해주셨으며 막내는 공인회계사가 되어 100 : 1의 경쟁 뚫고 '아더앤더슨' 이란 경영 컨설팅 회사에 입사시키셨으니 그들의 뚫렸던 마음의 구멍에도 어미의 뚫렸던 마음의 구멍에도 온통 주님으로 채워주신 것이다.

'말과 혀로만 사랑하지 말고 오직 행함과 진실함으로 사랑하라' 하시던 주님의 말씀과 행함과 능력을 보라! 세계적인 대부호 록펠러의 신앙인으로서 인생 성공의 세 가지 비결. '십일조를 떼먹지 마라', '교회의 앞자리에 앉아라', '주의 종과 다투지 말라' 는 말을 자녀들에게 전해주며 잠언 3장을 묵상하면서 반듯하게 살기를 소원하는 어미의 뜻을 읽었음인지 하나님의 은혜로 십일조는 쉽다고 고백한 막내가 어려운 생활 중에 첫 봉급을 "네 재물과 네 소산물의 처음 익은 열매로 여호와를 공경하라."(잠 3 : 9)는 말씀에 순종하고 바친 일이 너무나 기뻐서 종일토록 "하나님은 멋쟁이셔" 사랑하는 자녀들을 순종케 하시고야 말거든 하며 즐거워했다.

기뻐하는 나에게 또다른 기쁨의 소식이 들렸다. 세 살 때 이민길에 오른 큰아들이 한국어에 익숙지 못하다고 생각했던 우리 부부에겐 깜짝 놀랄 일이다. 하나님께서는 캐나다 캘거리 한인연합교회 S목사님을 도와 4년간 동시통역 영어설교로 말씀사역을 감당케 하셨다는 것이다. S목사님의 말씀이 평생 잊지 못할 훌륭한 동역자였다며 토론토로 가신 후에도 못내 아쉬워 전화가 걸려 올 때마다 얼마나 기뻤는지….

우리도 감히 하나님이 쓰시는 사람들 중에 있다니… 할렐루야! 빚도 갚아 주셨고 자녀들을 온전히 책임져 주시더니 우리 부부에게 브라질 행을 독촉하시는 것이다. 우리를 많이 사랑해 주시던 어느 목사님으로부터 "뉴욕에 무슨 미련이 있느냐"며 빨리 떠나라실 때 무척이나 서러워 얼마나 울었는지 모른다. 딸, 사위, 손녀가 있는 뉴욕에 어찌 미련이 없을 수 있으며 국경을 넘어 캐나다를 거쳐 브라질에 가야할 곡예가 끔찍했던 것이다. 그러나 내일 일을 염려하던 우리를 부끄럽게 하신 하나님께서 모든 일을 예비하셨고 후에 형편없는 우리 부부에게도 브라질에 구원받을 영혼들을 기다리게 하셨음에 놀라지 않을 수가 없었다.

"엄마! 브라질 안 가시면 안돼요? 너무 고생 많이 하셨는데… 시부모님이 퀸스에 살림집을 사주신대요. 스테파니도 길러주고 미국에서 선교하면 안돼요?" '사단아 물러가라 나를 넘어지게 하는 자로다' 즉각 마음이 소리를 쳤으나 믿음은 들음에서 난다더니 나는 이 말에 현혹되어 살짝 남편에게 같은 말을 해보았다가 "당신, 돌았어? 정말 이 사람이!" 얼마나 혼이 났는지 다시는 입도 벙긋하지 못했지만 고난을 피하려던 나에게 이상한 일이 일어났다. 녹슨 대못에 등에서부터 가슴을 찔린 듯이 통증이 시작되었다. 똑바로 앉을 수도 누울 수도 없을 뿐 아니라 심한 통증에 찌푸린 얼굴을 펼 수가 없었고 병명도 모르고 약도 의사도 소용이 없더니 왼쪽 다리마저 절룩거리는 것이다.

목사님들의 안수 기도도 사모님의 눈물도 외면한 채 한밤중에 주의 전에 홀로 남아 밤새워 기도하다가 "뭐라고? 선교 안가겠다구? 아니 새끼손가락으로 건드리기만 해도 꼼짝 못하는 주제에 하나님의 뜻을 어기겠다고?" 난데없는 성령님의 음성이다. 그제야 그토록 사랑받던 이를 통해 브라질로 밀어내시려는 주님의 새끼 손가락이, 고깃덩이 육체가 편하고 싶었던 나의 마음에 비가 내린다. 작고 작은 빗발이 점차로 굵어지더니 심장을 타고 올라 눈과 볼따구니에 반짝이며 흘러 내리는 것이다. 양볼이 씰룩이더니 드디어 소리가 되어 터져버린다. 주님이 불쌍하다. 너무나 불쌍하다. 불충한 것, 무지한 것 쓰시려고 얼마나 힘드셨을까? 드디어 목이 터져라 소리치기 시작했다. 한밤중에 교회가 쩌렁쩌렁 울리도록….

"나사렛 예수의 이름과 피의 권능으로 명하노니 모든 병마야! 통증아 물러가라. 모든 죄를 깨닫고 주님께 회개한 바 더 이상 통증이 내게 붙어 있을 이유가 없지 않느냐? 물러가라!" 마침내 "그가 채찍에 맞음으로 우리가 나음을 입었도다." 이 말씀을 묵상하는 가운데 고통에서 벗어나 언제 통증이 있었느냐는 듯 깨끗이 치유된 것이다. "할렐루야" 캐나다 국경까지는 쌓인 눈, 얼어버린 눈길을 5일간이나 달려야 한다. 딸과 사위, 6개월된 손녀딸과 이별의 밤을 보내며 내일을 모르는 만남의 기약없이 주님의 손을 의지하고 뒤척이며 새벽을 맞았다. 드디어 눈발이 휘몰아치는 1995년 2월 6일 새벽에 맨해튼에 있는 딸네 아파트를 나섰다.

"엄마, 꼭 가야 해?" 움먹이는 딸의 눈망울이 "이젠 정말 효도할 수 있는데…" 하는 듯했다. 왜? 딸이 우리의 갈 길을 몰랐겠는가만은 대답 대신 딸을 꼭 껴안았다. 나는 속으로 펑펑 쏟아지는 눈물을 애써 삼키고 "빨리 가라 병원 늦을라" 돌아보는 그들을 몰아내듯 떠밀며 문을 닫았다. "그리스도를 위하여 너희에게 은혜를 주신 것은 다만 그를 믿을 뿐 아니라 또한 그를 위하여 고난도 받게 하심이라."(빌1 : 29)

울먹이던 딸의 눈망울이 떠올라 눈물이 울컥 쏟아지는 것이다. 현지야! 어미가 그리워 마음에 미움이 가득 차거든 영혼의 소리에 귀를 기울이려무나. 그러면 구원의 감격이 고통을 삼키고 삶의 기쁨이 넘칠 거야 이미 한참 멀어진 딸을 향해 중얼거려 보면서 다시금 그들을 주의 손에 맡기고는 하루 12시간을 운전하며 달렸다.

닷새 째 되던 날 어느 국경 호텔에 투숙한 우리 부부는 침대 양옆에 꿇어 엎드렸다. 진액을 쏟는 회개와 결심, 부딪쳐야할 문제들을 고하며 무려 여섯 시간 동안 사역을 위한 얍복강의 기도를 드리게 하신 하나님은 에서가 야곱을 반기듯이 모든 난제를 해결하신 것이다.

캐나다 국경 출입국 관리직원을 중국인 여인을 배치시켜 무사히 통과케 하시므로 캐나다 영주권을 또 다시 살려주신 일이며, 밴쿠버 브라질 영사관에는 에녹 낫씨멘트란 이름의 기독교 신자인 영사를 만나게 하셔서 브라질 입국 선교비자를 신속히 받게 하신 일까지 빈틈없이 여호와 이레로 준비해 놓으셨으니 이 모든 기적을 어찌 다 일일이 술회하랴!

응답이다. 응답! 오 할렐루야! 복되신 주여! 우리에게 복을 주사 우리가 불신자에게 나아가거든 우리의 입술에 아버지와 아들의 마음을 담아 주소서! 그리하면 상하고 찢긴 양들의 마음에 아버지와 아들의 마음을 전하리이다. 성령님이여! 도우소서! 그리하오면 양들이 마음을 열고 수치스런 아픔을 들고 십자가 앞에 나아가도록 도우리이다. 그들의 아픔을 들고 중보하게 하소서. 우리 부부는 가는 곳에 보혈의 소리가 양들을 부르게 하셔서 우리와 우리 후손이 자신들의 이름을 버리고 예수님의 흔적, 전도자의 이름으로 살게 하소서.

눈물로 범벅된 우리 부부, 또다시 시작되는 바보들의 행진의 주인공! 우리 부부의 이름은 무익한 종이라!

드디어 1995년 7월 22일 오전 8시.

주님은 우리 부부를 브라질 상파울루에 토해 내시고야 말았으니 누가 감히 불복하며 누가 감히 다시스로 행선지를 삼을 수가 있겠는가? 할렐루야! 하나님을 아는 지식에 불학무식 했던 나! 조그만 나의 손이 부드러운 주님 손에 붙들렸을 땐 나는 나를 볼 수가 있었네….

갈기 갈기 찢기고 더러워 너덜너덜 흩어진 내 마음이 조각 조각 깨져 버린 사금파리처럼 소망이 없었는데 쇳가루가 엉켜서 한 뭉치가 되듯이 십자가 핏방울이 자석이 되었네.

찢어진 마음이 치료를 받고나니 죄악의 냄새가 씻은 듯 사라지고 십자가의 보혈만이 소리내어 찬송하네. 생명의 능력이 내게 임하니 벗었던 내몸이 세마포를 둘러 입고 예수님 때문에 무수한 자격증을 얻어냈다네 세상이 줄 수도 없고 빼앗지도 못하는 보물들을… 나는 기도할 수 있네. 나는 용서받을 수 있네. 나는 치료받을 수 있네. 사랑도 위로도 이해도 할 수 있다네. 주님의 생명이 내 생명과 결탁되었기에 이러한 자격이 생겨 버렸네. 오! 나의 주 나의 왕이여! 당신 때문에 내가 있음이니이다. 영광의 주여! 어서 오소서. 광야의 외치는 소리로 요한을 보내신 주여! 복음의 소리로 우리 부부를 보내시나이다. 우리가 가리이다. 주의 이름으로 남미를 향해….

**오직 성령이 너희에게 임하시면 너희가 권능을 받고
예루살렘과 온 유대와 사마리아와 땅 끝까지 이르러
내 증인이 되리라.**

행 1 : 8

김우선·신숙자 선교사

선교사역근황

김우선·신숙자 선교사 〈선교사역 근황/사진모음〉

BRASIL

● 선교사역근황

『 김우선 · 신숙자 선교사의 선교사역근황 』

❖ 브라질 상파울루(São Paulo) 주(州) 리메이라(Limeira) 시(市)에 있는 브라질 「Fundamental 장로교 신학교」에서 김우선 목사는 "성령론"과 "성경영어"를 강의하고 있으며 본 신학교에서 7명의 장학생을 선발하여 전액 장학금을 수여하고 있다.

❖ 브라질 페르남부크(Pernambuco) 주(州) 해시피(Recife) 시(市)에 있는 브라질 「Fundamental 장로교 신학교」(1956년설립)에 11명의 장학생을 선발하여 전액 장학금을 지급하고 있고 6명의 가난한 학생에게 통학 교통비를 지급하고 있다.

❖ 브라질 북부(적도밑 남위 5도 지점) 마라냥(Maranhao) 주(州) 임페라트리즈(Imperatriz) 시(市)에 김철성 선교사 부부가 개척하여 건축한 「Santa Rita 장로교」 건물에 인디언 신학교를 세우고 GAVIÁO과 GUAJAJARA 인디언 종족 중에서 선발된 5명의 인디언과 현지 브라질인 12명으로(총인원 17명) 시작한 수업이 1998년 3월 학기부터 시작되어 사역하고 있다.

❖ 1998년 8월부터 개강예정인 브라질 상파울루(São Paulo) 시(市) 「Vila Carolina Fundamental 신학교」에 가난한 학생을 선발하여 전액 장학금을 지급할 계획이며 그리고 "성령론"과 "성경영어"를 강의하게 될 것이다.

❖ 1997년 12월 4일 브라질 「Fundamental 장로회 총회 남부

노회」에서 김우선 목사를 「Limeira 장로회 신학교」와 「Vila corolina 장로교 신학교」의 교장으로 선출 임명했다.

❖ 최근에는 샹파울루(São Paulo)에 브라질 원주민 신학교 건물을 건축할 계획을 가지고 간절한 기도 중에 있다.

선교사 연락처

IGREJA PRESBITERIANA BETESDA DO BRASIL
샹파울로 베네스다 장로교회
목사 김우선 / 선교사 신 숙 자
Rev. Woo Sun Kim / Sook Ja Shin

집 Add : R. Basilio da Cunha, 889 apt. #132
Vila Monumento, S o Paulo. Brasil
Cep 01544-000 : Tel(5511)6163-3231

사서함 Add : Caixa Postal 3252, Ag. Central 01059-970
S o Paulo-Capital Brazil, South America

교회 Add : R. Ágata, 26-Aclimaçäo 01530-070
S o Paulo BRASIL Tel : (5511)270-2093

비전북 출판사는 오직 믿음으로만 살았던 개혁 신앙을 계승 발전시키고
다시 오실 주님의 길을 예비하는 마음으로 21세기에도 역동적인 신앙을 세우는데
꿈과 비전을 품고 예배와 삶의 일치를 이루는 출판 공동체입니다.

내 딸아, 울지마라

저자 : 신숙자
발행처 : **비전북출판사**
전화 : (031)955-4421 / 팩스 : (031)955-4432
공급처 : **미스바출판유통**
전화 : (031)955-4433 / 팩스 : (080)300-9191
값 9,000원